JN305458

世界の感覚と生の気分

栗原 隆 編
KURIHARA Takashi

ナカニシヤ出版

まえがき

美術や文学、演劇など芸術関係はもちろんのこと、人文科学、それも美学や哲学そして倫理学なども、自然科学と違って、後代の検証によって間違いだと切り捨てられたり、否定されたりすることはないように思われるかもしれない。古典古代の作品の方が近代の作品よりも優れているのではないか、という論争さえ喧しかったこともあるからである。(1)

しかし、時に歴史は、勝利者を中心に、勝利者の視点から描かれるものかもしれない。というのも、後代に残されるテクストや資料も、いわば歴史の検証に耐え得たものであって、今日にまで伝えられる歴史には、その勝利者たちが対峙したさまざまな論争相手、あるいは、勝利者たちが自らの糧とした素材を提供した多くの同時代人、さらには、歴史に残った偉大な人たちが若き日に教えを受けて、なにがしかの感化の元で育まれることになったあまたの教師たちなど、歴史に残った人たちより圧倒的に多い、そうした歴史に埋もれていった人たちのことを視野に収めないまま、文学や芸術そして思想の歴史を語ったとしたら、それは、勝利者たちを描き出す、いわば英雄歴史絵巻にほかならないことになるに違いないからである。

確かに、歴史に残った人たちの間でも論争があり、影響関係があるなかで、一人ひとりの歴史に残る仕事が形成されたことは検証できる。だが、そうした思想交渉を明らかにしたところに聞き取れるのは、いわば超然と聳える巨木たちの梢を渡る風の語る言葉でしかない。かといって、巨木たちを育んだ土壌の豊かさ、鳥のさえずり、陽光の温み、日陰になって倒れた下草などに目を向けることは、実際には困難なことである。伝記的記述や書簡から、そうした側面を推測するしか手立てがないのも事実なのである。

近代哲学は、普遍的な人間理性を頼みとしつつ、知の成り立ちを解明しようとした、という図式は、実に、勝利者史観による典型的な把握かもしれないのである。少なくとも最大公約的な見方でしかないと言っても良いかもしれない。確かに、デカルトやスピノザ、ロックやライプニッツ、そしてドイツ観念論などを射程に捉えるなら、こうした見方でも十分な説得力を持つことになる。ヒュームやバークリーに目を転じたところで、全体的な光景はさほど変わらないだろう。だが、ドイツ観念論と一括りにして、カントからフィヒテ、シェリングそしてヘーゲルと並べたところで、ドイツ観念論のインパクトを、どれほど伝えることができるであろうか。かつてはそのような哲学史記述がほとんどだった。

しかし、ドイツ観念論とは、カントという、観念論の行く手に立ちはだかる思想と対決する、あるいは克服する、時に回避することを目指した思潮であったことは、とりわけF・H・ヤコービやC・L・ラインホルト、そしてG・E・シュルツェの思索を検証するなら、自ずと明らかになる。とはいえ、入手し難かった彼らのテクストが、刊行されるようになってこそ、彼らの重要性が際立つことになったのである。私たちにテクストが伝えられてこそ、思想史的な脈絡が明らかになる、あるいは様相を変えることにも繋がる。

そして、合理的な理性に依拠しつつ、知の普遍性を担保しようとするという戦略とは別に、想像力を介して共感という情念の紐帯が構成されるとする理路もまた確かにあった。感性は受動的であるからこそ、私たちの外との関係を切り結ぶことができる。こうした発想に立った思索をしてこそ、人間の生が総体として立ち現われこそすれ、理性中心の哲学では伏流にならざるを得なかったことを、巻頭、加藤尚武「情念論小史——心身問題を中心にして」が暴いて、大西克智「気分と兆候——モンテーニュにおける「無為」をめぐって」が裏付けている。山内志朗は、そうした情念論の現代的な可能性を問いながら、身体と空間の問題を照射する。いわば、歴史の地層に埋没した「気分」や「雰囲気」そして「表象」や「感情」の問題を掘り起こして、人間と世界、意識と対象、内なる気色と眼前に広がる景色とが重なる思想的な光景を提示しようというのが本書の試みなのである。

こうした問題の根源にして中心には「心」がある。ドイツ語では同じ「Seele」であっても、時に甦りもする「魂」とは違って、「心」は人と人とを繋ぎ、人と世界をも結ぶ。座小田豊の「共通知としての「良心」——その始まりと神の問題」は、「良心」があらゆるものと共感する「絆」たりうる機序を解明して、良心とは主観的な規範でしかないという蒙を啓く。尾崎彰宏や伊坂青司は、絵画作品に具体化されている世界の感覚を描き出している。「世界の感覚」と聞くと奇異に思われるかもしれないが、感覚されてこそ世界が立ち現われると同時に、これに私たちの世界の見方が呼応しているという循環が隠されている。「世界霊」という有機的な自然観の構想がシェリングにあったが、近代的な自然科学を前にして広がりを獲得するには到らなかった。歴史にその名を輝かせるという意味では勝利者だったシェリングでさえも、思想的には必ずしも勝利者とはいえなかった面もある。

しかし、今日、私たちの研究領域での文献へのアクセスは、信じられないような革命的な様相を呈している。すなわち、編者の知るかぎり、一七八〇年代、一七九〇年代の、これまでは省みようにも手に入れることが難しかったマイナーな哲学文献が、「グーグル・ブックス」に電子データとして大量に公開されていて、誰でも自由に入手できる状況なのである。言うなれば、歴史に残ることなく、光を浴びることのなかったテクストの膨大な集積が「グーグル・ブックス」で公開されているのである。

これらの、これまで思想史から見捨てられてきた文献のごく一端に改めて目を通してみるだけで、そこからは、シェリングが、そしてヘーゲルが、自らの思想を形成する際に学んだであろう思想のモチーフを探し出すことが容易にできる。こうした、歴史に残った巨木を養い育てた糧に目を向けると、驚くべきストーリーが浮かび上がる。すなわち、私たちは長い間、ディルタイの『ヘーゲルの青年時代』(一九〇六年)が、若きヘーゲルの生の哲学を、繰り返し「神秘主義的な汎神論」だと規定したことに、まるで呪縛にかかったかのように無自覚的に縛り付けられてきた。しかも、ディルタイの弟子のH・ノールの編集した『初期神学論集』を通して、私たちは、青年ヘーゲル像を結んできた。その結果、イェーナに移った三十歳代になって、ヘーゲルは神学から哲学研究に転じたと総括してきた。しかしながら、それは、ひとつの物語でしかなく、実のところ、若きヘーゲルの生の哲学は、一七八〇年代、一七九〇年代に哲学的人間学や経験的心理学として多くの論著が著された思潮のなかで育まれたことを浮き彫りにすることができるのである。(2)

本書の第Ⅲ部、「生の気分」は、そうした「生」を問題とするなか、細田あや子「生の諸相」は、生の移ろいの表象を、中世ヨーロッパの自然観と重ね合わせて描き出している。白井述の「「気分」から探る乳児の世界」は、今日の発達心理学の研究に基づいて、赤ちゃんの「こころの有り様」についての最新の知見を披瀝している。

第Ⅳ部の「世界の感覚」では、元木幸一の「酒宴の表象――ゼーバルト・ベーハム『ケルミス大版画』の分析」が、糞尿とセックスの二つのモチーフが画面に挿入されることによって、世界は祝祭的なものに転換することを明らかにしている。福島治「自己と他者の曖昧な境界」では、他者を自己と結びつけて融合させていく「自己拡張理論」が紹介される。宮﨑裕助「美的情動のアンビヴァレンス――カント、シラー、美学イデオロギー批判」は、〈美的なもの〉の力を社会の統合原理とすることなく、「共通性なき共同性」を作り上げることを問う。そして佐藤透は「自然の心――アニミズムは環境危機から世界を救うか」を通して、「自然と人とを一心と見る立場」に、環境危機に瀕する世界を救済する道筋を求めている。

しばしば言われることではあるが、近代科学によってもたらされた今日の危機を克服する希望の光は、技術力による解決ではなく、近代科学が忘れさせたものにあるのかもしれない。そうだとすると、私たちが合理的な知を奉じるなかで看過してきた「情念」や「思い」、「気分」そして「感覚」を研ぎ澄ますことで、経済的な意味とは別の豊かな世界が開かれることを願うものである。せめて、「感性的なもの」を通して自然と交わり合うなかで開かれる沃野の美しさを、読者諸賢に体感していただくことを目指して本書は企画された。

二〇一二年二月十四日　いつになく雪に凍える新潟にて

栗原　隆

（1）いわゆる「新旧論争」が、十七世紀末のフランス、そして十八世紀のドイツで展開された。この件については、本書の執筆者の多くが寄稿している、『芸術の始まる時、尽きる時』（栗原隆編、東北大学出版会、二〇〇七年）を参看賜りたい。

（2）このあたりの事情については、『東北哲学会年報』第二八号（二〇一二年）に掲載される拙論、「自然と生命――シェリング『自然哲学の理念』に寄せて」で論及した。

世界の感覚と生の気分＊目次

Ⅱ　つながる思い

III　生の気分

IV　世界の感覚

世界の感覚と生の気分

Ⅰ　醸し出される趣き

第一章　情念論小史
——心身問題を中心にして——

加藤尚武

1　はじめに

アリストテレスが、意識の存在について、能動と受動という区別を導入して以来、身体に依存しない「離存」知性、能動知性、志向性、感情移入、投入、因果などにかかわる議論が今日にいたるまで展開されてきている。唯物論者なら、「離存」知性と能動知性は、アリストテレスのプラトン批判の不徹底さを表わしていると評価するであろう。「半唯物論」という評価をアリストテレスに下す人もいる。しかし、この不徹底さが、西洋思想の精神論史の全体を貫く重要なモチーフと結びついている。まず能動と受動が、形相と質料に対応している。形相的能動性と質料的受動性が、理性と感性という枠組みを生み出していく。

カントの場合には、形相的能動性は自発性であり、自律の根拠であるが、質料的な受動性は、他律の根拠となっている。

カント以後の英米哲学の動向は、カントの「アプリオリの総合判断」という概念を否定(カルナップ)し、さらには「アプリオリ」の概念を否定(クワイン)し、さらには「純粋形式」という概念を否定する(デヴィッドソン)という方向付けで一貫しているが、志向性と因果という関係を意識論に持ち込んでいるという点では、カントの枠組みを否定しても、全体としてはアリストテレスの枠組みから完全に離れてはいない。たとえば「命題的態度」の議論には、「離存」知性と能動知性の論点の痕跡がまだ残っている。「離存の否定(唯物論)が、因果の肯定(決定論)を含意する」という判断に含まれる過ちが、不毛な論争の渦をひろげている。「離存の否定が、因果の肯定を含意しない」というデヴィッドソンの立場が、基本的に正しい。

現代では、離存の否定(自然主義、唯物論)の傾向が強く、「心脳同一説」も語られているが、科学主義の側から意識を捉えた場合、ただちに還元主義の成功が告げられるかどうかという問題がある。視覚の場合の電磁波の伝達、聴覚の場合の空気の疎密波の伝達、触覚の場合の物理的抵抗の特性の伝達、味覚・嗅覚の場合の化学物質の伝達という、外から内への自然的な因果性のほかに、意識に固有の因果性・志向性・移入・投入などの作用が存在するのか。それらの作用は、脳、神経などの生理的な伝達についての、通俗心理学的な説明の生み出した虚構ではないのか。「意識内容と意識媒体のあいだに因果性が成立すると言いうる条件は何か」という問題意識が欠落したままの議論が多い。

意識についての合理的な説明には、自然的存在には還元不可能であるが、人間相互の間で伝達可能なものが存在する。私が医師に「お腹が痛い」と告げたとき、その趣旨が伝達可能であることは、その「痛み」が生理的過程に還元可能であるかどうかという問題とは無関係である。医師が私の訴えを理解する可能性は、感情移入、投入、類比などによって説明されるだろう。意識ついての哲学的な議論の可能性も「お腹が痛い」が伝達可能であるという人間の事実に依拠している。通俗心理学(folk psychology)[1]による説明を、必ずしも間違いだとは言えない理由は、このような伝達の可能性によるのだろう。「以心伝心」、「同情」、「憎しみ」、「恥じらい」などの言葉が、普通に使われるのも、この通俗心理学な場面で、高度の伝達の可能性が発達しているからである。

2　魂は物体よりも先にあった
――プラトン――

西欧の哲学的伝統には、「情念は受動的である」（passions are passive）というドグマがあるが、このドグマはプラトンにはなかったようだ。プラトンには、「魂の支配的部分」という概念があり、『国家』や『ティマイオス』の「理知的部分、気概的部分、欲望的部分」という魂の三分説が有名である。

プラトンの魂の三区分に、理知に王・司祭・官僚、気概に軍人、欲望に農民・商工業者を当てはめるという身分制度の正当化は、その痕跡をヘーゲルの『法の哲学』（一八二〇年）にまで影響を及ぼしている。ヘーゲルは精神の諸段階が社会の身分に対応するという概念枠そのものは認めてはいるのだが、「どの身分でもない身分」という市民階級が登場してくることを認識していた。

魂は、天や地や海にあるものすべてを、自分自身のもつ運動によって導いているが、それらの運動には意欲、考察、配慮、計画、正誤の判断、喜びや悲しみ、大胆や恐怖、憎しみや愛という名がつけられている。この運動は「第一次的な運動」といわれ、物体のもつ「第二次的な運動」を支配において、万物を導く。（プラトン『法律』896E）

プラトンのこの言い方の前提になっているのは「魂は物体よりも先にあった」ということである。この前提からすれば、「魂は本来的に離存（身体と無関係に存在）している。魂は、すべて能動的である」という含意になるだろう。

プラトンに代わって、アリストテレスが登場しても、それによってプラトンの影響が消えてしまうのではない。プラトンの上に重ね描きするようにしてアリストテレスの哲学が影響を及ぼす。「身体に依存し、受動的である魂」という概念は、プラトン主義の枠組みからは出てこない。身体にかかわるエロースから、「美そのもの」に到達するエロースに到達するプラトン的な精神現象学には、受動から能動への転換点・中断点は存在しない。

3　「パトス＝情熱」以前

ギリシア語の「パトス」の意味が、近代語の「情念」と直接的に重なり合うものでないことに関しては、中畑正志『魂の変容』（岩波書店、二〇一一年）に重要な指摘がある。

感情を表わすギリシア語として思い浮かぶのは「パトス」である。この言葉は、のちにたしかに、感情という意味を獲得するが、そのことがはっきりするのはアリストテレス以後である。そもそも「パトス」という言葉の歴史は、案外に新しく、前五世紀になってはじめて登場する（つまりホメロスやヘシオドスの作品には現われない）。……「パトス」の意味は、感情よりもかなり広い範囲の経験を指すと考えるべきだろう。「パトス」がプラトン以前に感情の意味で用いられた例を確認することはできない。（中畑正志『魂の変容』一〇〇頁）

「パトス」という言葉の意味で、「感情」と必ずしも重なり合わない意味については、廣川洋一『古代感情論』（岩波書店、二〇〇〇年）に詳細な記述がある。

この語〔パトス〕はしかしプラトンにおいてもそうであったように、『形而上学』のいわゆる哲学用語辞典ともいうべき箇所にのせられた説明にあるとおりの広い意義をになうものであった。先人たちのパトスの用法を区分してアリストテレスはつぎのように述べている。

（1）それによってある事物に変化が生じるところのその事物の性質。白さ、黒さ、甘さ、辛さ、重さ、軽さなど。

（2）こうした諸性質の現実態、現にそのような性質に変化していること。

（3）これらのうちでもとくに有害な変化や運動。そのうちでも最も苦痛な害悪、悩み。

（4）不幸や苦痛のうちの大なるもの、受難。（廣川洋一『古代感情論』八三頁）

「パトス」は、ある性質・状態を表わす言葉であるが、『形而上学』の出隆訳には「受動態」、「受態」、「様態」、「属性」、「限定」という訳語もあると注記されている。「それによってある事物に変化が生じるところのその事物の性質」という表現には、「原因」という意味が含まれているだろう。「白さ、黒さ、甘さ、辛さ、重さ、軽さ」が、「変化」と結びつく例は、なかなか思いつきにくい。廣川は「甘さは味覚において何らかの受動の結果をつくりだす」（同、八四頁）と説明している。ここには原因としての甘さと結果としての甘さが存在するわけで、「甘さ」でない原因から「甘さ」という結果が出てくるのではない。物質的原因としての甘さが、意識的な結果としての甘さを引き起こすと考えれば、話は分かりやすいが、そうなると物質的原因としての甘さを「パトス」と呼ぶ理由がなくなる。舌先で感じられた甘さが、脳のなかに甘さとして刻印されるという解釈も、パトスを原因と結果とにはっきりと二分しているという点で、デカルトならいざ知らず、アリストテレスのテキストでは不自然な感じがする。

能動が受動に転化し、その両方の性質を持ったままの状態を、その受動面からみたとき「パトス」という性質が成り立っているという解釈が可能ではないだろうか。

廣川は、関連する重要な引用を『カテゴリアイ』（範疇論）から採っている。

（1）（a）出生にさいしてただちに何らかの働きを「受動したこと」に起因するものが見られる場合、それらは〔魂の〕性質と呼ばれる（例えば狂気的没我性、激情性）。なぜならそれらにもとづいて、人びとは「どのようであるか」が語られるから。例、激情的な人、狂信的な人。（b）その没我性が生来のものでなく、むしろある種の他の事態によって生じたものであっても、それを取り除くことが困難あるいは不能の場合も、それらは〔魂の〕性質と呼ばれる。なぜならそれらに基づき、人びとは「どのようであるか」が語られるから。（2）ただちに立ち去るようなものから生じたかぎりの場合、それらは単に〔魂の〕受動態と呼ばれる。なぜなら、そのような何ものかを「受動したこと」において普段よりもいっそう怒りにかられる人を、激情的な〔性質の〕人とは語らず、むしろここに受動したある結果がいま生じている、と語られるから。（8.9b33–35）

この内容を整理すると次のようになる。

（1）（a）受動的性質、後天的固定的激情：外部の原因がなくても激情的な人格

（1）（b）受動的性質、後天的習慣的激情：外部の原因がなくても取り除くことが困難な激情的な態度

（2）受動態、後天的一時的激情：外部の原因がなくなれば消滅する激情的状態

こうして「外部の原因がなくなれば消滅する激情的状態」というような類型が、現代にいたるまでの「情熱」などの心情を指示する言葉として使われるようになったと思われる。

魂はそのパトスの大多数のものを身体なしには作り出されたり、作り出したりはしないように見える。例えば怒る、大胆である〔勇む——中畑訳〕、欲望する、一般的に言って、感覚するがそうである。しかし思惟するは特に魂に独特なもののようである。しかしこの思惟するということも或る種の表象であるか、あるいは表象なしにはないものかであるとすれば、これもまた身体がなければあり得ないだろう。（アリストテレス『魂について』1.1.403a5-10）

こうして「受動態＝パトス＝情念」という枠組みとともに、身体なしには作り出されない意識と、身体から分離され、離存する意識という区別が導入され、「感覚や表象を含まない知性は、離存する」というドグマが作り出される。

プラトンの場合には「魂は物体よりも先にあった」から、当然、身体なしの魂の活動の存在を認めていた。と

ころが、アリストテレスでは、「魂はそのパトスの大多数のものを身体なしには作り出されたり、作り出したりはしない」という態度をとる。つまり「何か魂だけに固有のものがあるとすれば、魂は身体から分離されることが可能」(同上)とみなされる。

4　知の永遠の起動因

この思惟のなかでも、特別に能動的な思惟があると、アリストテレスは考える。

自然の全体において、一方では何かあるものがそれぞれの類にとっての素材である。それは、可能態においてはその類に属するもののすべてである。他方ではそれとは異なるものが、すべてのものを生み出す。それゆえ原因つまり作用し生み出す能力をそなえたものである。原因となるものは、素材となるものに対して、技術が素材に対するのと同じ関係になる。それと同じように、魂のうちにもそのような原因と素材の区別が成立していることは必然である。実際、一方では、それがすべてのものになるということのゆえに、素材に相当する思惟が存在し、他方では、それがすべてのものに作用し生み出すがゆえに、原因に相当する思惟が存在する。原因に相当する思惟は、ちょうど光に比せられるような意味での、ある種の状態である。というのも、光もまた、ある意味で、可能態にある色に作用して現実活動態にある色にするからである。(アリストテレス『魂について』3.5.430a10–18)

この文意を、私は直訳的に次のように解釈する。

(1) 自然の全体において、一方では、それぞれの類にとっての素材は、可能態においてはその類に属するもののすべてである。他方では、原因つまり作用し生み出す能力をそなえたものが、すべてのものを生み出す。
(2) 技術が素材にはたらきかけるのと同様に、原因は、素材にはたらきかける。
(3) 魂のうちにも、一方では、それがすべてのものになるということのゆえに、素材に相当する思惟が存在し、他方では、それがすべてのものに作用し生み出すがゆえに、原因に相当する思惟が存在する。
(4) 原因に相当する思惟は、ちょうど潜在的な赤を感覚される赤として発現させる光のような、ある種の状態である。

この文意は、水地宗明『アリストテレス・デ・アニマ注解』(晃洋書房、二〇〇二年)では、次のように解明されている。

思考は思考能力が被る一種の変化である。そして一般に、変化が生じるためには、素材的能力的なものと、この素材的なものにはたらきかけるもの(起動因)が必要である。素材が自力で変化することはできない。「すべて生じるものは、何か(起動因)によって、何か(素材)から、何か(ある結果)として生じる」(『形而上学』第七巻第七章)、「すべて変化とは、何かが何かによって何かへ変化するのである」(『形而上学』第一二巻第三章)。したがって、われわれの思考能力が思考するためには、思考を引き起こす原因が必要である。
(水地宗明『アリストテレス・デ・アニマ注解』三三五頁)

いわば眠っている思考能力を目覚めさせ、潜在的な考える力を考える活動に変化させるような原因それ自体も、思考である。

この思惟は、離存し、作用を受けず、混り気なく純粋であり、その本質において現実活動態にある。なぜなら、作用するものは作用を受けるものよりも、また始原〔原理〕は素材よりも、つねに貴いからである。また、現実活動態にある知識は、その対象となる事物・事象と同一である。ただし可能態にある知識は、一個人においては時間の上でより先であるが、全体としては時間の上でさえより先なるものではない。またこの思惟は、あるときに思惟し、あるときには思惟しない、ということはない。（アリストテレス『魂について』3.5.430a18-22）

水地宗明は『アリストテレス・デ・アニマ注解』（三三八頁）で次のように説明している。

アリストテレスはここで、われわれの知の究極の原因は神の知だ、と言っているようである。というのも、思考させる知性と想像表象だけでは、われわれの思考をまだ十分には説明できないように思えるからである。感覚の場合、外部対象は感覚作用に先立って存在し、作用を引き起こす原因である。一方、われわれが概念や真理を思考する場合には、「対象」は思考作用と同一のものである。例えば「動物」の概念と、これを思考する作用は、同一不可分のものである。なぜなら「動物」の概念は想像表象の内では潜在しているだけで、それが現実化したときには、すでに思考作用に内在するからである。

ライオンという概念から、ライオンの認識を発現させるのは、私の心の中で純粋に作用しつづけている「神の知」である。あるいは、ライオン、象、トラなどを「動物」という類に集約して、私の心を「動物学的認識」に引き渡すのも、この「神の知」である。

私が、純粋に思考するとき、私の心の中で「神の知」が働いている。この思想をそのままキリスト教の文化のなかに移植したとすると、それは神秘主義となってしまう。アリストテレスとキリスト教のあいだに、プロティノスの思想がはさまったと想定してみよう。プロティノスの神秘主義は、「わがこころの中の一者を私は全身で感じ取る」と表現できるだろう。キリスト教神秘主義は「わがこころの中のイエスを私は全身で感じ取る」と表現できるだろう。アリストテレスをプロティノスと重ねて解釈する可能性が、水地宗明の解釈に従うなら、アリストテレスのテキスト自体に存在したことになる。

5　アリストテレスからデカルトへ

知性や感覚についてのアリストテレスの学説は、確かにストアの感覚論に、重大な変更を含みつつも、引き継がれてはいる。その対比される点を、廣川洋一『古代感情論』（岩波書店、二〇〇〇年）は次のように説明している。

魂は、プラトン、アリストテレスにおいて三つの（理知、気概、欲望）、あるいは二つの（理知的、非理知的）部分に区分された。これに対し、ストア派、少なくともその正統学説においては、いわゆる魂の部分説は廃棄され、人間の行為や心理の説明において、プラトン＝アリストテレス的魂観はその有効性を否定されるにいたっている。彼らストア派の主張では、魂は推理し、欲望し、言語を用いる能力をもつ理性的部分

（主導的部分）という一つのものから成り立ち、他のいかなる非理知的部分・要素をもつことはない、のである。理性として統一ある、一なる在り方をもつものとしての魂という把握は、プラトン・アリストテレス的な「葛藤――理性的部分と非理性的部分との――の思考法とは異なる人間理解と、それにもとづく倫理的実践への道を開くことになったと考えられる。（同、一六六頁）

ストアの感覚論については、カントのリゴリズム（善悪の中間不在説）の原型になった考え方もその特質として廣川によって指摘されている。

徳と悪徳の中間にはなにも存在しない。……したがって、まだ不完全である間は、劣悪であり、完成されたとき初めて徳ある人となる。（Stobaeus Eclogae physicae 2.65.7=SVF1.566）（廣川洋一『古代感情論』一九五頁の引用文）

徳と悪徳との間には中間的な状態はなにもない。というのも、杖は真直ぐであるか曲っているかのどちらかでなければならないが、それと同様に、人間も正しいか不正であるかのどちらかでなければならないし、また、より正しいとか、より不正であるとかいうこともないのであって、この点は他の徳についても同様である。（Diogenes Laertius7.127=SVF3.536）（廣川洋一『古代感情論』一九五頁の引用文）

デカルトはその『情念論』（一六四九年）で、部分説の否定をすることで、アリストテレスと直接に対決している。デカルトはキリスト教的ストア主義のギヨーム・デュ・ヴェールを読んでいたそうだが、ストア思想を介してアリストテレスを理解したのではない。

感覚的とよばれる精神の下位の部分と、理性的である上位の部分の間、ないしは自然的欲求と意志の間にあると、ふつう想像されている闘いのすべては、ただ、身体がその精気、精神がその意志によって、同時に腺のなかに引き起こそうとする運動間の対立にある。というのも、わたしたちのうちにはただ一つの精神しかなく、この精神はみずからのうちに部分の相違をまったくもたないから。（デカルト『情念論』谷川多佳子訳、岩波文庫、二〇〇八年、四四頁）

プラトン、アリストテレスなら「わたしたちのうちには二つの精神がある。一つは支配する精神であり、他は支配される精神である」と言うことができた。精神は、階級社会なのだ。デカルトは「わたしたちのうちにはただ一つの精神しかない」という。デカルトの精神は平等社会なのだ。

デカルトは部分説を否定したという点で、ストア主義に近いが、しかし、ストアのリゴリスムを採用しなかった。

欲望については、真なる認識から生じたとき、それが過度でなく、しかもその真なる認識によって統御されていれば、悪いものでありえないことは明白だ。（同、一一九頁）

身体に影響されている情念を悪者扱いするというプラトン以来の伝統に対して、デカルトは現代的な常識の立場を確立した。しかし、デカルトの『情念論』は、同時代の人びとに理解されるには、あまりにも自然学的な人間の解明に依存していた。たとえばアリストテレスのいう「起動因」には、「精気」（または「動物精気」）を持ち出してきたが、これは現代的な意味では「ホルモン」や「アデノシン三燐酸」と同様のものを想定すれば、意識現象の充分に合理的な説明になるものであるのに、それが理解されるようになると、あまりにも時代遅れの仮説であるかのように誤解された。

精神において受動（une passion）であるものは、一般に身体において能動（une action）である。（同、六頁）

この文章ほど、アリストテレスと対立するものはない。「精神は能動であるが、身体は受動である」というのが、アリストテレスの基本的立場である。この立場は、師のプラトンを批判してもなおかつ、プラトン主義の大枠をアリストテレスが守ったことを示している。「精神が肉体を支配する」という観点を貫いているからだ。デカルト以後のカントもその点ではプラトン主義者である。

デカルトは、情念の起動因が肉体にあって、その情念が松果腺を通過して脳の精神に到達するという運動を想定して、「身体において能動であるものが、精神において受動となる」というイメージを描いている。「肢体の熱と運動とは身体から生じ、思考は精神から生じる」（同、七頁）能動と受動とは、純粋に運動の過程の問題として理解されて、「精神が肉体を支配すべきである」という倫理学思想とは縁を切った。

情念の起動因となるものは「動物精気」である。「血液のきわめて微細な部分が動物精気をつくる。そのためには、脳内で何の変化も受ける必要はなく、ただそこで血液中のそれほど微細でない他の部分から分離されればよい。ここでわたしが精気と名づけるものは物体でしかなく、微小で敏速に動く物体であるという以外、何の特性ももたない。精気はいかなる場所にも止まらず、ある精気が脳室に入るにつれて、別の精気が脳実質の内部の孔を通って出ていく」（同、一三頁）。

デカルトは、望遠鏡と顕微鏡に挟まれた時代に生きた。望遠鏡は、ガリレオ・ガリレイによって、天体と地上物体の同一性という前提をもたらしてアリストテレス自然学の大前提を破壊した。顕微鏡は、その光学的な原理は望遠鏡と同時に発表されていたが、それが実用化されるのは、デカルト以降である。ライプニッツの時代には、顕微鏡観察のブームが起こっており、すべての物質を拡大して観察すれば、そこに生命が見られるかもしれないという汎生命説を呼び起こした。デカルトは、自分の主張する「動物精気」も「松果腺」も、顕微鏡で観察し、その存在を証明しようとは考えなかった。

精神の情念〔受動〕の、直前の最も近い原因は、精気が脳の中心にある小さな腺を動かすその動揺にほかならない。（同、五一頁）

生理的な変化に対するデカルトの説明は、すべて物体の近接作用で行なわれる。「ある精気が脳室に入るにつれて、別の精気が脳実質の内部の孔を通って出ていく」というような移動ですべての運動が説明される。そして「化学反応」という概念はなく、現代で化学反応とみなされている変化は、プラトンと同様におおむね「混合」とか「分離」とかで説明されている。しかし、物質の質的な変化が、まったく無視されていたわけではなく、変質を説明に組み込んでいるところもある。

情念のあり方を、ありのままに考察して、その情念への対処の仕方を述べることによって、デカルトは倫理学を人間的なものにした。

わたしたちの情念も、意志の作用によって直接的に引き起こしたり取り去ったりはできない。持とうと意志する情念に習慣的に結びついているものを表象したり、斥けようと意志する情念と相容れないものを表象することで、間接的に、引き起こしたり取り去ったりできるのだ。（同、四二頁）

われわれは情念を自由に支配することはできない。情念をなだめたり、すかしたり、まるで自分自身のなかに、わがままな別人がいるかのように間接的に対処しなくてはならない。

危険が大きくないとか、逃げるよりも防ぐほうがつねに安全であるとか、勝てば誇りと喜びを得るだろうが逃げれば心残りと恥しか残らないとか、そう得心させる理由、対象、実例を、懸命に考える必要がある。（同、四三頁）

逃げるか、闘うかという決断をした経験のある兵士デカルトの姿が浮かんでくる。「胆力」、「勇気」、「度胸」を鍛えることができると、デカルトだけでなく多くの哲学者が語っている。

精神がその情念を完全には支配できない理由は何か。情念はほぼすべて、心臓のうちに、したがってまた血液全体と精気のうちに、なんらかの興奮の生起をともなっており、そのために、その興奮がやむまで情念はわたしたちの思考に現前しつづける。（同、四三頁）

厳格な禁欲主義が無益であることを、デカルトは正しく説明している。情念を飼い慣らす必要をデカルトは語っているので、情念の修練の必要も、犬の調教の例まで出して述べている。「怒りを抑える」のは、どうしたらできるかという話題は、古今東西、あらゆる哲学書のなかで頻度が高い。

6　理性は能動的（自発的）で自律の原理、感性は受動的で他律の原理

カントはストア主義とは違った視点で、ストアのリゴリズムを復活させた。

道徳法則による意志の決定のすべてについて、その本質をなすのは、意志が自由な意志であるなら、感性的衝動をいっしょにはたらかせることはなく、さらにみずからあらゆる感性的衝動を拒絶し、また傾向性（性向）がその法則に反対しかねないかぎりでそれらすべてを断ち切り、もっぱら法則を通じてのみ決定される、ということにある。（カント『実践理性批判』坂部恵・伊古田理訳『岩波カント全集』七巻、二〇〇〇年、一二八頁）

カントによれば理性（道徳法則）によって自分の意志を規定することが、唯一の可能な自由なのである。人間の感性は、外部の自然の支配から自由になることができない。だから理性だけが、人間に真の自発性をもたらす。

われわれの認識は心性の二つの根本源泉から生ずる。その第一のものは、諸表象を受容すること（印象の受容性）であり、その第二のものは、これらの表象によって対象を認識する能力（概念の自発性）である。前者によってわれわれに対象が与えられ、後者によってこの対象があの表象への関係において（心性の単なる規定として）思惟される。（カント『純粋理性批判』有福孝岳訳『岩波カント全集』四巻、二〇〇一年、一二九頁）

せっかくデカルトが、アリストテレスの枠組みを壊しておいてくれたのに、カントは受容性と自発性というかたちで、アリストテレスの枠組みを復活させ、自然的な情念を再び悪者扱いする。

カントにならって「理性は能動的（自発的）、感性は受動的」という思想を主張した歴史上最後の論文は山本信「理性について」（一九五八年）であろう。どうして「もしかしたら歴史上最後」というかと言えば、筆者・山本信には「アナクロニズムと評されることを覚悟の上で、敢えて言う」という態度がみられるからである。

理性とは自発性を意味する。一定の完結した環境世界に適応し、その内部にはまりこんで生活してゆくのではなく、無限定的に開かれた世界において、自発的にはたらいて自己と対象とを形成してゆくこと、ここに人間を他のすべての動物から本質的に区別する特性が存するのであった。この本質的な相違が、かの人間の定義における「理性的」という種差によって表現されるものにほかならない。（山本信『形而上学の可能性』東京大学出版会、一九七七年、一五三頁）

山本が下敷きにしているのは、まずゲーレンの人間学（A.Gehlen, *Der Mensch.* Seine Natur und seine Stellung in der Welt. 4. Aufl. 1950）である。人間が、他の動物と違うのは、環境に埋没しないで、自由に環境から離脱する「脱中心性」をもっているという指摘をゲーレンはしている。この脱中心性という概念も、元をただすとプラトンの『プロタゴラス篇』にまで遡る（加藤尚武『教育の倫理学』丸善、二〇〇六年、第四話「人間弱者論の系譜」を参照）。

この「理性は自発性である」という思想は、「感性は、身体性に支配される受動性である」という「情念受動説」（passion = passive）と直結している。背後にあるのは「人間の理性こそ身体からの自由をもつ。理性には、身体を離れて存在可能な何か（離存知性）が帰属している。その離存実体は、物質性に還元され得ない霊的な存在であり、神との連携が可能になる場である」という思想である。

ゲーレンの脱中心性という概念が、広い意味でのプラトン主義につながる道を開くものであり、そこからキリスト教の現代における復権をはかるための伏線であることは確かである。

離存知性について、アリストテレスは「この知性は、離存し、作用を受けず、混じり合うことなく、純粋であり、その本質において活動状態にある」（『魂について』430a17）と述べている。

このドグマが、根拠をもたないことは、ヒュームが「理性は欲望の奴隷だ」（『人性論』2-3-3）と逆転してみせたとき、明確に感じ取っていたが、現代までの情念論を、厳密に吟味して、この誤ったドグマを撤回させるには、根本的な方法論的吟味が必要である。フッサールによって著名になった「志向性」の概念は、「理性は能動的、感覚は受動的」というドグマを無効にするという点では、「理性も感覚も能動的」という論点を示して、大きな影響力を発揮したが、「志向性」という能動性を意識の基礎的な構造として設定する根拠を示してはいない。ハイデガーの Befindlichkeit（情態性）は、感情・気分の存在論的な規定として、余計なドグマを含まないという優れた点をもっている。

7　観測と理解

アリストテレスの言う「離存する」知性が存在するか。それとも「意識の働き」はすべて脳に依存するか。「離存する」知性の存在を認めたアリストテレスのプラトン批判は不徹底に終わらざるをえなかった。デカルトは、心身分離によって、「離存する」知性の存在を救った。カントは、二世界説という枠組みで、デカルト主義を守った。カント以後、「自己関係する意識は、身体に依存しない」という立場を、フィヒテ、シェリング、ヘーゲルは守った。

問題の新しい局面は、一八六一年に切り開かれた。フランス人医師ピエール・ポール・ブローカ（一八二四－一八八〇年）の勤務先のビセートル病院に、ルボルニュという五十一歳の男性が入院してきた。ブローカが何を尋ねても、彼は「タン、タン」と二度繰り返すだけなのに、その他の知能はまったく正常であった。彼は入院後わずか数日で死亡、ブローカはその二十四時間後に剖検を行ない、左の下前頭回に脳梗塞を見出し、これが彼から言語機能を奪った原因であると考えた。そこで、この領域はブローカの運動性言語野と呼ばれている。ブローカはその患者のしぐさなどを理解し、脳梗塞による病変を観察し、この理解と観察を対応させた。

多くの人は「ルボルニュの心の中には、感情も記憶も情念も存在したが、運動性言語野が充分に機能していないために、彼は「タン、タン」と発音することしかできなかった」と、この事例を解釈するだろう。それでは言葉の表現を伴うことにない「感情」とは何か。「愛」という言葉をもたない人間にとっての愛とは何か。もっとも分かり安い説明は、言葉は感情の外面的な記号表現であって、日本人にとって「米」、「稲」、「飯」、「ご飯」、「シャリ」が、すべて同一の実体を指示するのと同様に、言葉から独立した愛という感情に、「愛」、「好きという気持ち」、「慕情」、「恋」、「欲」、「関心」、「思い」、「情」という記号表現が、対応すると解釈すればいい。この解釈を「同一の感情（実体）に対する多様な記号表現説」と仮に名付けておこう。

友人の名前が想い出せない場合、私の心はその名前に依存しないで、その人を同定している。イメージとしての「山田君」によって、同定される人物と、その名前によって同定される人物とは同一である。したがって記憶内容に関して、言語表現に依存しないで同定できるという事実があることは認めてよい。

一九五一年、先端一ミクロン以下のガラス管電極を神経細胞などに挿入して電位差を測定することができるようになった。ペンフィールドが作った大脳の地図は大変有名であるが、大脳を電気刺激して言語野などの局在（一定の所にあること）を証明した成果をまとめたものである。一九九〇年代になると、ＭＲＩ（核磁気共鳴装置）が使われるようになり、生きた状態の脳の活動を観察することができるようになった。観測者が被験者に「何が見えますか」と訊くと「赤い丸が見えます」と答える。「赤い丸が見える」という言葉の意味は、「赤い丸がある」と言っても、「日の丸が上がってる」と言っても、同じだと考えられる。ここでは「赤い丸」に対して、「同一の意識内容（実体）に対する多様な記号表現説」が妥当している。「ＭＲＩの画像に明るい赤い点が見えている」という共通の理解内容が、観測者と被験者のあいだに成り立つ。その理解が、ＭＲＩ画像上の光という観察と対応づけられる。

心を科学的に明らかにするということは、理解（解釈）と観測を対応づけるという形で進められてきた。その対応それ自体は理解も観測もされない。それぞれが同時的に発生する、一方が止まると他方が止まる等の対応関係から、この理解と観測が同一であるという心脳同一説が導き出されている。この同一性は、通常、「宵の明星と明けの明星は同一の天体である」と言うときと同じ条件でなりたっているか、それとも通常のわれわれが使っている「同一性」の概念とは違っているのか。別の言い方をすると、観測機がもっと発達すれば、この同一性それ自体が観測可能になるのか。

被験者が言う「赤い丸が見えます」という言葉の理解（解釈）とＭＲＩの画像に明るいところが観測されることは、同一であるが、同一であることが観測されるのではない。理解（解釈）と観測の同一性は、理解（解釈）も観測もされない。

日常生活でも観測と理解（解釈）とが、不可通約的であることは、しばしばドラマティックな場面を生み出す。「顔で笑って心で泣いて」という態度が可能であるのは、この両者が「非法則的」（anomalous）だからである。

「嘘」、「裏切り」、「裏芸」、「腹芸」はすべて、観測と理解（解釈）の不可通約性によって成り立つ関係である。「精神が骨の形に対応している」という判断が、妥当である場合に、「精神は骨だ」という判断が、「観測されている」と思い込む過ちは、すでにヘーゲルによって指摘されている。

被験者が見る「赤い丸」と観測者が見る「MRI画像の明るいところ」が同一であるということは、仮説だろうか。それとも比喩だろうか。

現在の段階では仮説にとどまるが、観測機等がもっと発達すれば、この同一性それ自体が観測可能になるという説はありうる。被験者の見る「赤い丸」も、「MRIの画像の明るいところ」もともに同一の脳の状態から、因果的に発生している。それぞれの因果性が、観測によって確証されるなら、この同一性それ自体が観測可能になるという主張になるだろう。この主張が無限背進になることは確かである。

そこで「同一性は、仮説ではない、比喩である」という解釈が出るだろう。比喩とは「同一でない二つのものを、あたかも同一であるかのように表現すること」である。この説に対しては、「同一でない」ことの証明が可能かという反論が成り立つ。「諏訪盆地は東洋のスイスです」という観光ポスターでは、「東洋のスイス」が現実にあり得ないことの了解が成り立つと想定されている。「君は私の太陽」、「飛行機は蚊よりも脆く落ちた」（『暗夜行路』）など、恋人＝太陽、飛行機＝蚊という同一性が否定されることが自明だから、比喩としての意味が成り立つ。

観測と了解のように非等質的な系にまたがる同一性が問題となるとき、中世哲学では「超越的術語」という枠を作って処理した。ヘーゲルは、「対立物の同一」という枠にねじ込んだ。

どのような観測にとって、観測と理解の非等質性を解消するのか。この問題に答えるような観測の成立する可能性は否定できない。

人間と機械を結合する場合を考える。たとえば事故で腕を失った人に人工の腕をつけて、脳の命令に従って、作業ができるようにする場合、「腕を上げる」という脳から発信された情報は、「腕を上げる」という機械の運動に翻訳される。ここでは医師が「腕を上げてください」と言うと、患者が腕を上げるという理解の過程が、人間と機械との結合関係にコピーされている。身体内のパルスの意味がすべて解読されるならば、同一性が確証されると言うことも可能であろう。このような事例に関して、どのような法則性が成り立つのか。判断の材料が不足している。

8　デイヴィドソンの非法則的一元論

一元論というのは、心脳同一説、唯物論、自然主義などさまざまな言い方があるが、心のはたらきが身体抜きでは成り立たないという主張である。身体抜きで「離存」する知性の存在を否定すると言ってもよい。「非法則的」というのは、脳の物理的状態を解明すれば、心に思うことが理解できるとか、脳の物理的状態を変更すれば、心のはたらきを支配することができるか言うことはできないという主張である。つまり、人間の心の自由を自然法則に還元しないということである。

デイヴィドソンは、自分の立場「非法則的一元論」を次のように説明している。

心的出来事と物的出来事の間の関係に関する理論を四つに分類してみることは、状況をより明らかにするのに役立つであろう。そして、そのような分類は、法則についての主張と同一性についての主張が相互に独立であるということを強調することになる。まず、一方において、心理・物理学的法則の存在を主張する人々がおり、またそれを否定する人々がいる。他方において、心的出来事が物的出来事と同一であると主張する人々がおり、またそれを否定する人々がいる。したがって、ここに四つの種類の理論が考えられることになる。まず、法則論的一元論（nomological monism）。これは、心的出来事と物的出来事を結びつける法則が存在すると主張し、かつ、それらの出来事が唯一つのものであると主張する。（唯物論はこのカテゴリーに属する。）次に、さまざまな形態の心身平行説、心身相互作用説、随伴現象説などを包括する法則論的二元論（nomological dualism）。

三番目は非法則論的二元論（anomalous dualism）であり、これは、心的なものと物的なものの間の相関関係を述べる法則が一般には存在しないという主張と、存在論的二元論とを結合したものである。（デカルト主義がこれである。）そして最後に、私がここで採用したい立場である非法則論的一元論（anomalous monism）が存在する。（デイヴィドソン『行為と出来事』服部裕幸・柴田正良訳、勁草書房、一九九〇年、二七二頁）

この文章のなかで重要なのは「法則についての主張と同一性についての主張が相互に独立である」（the independence of claims about lows and claims of identity）ということである。これは「決定論か自由か」という議論と「心身同一か心身二元か」という議論が独立だと解釈してよい。

一元論には、唯物論と唯心論とがあるはずなので、デイヴィドソンのこの四形態を書き換えると次のようになる。デイヴィドソンは、唯心論を除外してしまっている。

決定論的唯物論（デモクリトス）

決定論的二元論（心身平行説、心身相互作用説、随伴現象説）

非決定論的唯物論（デイヴィドソン、エピクロス）

非決定論的二元論（デカルト主義、カント主義）

唯物論でありながら、決定論ではないというのが、デイヴィドソンの立場である。ドゥルーズも、パデューも非決定論的唯物論を取り、「唯物論」という言葉を避けて、「自然主義」という言葉を使っている[2]。

この非決定論的唯物論を「証明」するデイヴィドソンの手続きは、「同一性」という概念が、「超越論的術語」であることを無視するという点で、いわゆる分析哲学全体と同一の誤りを犯していることは、残念である。「超越論的術語」というのは、非等質の領域にまたがる（超越する）術語で、「存在」、「同一」が代表的なものである。

われわれが今議論している心身問題では、一方で、観測者と被験者のあいだに「赤い点が見えます」というような通俗心理学的な了解の成り立つ場面がある。医師に向かって「お腹がしくしく痛む」というと了解が成り立つ（こういう解釈場面が非厳密主義的に成立することをデイヴィドソンは的確に捉えている）。他方で、観測者は被験者の脳を観測機に入れて、脳の画像の中の光る点を測定する。この測定は、被験者も行なうことができる。内視鏡の手術を受けながら、その画像を患者が見ているというのは、今日では日常的な経験になっている。ところで心脳の同一性とは、この通俗心理学的な解釈（理解、了解）の場面での「赤い点」と観測の対象となっている脳の画像の中の光る点とが、同一であるという事態である。しかし、同一性は超越論的術語であるから解釈場面での「赤い点」と観測場面での光る点が「同一である」と述べることが許容される。しかし、この同一性それ自体は想定されない。当面は「同一性として扱うことが妥当だ」という程度の同一性である。

同一性が、超越論的術語であることは、ドイツ観念論の哲学者たちにも充分に理解されはしなかった。彼らは

「同一性と非同一性の同一性」という概念を、用いることが不可避だと考えた。

デイヴィドソンの説明のなかには基礎的な範疇の処理方法として間違っているものが、数多くある。因果性という概念を用いるときも、不用意に非等質実体間の因果性を認めるという態度で、因果性の記述をしている。これはデカルト、スピノザ、ライプニッツなら避けた誤りである。同一性の仲間に入る同時性について、「星の衝突と鉛筆の回転の同時性」という例を持ち出して、心身問題の議論の伏線に使っている。「志向性」という概念を「因果性」と重ねて使っている。などなどのカテゴリー論的な誤りを山ほど積み上げている。

「同一性の存在論小史」とか「リベット問題と人間機械結合論」とかの論文を書いて、非等質関係をデカルト、スピノザ、ライプニッツへの批判的な反省とともに明らかにするという作業が必要であると思う。特定の主題について西洋思想の全体を通覧しつつ、現代的な問題に対処するという姿勢が望まれる。

（1）folk psychology は、土屋俊が「素朴心理学」と訳している概念である。土屋俊『心の科学の可能性』〈言語哲学コレクション第二巻〉（くろしお出版、二〇〇九年）二九四頁に次のような説明がある。「人間の行動を人間の生物学的な構造に還元させ、それによって説明することが可能であると考える立場（「消去主義」（eliminativism）と呼ばれる）の哲学者の一部は、素朴心理学は、すくなくとも経験を一般化した知識体系として有意味であると考えたうえで、その科学的妥当性を否定するという戦略をとる。すなわち、そこで使われる信念とか欲求という心的状態は神経科学的な一般化に吸収することが不可能であるゆえに、これらの概念は究極的には無意味となるという観点をとる。しかし他方で、このような概念が、いずれにせよ人間の行動の説明のなかでは最終的に残る必要があると考える立場も可能であり、その場合には、たとえば、そのような心的状態は何らかの言語的な対象に対応するものになることが予想される」。私にとって母国語は日本語だけである。「英語の意味が分かる」と言えるときですら、その理解の内容を日本語でしか表現できない。同様に通俗心理学の内容を「科学的な心理学」に翻訳したとしても、その翻訳の正しさを私は通俗心理学の言葉でしか語れない。それゆえ通俗心理学そのものを消去することは不可能である。

（2）　加藤尚武「哲学の現状——自然主義をめぐって」『ある軌跡』（未來社、二〇一一年）所収参照。

第二章　情趣と味わい

山内志朗

1　はじめに

「酒は涙か溜息か」（高橋掬太郎作詞、昭和六年）という名歌があった。その歌では味覚と情念と雰囲気が渾然一体として表現されている。こういったことは日常的経験において自明なことであっても、それを哲学的に分析するとなるとなかなか困難である。味覚と情念が干渉し合うことは自明のことなのだが、哲学的に論じることは難しい。論じるべきものの存在が感じられても、何を論じたらよいのか見当がつかないからだ。

哲学史を遡っても、味覚や食ということが論じられることは少なかった。哲学の目指すものがそういうものと両立しがたいとはいわないまでも、方向を別にしているということがあったためなのだろう。哲学が事実や真理を目指す限り、味覚や食は周辺的なことになってしまう。

認識能力が上級と下級に分けられ、感覚は下級のものとして捉えられてきた。しかも視覚、聴覚、臭覚、触覚、味覚という五つある感覚能力のなかでも、味覚や食は、感覚的欲求との結びつきが強い以上、かなり下に位置づけられるものであった。動物にもみられる感覚的欲求と近いものであって、動物的なものとの距離によって高級・低級の尺度が定められる枠組みでは味覚は低く位置づけられる。しかも、味覚においては、評価の尺度としては、おいしいかまずいだけであって、審美的なカテゴリーを形成しにくいということがあるのだろう。

食に関する哲学的考察は、食材や料理に関する個別的な用語がいかに豊富であろうと、味覚を分類するカテゴリーにおいて貧弱であって、しかもそのカテゴリーが排反的ではなく、中間状態の存在や総合や融合による多様状態の存在によって分類が困難であるということがある。しかし同時に、その語りにくさが、ライプニッツが述べるところの「渾然たる認識」(cognitio confusa)の表われであると考えれば、幾分違った姿もみえてくる。渾然ということは、おいしいかまずいかを明晰に判断できるが、それを識別するための徴表を挙げられない場合だ。色を判断する場合も同じである。「緑」を瞬時に明晰に判断できても、なぜ緑と判断したのか、その徴表・基準を言語化できない場合は当たり前の事態である。そういうことが生じるのは、そこに識別されるべき徴表が無限に潜在していることの証しでもあるからだ。

味覚の評価基準が単純で、複雑多様なカテゴリーを構成できないとしても(近代以降の著されてきた多様な料理書をみればもちろんそんなことはないだろうが)それは、感覚としての低級さのゆえではなく、無限を蔵しているかもしれない。ライプニッツ的認識論においては、感覚的認識の包蔵する無限性が高く位置づけられることになる。味覚を積極的に位置づけるためには、身体論的な枠組みばかりでなく、ライプニッツ的認識論においても、道筋は予感されていたと言える。

とはいえ、ここでは味覚について豊かに語るための道具をすでに準備されている状況にはない。味覚や料理を語ったグルメ案内、店の案内、食材や料理法を扱った本は常に数多く出版されながらも、味覚や料理を哲学的に論じられることは少ない。しかしそれはある意味では当然のことなのである。知性と感性が二項対立的に区分される西洋哲学的な枠組みでは、抜け落ちてしまうのだ。

感覚を受容的認識能力と決めつけてしまっては問題を取り損なってしまうと思われる。その際、感覚を中世スコラ哲学にならって、外的感覚と内的感覚に分けることも有力なのだが、ここではその道をたどることは避ける。無益だという判断によってではなく、アリストテレスの『デ・アニマ（霊魂論）』の煩瑣な枠組みを踏まえ、その上で内的感覚の枠組みを説明することは、味覚を語る場合、意味はあることなのだが、その手間に見合うだけの関連性が大きくはないのである。アヴィセンナが提起した評価力（aestimativa）は味覚との結びつきを備えたものだが、ここでは立ち入らない。それは試みられるべきだが、ここではもう少しおおざっぱな枠組みで考えていく。

以下のところでは、情趣と味わいという曖昧な領域を検討したい。九鬼周造は「いき」という日本的な情緒を巧みに分析した（九鬼周造『いきの構造』）。ここでそれを凌駕したいというような目論見があるのではない。情念と味覚は共感覚的に浸透し合う場面があるように思われる。涙ながらにパンを味わった者でなければ人生の味は分からない、と言われる。冒頭で触れたが、「酒は涙かため息か、分かれ涙の味がする」という歌のセリフが人口に膾炙していることからも示されるように、味覚は、味覚にだけかかわる部分的能力なのではない。

2　味覚と趣味

「味覚」と「趣味」は西欧語では同じ言葉で表わされる。ドイツ語では Geschmack であり、英語では taste である。ラテン語で gustus であるが、語の内包はほとんど同じである。これは何を意味するのだろうか。味覚はおいしいかまずいかを判別する能力である。これはおいしいものが生命の維持に役立ち、まずいものは有害であるという、暫定的判断を瞬時に行なう能力であり、その点で不可欠の能力である。味覚がなければ、腐敗したものや毒物の混在した食物をはき出すこともできない。吸収すべきか排除すべきか峻別する能力なのである。ただし、そういう生体維持のための能力にとどまるのではなく、個々人において多様にそして微妙な度合いを含みながら偏差する能力としてもある。趣味が多様に存在するように、味覚もまた多様に存在することになる。そして、個性を備えたり、また変化成長を遂げるものという性質を備えることができる。「蓼食う虫も好き好き」というように、味覚の多様性は好みの多様性にもつながり、人間個体の多様性を支えるものともなる。

日本語で考えた場合どうなるのだろうか。日本語で考えても同じだろうか。味覚に固有な感覚能力を指す言葉があるのか、微妙だが「味わい」というのはその一面を表わしている。対象の質を表わしており、味わう感覚能力を指しているというわけではない。大和言葉は、対象に属する性質とそれを識別する主体の側の能力を表現し分けることはあまり行なってこなかった。時枝文法では詞と辞が分けられるが、辞という関係を表わす語によって、事態が事物や主体の側に割り振られることになっている。

なお、「あじはふ」という語について、触れておくことも意味があるだろう。「あじはひ」が古語として盛んに用いられたものではないようだが、語形成の点からみると、「なりはひ」「にぎはひ」を構成する接尾語「はふ」の連用形を共通に有している。おそらく、「さきはひ（さいわい）」「わざはひ」も同様であると思われる。「はふ」というのは、二項間の相互的な作用にとどまらず、複数の構成要素のあいだで全体的に力動的な交渉が行なわれている状態を指している。そのような見方が正しければ、味覚とは要素主義的なものではないと言える。そしてそれをわれわれは日常で実感している。ほんの少しの塩加減が味全体を変えてしまうのだ。

味覚について、とりあえず要素主義的に考えると、甘味、塩味（鹹味）、酸味、苦味という四つの基本味から構成されている。しかし、こういった味覚だけで味わいが決定されているわけではない。肉の脂身が嫌いな人は、味覚についてよりもその触覚的要素を嫌っているのである。味わいには、味覚ばかりでなく、触覚と臭覚、そして視覚や聴覚もかかわってくる。ここでは、視覚や聴覚の関与は除外しておこう。

味わいのなかで、味覚よりも、触覚の方を重んじる人がいるというのは考えられる。ほとんど味わいのない淡泊な食材を好む人もいる。コンニャクやトコロテンなどは微妙な味はするとしても、その味わいは四つの基本味を要素として、その結合から得られているとはなかなか言いにくいと思われる。

触覚ばかりでなく、臭覚も重要な要素である。鼻が詰まっていては、ほとんど味わいがしないということは普段経験することである。臭覚は、何万種類の臭いをかぎ分けることができると言われる。ただ微分的な器官であるので、変化をかぎ分けることはできるが、持続的な刺激に対しては、すぐに麻痺してしまう。臭覚は変化をかぎ分ける能力という側面が強い。移ろいを感じられる能力である点で、それは食べ物というそれほどすぐに変化するものをも対象とはしうるが、そればかりでなく状況の変化などに向けられる能力でもあるという点で違いが出てくる。

† 味覚と雰囲気

味覚を機能的に考えれば、口が同化吸収する際の入り口であるということが最重要な事柄となる。口は同化吸収するための入り口であり、そこにあるものが、自己の生命の存続にとって有益なのか有害なのかを瞬時に識別する器官である。外的感覚（視覚、聴覚、臭覚、触覚、味覚）は、一つの機能としては生体維持の機能がある。危険度を察知する必要があるわけである。

この危険度としては、距離と緊急性はある程度対応している。危険度を測る順番を距離の順に並べると、視覚、聴覚、臭覚、触覚、味覚となるだろう。遠距離相、近傍相、接触相と分けることもできるだろうが、ここではその詳細に立ち入る必要はないだろう。

E・T・ホールはプロクセミクス（近接学）を提唱し、距離の使い方に関して文化比較を行なって、距離におうじて、人間的関係がそこに反映し、そしてそれは文化や民族によって多様であり、そして分類可能であることを示した。

ここでは近傍相を考える場合に、腕を伸ばして届く距離ということを考えていた。対人関係において、腕を伸ばして届く距離というのは、尺度と考えられる。もちろんのこと、ホールが示したのは、民族によって、その尺度となる距離は広がったり狭まったりするので、統一的な尺度は示せないということがあった。そのように考えると、きわめて大ざっぱな目安しか示せない。近傍相とは、一メートル以内ぐらいと考えておいてよいだろう。腐敗臭や排泄臭の場合、かなり遠くまで拡散するので、その場合臭覚は、遠距離相においても機能しうる。しかしそういった激しい臭いは稀であり、臭いでも多様で微妙な変化のなかで識別がなされるような場合の方が普通であろう。果実の熟し具合を臭いで判定する場合などである。その場合は、臭覚は近傍相において機能するのである。

ここで特に考えたいのが、味覚であるが、接触相において機能するということを考えると、触覚と関連させて考える必要がある。

いずれにしても、味覚と触覚と臭覚はきわめて密接に結びついている。砂をかむように味気ない、という言い方があるが、砂まみれの寿司や焼きそばは食べたことのある人ならばすぐに分かるように、味気ないどころか、食べられたものではない。触覚は、温度、堅さ、大きさなどを判別するが、それは手でも識別できるものであり、口腔の触覚は生体の維持にとっての最終審級として機能してはいないと思われる。味わいにとっては重要であっても、やはり副次的なものと考えられる。

3　味覚の空間性

テレンバッハの著書に『味と雰囲気』という名著がある。この書の功績は、味というのが決して受容的感覚器官における受容的な能力にとどまらないことを示した点にある。

雰囲気というのは、物理的な空間のことではなく、人間的な空間、実存的な空間のことである。均質ではなく、「生きられた空間」でもある。延長した身体性と言ってもよいだろう。

この延長した身体性は、いくぶん比喩的な面も多分にある。我が身のようにかわいがっている自動車が受けた傷を、「痛い」と感じるとしても、それは本来の意味での痛みとは異なる。身体が皮膚の内部に限定される存在ではないとしても、延長している側面は「身体イメージ」として外部に投射され、それが再受容されて、自分の身体に組み込まれる場合だろう。

雰囲気が、外部に客観的に存在するのではなく、しかも外部に投影された映像として存在するのではなく、リアルなものとして存在するのは、それが主体と外部環境のあいだに相互作用（インタラクション）をもつ場合だろう。相互作用にとどまらず、フィードバック機構を有している場合を考えた方がよいだろう。

この雰囲気が、心的な映像にとどまるのではなく、リアルなものとして組み込まれるためには、主体の側にあるものもまた、顕在的な認識作用が秩序化された近代的な意識ではなく、潜在性の次元や身体性を組み込んだものでなければならない。この主体の側での身体性の景気として、味わいが存在するというのがここでの見通しである。

† テレンバッハの味覚論

テレンバッハの『味と雰囲気』は、味覚に話が限定されているというよりも、むしろ臭覚が近距離の臭いを感覚する器官であるとともに、味覚に関する接触する事物に関する近接的な感覚であることに注目し、近距離感覚と接触感覚の側面が通底し、そして近距離感覚と他者との関係が通底している点に注目し、そこに議論の軸が置かれている。

他者との別れが、苦いというように、心理状態や他者との関係が味覚に影響を及ぼし、そして場合によっては、心理上の打撃や精神の障害が味覚を奪ってしまう場合もある。

味覚は感覚的な刺激の弁別にとどまるのではなく、豊かな意味を備えているのだ。テレンバッハによれば、諦めが苦く、許すことが甘く、苦労が酸っぱいとされる。そこには文化的な差異を想定することもできるのだが、概して類似しているようである。またいやでたまらないことは臭いと結びついている。ラテン語で臭い（odor）と嫌悪（odium）は同じ語源から出ている（テレンバッハ 一九八〇、二五頁）。「くさい」ことは、身体的に避難することが求められるものであり、心理的に忌避されることへと転化するのはきわめて当然である。「くさい」ものからは逃げるべきなのだ。「よい香り」というのは、身体的・精神的接近を誘導することは、もちろんありうるにしろ、「くさい」ことの忌避的効果に比較すれば、効果は弱いと思われる。性ホルモンは人類ではなきに等しく、香水がその効果をもつとしても、消費社会の宣伝によるところが過半を占めるように思われる。

臭覚は、近距離の場面では回避すべき危険を示すのが主たる機能であり、その次に有益な食料の存在を示す機能があったと考えられる。だからこそ、「おいしい」という味覚と連合する感覚については、接近効果が大きいと思われる。

† 味覚と臭覚

ここで、テレンバッハの味覚と臭覚に関する分析を少したどってみる。

①予備判定の感覚としての味覚

ものを食べる場合に、嗅ぐ人あるいは味わう人は、賛成か拒否のどちらかを決めるように、判定（Urteil）を迫るのである。臭いについては近づくべきか離れるべきか、食べ物であれば飲み込むべきか吐き出すべきかの決定を迫るのである。これが、口腔感覚の最初の決定的な本質である。これは二項対立的であり、吐き出すか吐き出さないか、二つに一つしかない。この場面では、味わいといった中間的な段階は関係ない。

②距離のなさ

味覚においては、主観と客観の相互排反的な関係は成り立たない。「臭覚と味覚の活動では主体はかおりと味の中に現前する世界と溶け合うのである」（テレンバッハ 一九八〇、二九頁）。外部のものが内部に侵入し、浸透してくるのである。それは異物の侵入であり、きわめて危険なことである。それが認められるということは、危険性を否認することであり、しかし同時に外部への防御の停止状態である。食べているときは寝ているときと同じぐらいに無防備な状態である。だからこそ、そこでは特別な内密性が現われる。口腔感覚は近さの感覚なのである。一緒に食べることは、親密性を伴うことであり、逆にまた共に食べることで親密性を形成することもできるのである。

③味わうことと臭覚との相互性

味覚は甘い、塩辛い、酸っぱい、苦いという四つの味から構成される。しかし味わいは多様で微妙でさまざまなグラデーションを有している。このことはそこに臭覚が関与しているからである。臭覚が失臭などの障害によって失われると、四つの基本的な味しか感じられなくなるという。味というのが味覚ということにはとどまらないのである。

臭覚に障害が生じると、要素主義的にしか味覚が働かないということは重要な論点である。本来、味覚は要素主義的にあって、臭覚や触覚がそれを修飾し、連続的なものにすると考えることもできるが、感覚ではなく、それを認識する機能において、カテゴリー化して、四つの要素として言語化していると考えることもできる。カテゴリーにおいては、現在の時点で吐き出すべきか吐き出さないかを決定するだけでなく、選好の度合いを付与し、食べるにきわめてふさわしいものとそれほどふさわしくないものを識別するための評価尺度を与える働きも重要になってくる。味覚は未来のためにもあると考えられる。

④臭いと雰囲気

味覚というのは、口に入ったものを吐き出すべきかそうしないかを瞬時に決める能力であり、暫定的な判断や未決定のままにしておくことができない。中間が存在しない。しかし、距離が存在する場合は、模様を見るなど中間的な態度が可能である。臭覚というのは、口に入ったものを識別する場合には、腐敗しているかどうかを識別するという瞬時的な機能にかかわるが、臭覚は近距離にあるものについては有益・有害を判定することができる。その場合は、敵・味方に関する中間的な度合いが成立する。有害であるようにみえるが、とりあえず遠くに離れ、本当に有害かを確かめるために観察するという場合である。テリトリー内部におけるセンサー機能としてあるのが臭覚であると考えればよいだろう。

ここでテリトリー（縄張り）ということを持ち出すのは、これは人間空間においては、「雰囲気」に対応するものと考えられる。人間以外の脊椎動物では、テリトリーは判然と存在するにしても、人間の場合は、集団生活を余儀なくされ、テリトリーを必ずしも維持できず、しかもテリトリー内部を精密に調べられるほどの臭覚を失ってしまっている。臭覚に基礎を有しながらも、その色合いをかなり失い、実存的な色彩を有するのが「雰囲気」であろう。

「雰囲気」ということは、テレンバッハによると、母親的なものを経験する中核（Kern）であるという。母親的なものは臭いのなかに発散される。しかし重要なのは発散されるのは臭いだけではないということだ。「雰囲気」も発散され、そして汲み取られてもいるのだ。

「われわれの感官のほとんどのあらゆる経験の中には「より以上のもの」があって、これは表現されずにとどまっている。現実の事実的なものを越えて存在しながらわれわれがそれとともに感じとるこの「より以上のもの」こそわれわれは雰囲気的なもの（das Atomosphaerische）と呼ぶことができる」（テレンバッハ 一九八〇、五二頁）。香りは空中に広がり、こうして雰囲気の存在をわれわれに洩らす。われわれは香りに気づくことによって、雰囲気に関与する。

4 人間的空間の構成と味覚

雰囲気と臭い・香りの関連について、テレンバッハの記述は美しく、精妙である。しかしながらこれを日本にそのまま当てはめるとそのままでは妥当しないような点があるように思われる。

この雰囲気的なもののなかに親密さが含まれ、そこに母親の臭いと雰囲気を中核とするような現象があるというのはよいのだが、日本で親密さのなかに臭いが構成要素として含まれているかとなると判然としないのだ。お香も使用されてきたし、香道もある。似たような概念として「気」もあるが、そこに構成要素として臭い・香りはほとんど含まれていないように思われる。

湿度の高い地域では芳香は価値あるものとして認識されにくいということなのだろうか。湿度の高さということと、農耕民族としての歴史とも関係があるように思われる。そして都市生活においても、臭いが発揮されるべき場面は多くはない。

山のなかで鳥獣や蛇の狩猟がなされていた頃、人びとは獣や蛇の臭いをかぎ分けることができた。その日の朝、熊やまむしが通った跡がかぎ分けられたのである。もはやそういった臭覚は機能してはいない。

味覚に話を戻そう。味わいというのは、すでに触れたように、要素的感覚の総和としてあるよりも、「より以上のもの」であろう。この「より以上のもの」は、テレンバッハが雰囲気を語る場合に使用したキーフレーズである。全体は部分の総和ではなくて、部分の総和以上のものなのだ。

この部分の総和以上であるということを、どう整理するのか簡単ではないが、感覚のなかにある先行的読み込み機能というべきものを考えることも一法であると思われる。ものごとを瞬時に判断すべき場合、再吟味することはできないから、あらかじめ先行的に予断を加え、その上で判断が加えられるということはある。

視覚、聴覚、臭覚で予備的に判断が加えられ、その上で最終審級として、味覚が登場し、有益・有害が判定されるわけだ。味わいとは、その最終目的にたどり着く前に、その過程を秩序づける階梯のそれぞれに存在する指標を調整・配置（coordination）するものではないだろうか。自然の目的論からは斜交いに離れながらも、それに協調するものではある。

情趣というのは、部分的な感覚ではなく、全体的なものであり、いうなれば「実存的感覚」と呼んでもよい。味覚もまた陶然と人間精神を支配する。味覚が食物の有益・有害を判定するものでしかなければそういう全人的な感覚とはなりえないはずである。味覚も全人的な感覚となりうるのは、「より以上のもの」という特質を分有しているからではないか。アウグスティヌスは享受（fruitio）ということを彼の神学の基礎に据えた。ほかのものを目的とするのではなく、ある対象をそれ自体で愛することである。これだけではもちろん、享受の具体的な構造はみえてはこない。そして、スコラ神学もその享受を基本概念として頻繁に使用しながらも、十分な定義を行なうこともなかった。日常的に経験されていればそれを定義する必要はないからである。

この享受概念を援用すれば、味覚にも享受はあり得る。もちろんそれは大食という、七つの大罪の一つに陥りかねないけれども、全人的に魅了するものであることは比較の材料として考えておくべきことである。それについては稿を改めて考察したい。

参考文献

テレンバッハ『雰囲気と味わい』宮本忠雄・上田宣子訳（みすず書房、一九八〇年）。

ホール、エドワード『かくれた次元』日高敏隆・佐藤信行訳（みすず書房、二〇〇〇年）。

松永澄夫『食を料理する――哲学的考察』（東信堂、二〇〇三年）。

山内志朗『〈つまずき〉のなかの哲学』（ＮＨＫブックス、二〇〇七年）。

第三章　気分と兆候
——モンテーニュにおける「無為」をめぐって——

大西克智

Tales sunt hominum mentes, quali pater ipse Juppiter auctifero lustravit lumine terras.
父なるユピテルが地上を照らす太陽の豊かな光線にしたがって、人の心は移りゆく。

1　はじめに

ホメロスは『オデュッセイア』第十八歌のキケロによるラテン語訳である。『運命論』（*De fato*）の失われた部分に含まれると諸家が推測するこの一節は、アウグスティヌスの手を通じて後世に伝えられることになる(1)。古来、人心の変転しやすさ、儚《はかな》さ、あるいはそれが神々によって翻弄されるありさまといったものは、文学と哲学における格好の題材であった。そして近世の黎明期、この古い主題を前例のない仕方で取り上げたのがミシェル・エケム・ド・モンテーニュ（一五三三‐一五九二年）である。『エセー』（*Les Essais*）において右の一節を引くに先立って、モンテーニュは次のように言っている。

日々、新しい思いつきが生まれ、私たちの気分（nos humeurs）は天気とともに変わってゆく。（Ⅱ・1、二・二〇）(2)

モンテーニュにとって移ろいを象徴するものの一つが――本書のテーマに含まれる――「気分」である。しかし話を哲学に限るならば、モンテーニュに先立って、気分というものがしばしば考察の俎上にのせられ、これを焦点とする多くの議論が繰り広げられたとは言い難い。反省的につかもうとしてもとりとめがなく、心を領するとはいっても漠然としている。そのようなものであるならば、真理であれ存在であれ、なにがしかの根拠を求める哲学的探求の途上で気分に関する洞察が大きくものを言うことはたしかにないだろう。気分にはまた、「情念」ないし「感情」を感得することに伴うような強さが欠けている。だとすれば、気分を統御できるかどうかを真剣に考えることに哲学的な意味はなく、また倫理的な人格の形成過程に組み込む甲斐もない、ということになるだろう。

モンテーニュの気分という問題に対するこだわりは、だから、伝統の趨勢に対する例外である。後世に対してはどうか。社会と人間の関係が不透明さを増し、人間の自己意識が複雑化してゆくなかで、人間の実存に深く組み込まれたものとして気分は――とりわけ、周知のように、「不安」という気分が――クローズアップされることになる。「原罪」を介して（キルケゴール）、あるいは「現存在」のあり方として（ハイデガー）、気分に関する哲学的な考察が、人間の存在を基底的な次元から捉え直そうとする試みにおいて重要な位置を占めることになる。

しかるにモンテーニュの気分をめぐる洞察は、このような問題意識を先取りする性格のものではまったくない。後述するように、彼にとって問題であったのはそもそも不安のむしろ対極にあるような自己充足的な気分である。(3)しかも、一見とりとめがなく漠然とした気分というものの内にさまざまなニュアンスを見出してゆくこと以外に彼は精神の力を使わない。心に内的な現象を徹底的に腑分けすることこそがみずからにとっての「形而上学であり、自然学である」(Ⅲ・13、六・一三四)とするモンテーニュには先駆者も厳密な意味での後継者もいない。思想史における立ち位置という点からして、気分に関する彼の思索はやはり類例を知らず、そのことは、腑分けする手つきの比類なさによって裏打ちされている。本章でモンテーニュを取り上げるゆえんである。

そのようなモンテーニュにわれわれはここで何を求めようとしているのか。この点を示すために、『エセー』を通じてもっとも有名な、この書の性格をもっとも端的に示す第三巻、第二章の冒頭部分から数行を引こう。

> 世界は永遠の動揺にほかならない。すべてのものがたえず動いている。大地も、コーカサスの岩も、エジプトのピラミッドも、世界全体の運動とそれ自身の運動で動いている。恒常不変ということさえも、やや緩慢な動揺にすぎない。私は、私がここで対象とする自己を確定することができない。それは生まれつき酔っぱらっており、朦朧と、よろめきながら歩いている。私はそれに心を向ける時点で、ありのままに捉えるだけである。だから、その存在を描くのではなく、推移を描く。一時代ごとの推移ではなく、あるいはよく言われるような七年ごとの推移でもなく、一日ごとの、一分ごとの推移を描く。(Ⅲ・2、五・三六)(4)

このような推移は、パスカルのような人にとってみれば、「どうでもいいこと」であり、このようなことを「くどくどと語り過ぎる」ことこそ、「モンテーニュの欠陥」であるということになるかもしれない(『パンセ』ブランシュヴィック版六五および六三)。しかし気分というものに探りを入れようとしているわれわれにとってはこの「推移」の記述こそ、代替の利かない資料となる。「一分ごと」というのは比喩にすぎない。モンテーニュは毎瞬の推移を、いわば微分的ないし差分的に、観察する。当然、気分の「推移」もその観察眼を逃れない。彼の注視力は、単に一つの気分が別の気分にとってかわるという意味での推移――ホメロス以来人を嘆かせてきた定めのなさ――にだけ向かうのではない。その本領はむしろ、一つの気分のなかにも襞があり、その内部には運動があるという事実にまで入り込んでゆくとき十二分に発揮される。その経緯を丁寧に辿りながら、気分というものをのっぺりした状態としてではなく、動態において捉えることをわれわれは目指すことにしよう。気分は、これまで、いずれ移ろうにせよ少なくとも当座は意識に滞留するものとして、あるいは人間存在の根底に居座り続けるものとして、捉えられてきた。哲学的な気分概念には「すべての牛も黒くなる闇夜」という憾《うら》みがどうしても残る。このような一般的イメージに「未だ当てられたことのない光を当て」(I・50、二・一六九)ようとするここでの試みは、精神の動態に関する何か新しい理解の仕方を求める試みともなるだろう。気分の内に運動をみることは、気分が精神のものである以上、精神のうちに運動を――気分というものに対応するがゆえにこれまであまり省みられることのなかった精神の運動性を――みることでもあるのだから。

以下、「無為」という気分を考察の場として設定した上で(2)、この気分の内側に入り込むために、モンテーニュに特有の「判断」概念を導入する(3)。その上で、「無為」の気分が「兆候」を見極めこれに対処する判断の働きそのものによって維持されていることを明らかにする(4)。

2　「無為であること」と《闘うこと》

あらためて、「気分」とは何か。気分の意味を一義的に定めることから始めるのは、それが可能かどうかは別にして、モンテーニュに即して考察を進める上でうまいやり方ではない。厳密さは関連する語彙の定義にではなく、もっと別のところに求めるべきだからである。(5) そこでさしあたり、気分を隣接する概念の横に並べて、最低限の考察条件を定めることにしよう。まず「情念」（passion）ないし「感情」（affection）に対しては、さきにも触れたように、気分の方が相対的に弱く、輪郭不鮮明で、そのぶん持続的であると言えそうである。両者の境界線は、「不安」が典型的にそうであるように、しばしば曖昧でもある。境界の不明瞭ということは、もう一つの隣接概念である「気質」との関係でも言える。そしてここでは、「気質」との曖昧なる近さを連続性としてむしろ積極的に認めてゆこう。ある人に具わっている心の傾向であり、そう容易にあるいは頻繁には変わらないもの、その人に内在しているものが「気質」であるとすれば、気分はその気質を反映するものである。逆に言えば、気分を介して人は自分の気質がどのようなものであるのかを知ることができる。いやもっと正確には、意識における現象として生きられる気分を介さなくては気質を考えるということがそもそも成り立たない。気分と気質のあいだに成り立つこのような表裏性を認めることが、われわれの考察の出発点である。「気質」と「気分」の双方を《humeur》という一語で包括するモンテーニュの考えを扱うにはそうする必要があると言ってもよい。両者は文脈によって区別できる場合もあれば、区別しようとすることに意味がない場合もある。「気質」には《qualité》という語も用いられるが、その場合も、右の事情を考慮すれば、「気分」と密接に連動したものと受け止めてよいだろう。

では、モンテーニュにおいてはどのような「気分／気質」がとくに問題となるのだろう。もちろん自分の気質とは関係の薄い気分に人が浸ることはあるのだが、さまざまな気分のなかにはその人の気質をよりよく表現するもの、古代風の言い方をすれば「支配的なもの」（τὸ ἡγεμονικόν）がやはりある。モンテーニュが繊細な観察力を発揮するのもこのような「気質／気分」に対してであり、それが何であるのかを知るためには、短いテクストを三つ引用すればさしあたり十分だろう。

> 私は、生まれながらにして、また巧むことによって、この上なく無為を好み（extrêmement oisif）、この上なく自由（extrêmement libre）である。（Ⅱ・17、四・七九）

> 私の大好きな気質である無為と自由（l'oisiveté, la franchise）……私は、私以外の誰のところにも、また誰からも、縛られることを死ぬほど嫌っている。（Ⅲ・9、五・三四六）

> 私の主要な気質である自由と無為（la liberté et l'oisiveté）は、この職業〔＝公務〕とはまるで相容れないものである。（Ⅲ・9、五・三八五）

モンテーニュが決して手放したくない自分に支配的な気分、それは「無為」（être oisif/oisiveté）である。同時に用いられている「自由」とあわせて考えれば、ここでの「無為」を、〈自分以外のものに由来する拘束から逃れている気分〉として理解することが一応のところ可能である。「放縦な気質」（les humeurs débauchées）（Ⅲ・5、五・一二二）や「頓着のなさ」（nonchalance）（Ⅱ・17、四・七九）といった表現も実質的に同じ気分に対応すると考えてよいだろう。モンテーニュは一再ならず拘束に対する嫌悪を表明する。物理的な制約以上に、心理的な負担を蒙ることは、彼にとってほとんど堪えがたい。「私はあらゆる種類の拘束に服することを避ける。とくに名誉の義務による束縛を避ける。人から与えられるもので、それに対する感謝という名目によって私の意志が抵当に入れられることほど高くつくものはない」(Ⅲ・9、五・三四〇)。あるいは、「私は、他人に自分を貸す必要があることは認めても、自分を自分以外の者に与えてはならないと考えている。もし、私の意志が容易に自分を抵当に入れ、それにはまりやすいとしたら、私はとても堪えられないだろう」(Ⅲ・10、六・八)。そして幸いなことに、モンテーニュはこれまでの自分「よりも自由で、負債をおうところの少ない者を知らない」(Ⅲ・9、五・三四三)と言えるほどに自由であると感じており、「無為」の気分を享受している。だからこそ「無為」が彼の気質であると言えることにもなる。

　以上を文字通りに受け止めるとしよう。しかしそれによって、モンテーニュの「気分」について特段の何かが明らかになっているだろうか。たしかに、外的な拘束を免れているという意味での自由な気分が気質と呼びうるまでに徹底されることはそうそうありえないことかもしれない。その意味で、モンテーニュの自由精神を称讃することはできる。しかしこれだけでは、構造的にみて、一般に解放感と呼ばれるものからどれだけの懸隔があるのか疑わしい。ましてや、気分という心理現象について何か有意味な哲学的知見が得られたわけでもない。しかも、このような理解にとどまることは、実はモンテーニュ理解としてもきわめて一面的なのである。というのも、モンテーニュ的自由には「無為」という語に固有の意味合い――精神の力が緩められた状態、「精神の穏やかさ」(Ⅲ・13、六・一七八)――とは一見すると正反対の側面があるからである。象徴的なテクストを二つ引いてみよう。

われわれの探求には決して終わりがない。……自己に満足するのは、精神が萎縮しているか、疲労している印である。高貴な精神は自己のなかにとどまらず、常に自分の能力を超えて前進する。……〔もしそうでないならば〕精神は半分しか生きていないのである。（Ⅲ・13、六・一二六－一二七）

知識や、美しさや、力や、財産の点で他人に劣るならば、自分以外の原因のせいにすることができる。だが魂の強さ（fermeté d'âme）の点で劣るときには自分を責めるしかない。……《愛するルキリウスよ、生きることは闘うことだ。》（Ⅲ・13、六・一七六）

モンテーニュにとって「生の正しい探求とは、生を統御し（se régler）、生を導き（se conduire）、生に堪える（se souffrir）こと」（Ⅲ・12、六・九四）でもあり、そうである限り、「人間の真価は心と、そして意志のうちにこそある」（Ⅰ・31、一・四〇七）。自由は、みずからの意志を奮い立たせて自己を統御する努力とも結びつく。モンテーニュが引いているセネカの言葉（『書簡九六』）を借りれば、《闘うこと》（militare）が問題である。その積極的な能動性、力の念は、「無為であること」（être oisif）といかにも相反する。はたして、二つの異質にみえる契機に内的なつながりはあるのだろうか。つまり、一つの自由として結びつきうるのだろうか。あるいは、『エセー』とは「未解決の思想の、いやときには相反する思想の記録」であり、「私はときどき矛盾したことを言うらしい」（Ⅲ・2、五・三六）、と誇らしげにさえ語るモンテーニュのこと、首尾の一貫性はここでも単に放棄されているということなのか。

3 「判断」の方へ
——「隠し部屋」において「首座」を占めるもの——

「無為」の状態と「力」の関係については一般的に次のように考えることができるし、それによってモンテーニュの場合も矛盾を回避することができる、と思われるかもしれない。——束縛を逃れていることが「無為」の境地であるならば、束縛をもたらそうとする要因と闘い、これを退けることはそのために避けて通ることのできない過程である。つまり《闘い》は「無為」を実現するための手段である。事実、モンテーニュが次のように言うとき、「前進する」ための障害を克服するために意志を奮い立たせうる「魂の強さ」を恃《たの》んでいることは明らかだろう。「精神は、情念や情欲の支配者となり、貧苦、恥辱、貧困、その他運命がもたらすあらゆる害悪の支配者となる。さあ、できる限りこの利益を獲得しようではないか。これこそ本当の自由であり、われわれに暴力や不正をものともしない力と牢獄や鉄鎖を嘲笑する力を与えてくれる」（Ⅰ・20、一・一六八）。

しかし、このような理解それだけに頼ることはできない。これだけでは、正反対の意図をもつ言葉が『エセー』の随所に見出せるという事実と衝突するだけだからである。本章の冒頭にもみた不定と不安定——「まことに人間というものは驚くほど空な、変わりやすい、不定な存在である」（Ⅰ・1、一・一四）——がこの書の通奏低音をなすという事実を無視するわけにはやはりゆかないのである。実際、意志もこの点では例外でないことをモンテーニュは再三にわたって述べている。ためしにテクストを二つ拾ってみよう。「私の意志と理性はときにはある風に動かされ、ときには別の風に動かされる。しかもその大部分の動きは私の指図なしに行われる。私の理性は一日ごとの、その場限りの衝動と動揺をもっている」（Ⅲ・8、五・二八四）。「われわれはさまざまな意見のあいだに漂って、何ものをも、自由に、絶対的に、恒常的に、欲することはない」（Ⅱ・1、二・二二〇）。もしも「無為」が意志の《闘う》力に依存しているものであるならば、この気分も意志と同じく頻繁に浮沈を繰り返すものになり、とうてい、モンテーニュにとっての「主要な気質」を表現するものにはなりえないだろう。

十七世紀も後半に入って、たとえばスピノザも人間精神の不定を強調する（『エティカ』第四部「人間の隷従について」）。しかしそれは、隷従をもたらす感情の「治癒」（affectuum remedia）を実現する、すなわち自由を実現する（第五部「人間の自由について」）ための前段階としてである。先立ってはデカルトが、意志の力に対する深い信頼によって情念がもたらす負の効果を退けることができると考えた（『情念論』第一六一項）。彼らに見出される克服というモメント、そしてこれに伴うドラマ性が、モンテーニュには著しく欠けている。克服しようとするのではなく、意志と理性を翻弄する「風」、そのなかでもとくに強い風である感情に対してはむしろ向き合うことを回避せよとモンテーニュは説く。「不断に、肉体と精神の安静を乱す情念を避けなければならない」（Ⅰ・39、二・六四）。回避こそがモンテーニュの方法論であることを、われわれも少しあとで確認することになるだろう。

その上で本当の問題は、むしろこの方法論の核心が単に逃げを打つことであるのかどうかという点にある。回避するとはどのようなことなのかを積極的な仕方で語る余地があり、ここに何か積極＝肯定的なものがあるからこそ「無為」は「自由」と結びつくと考える余地がある。別の言い方をすれば、意志に着目する限り「無為」と《闘い》の齟齬は齟齬として認めるほかないとしても、この比較的表面上の齟齬とは異なる次元で、「無為」と〈ある種の自己統御〉のあいだにむしろ恊働的な関係が成立する余地がある。そうでなければ、「大好きな無為と自由」というモンテーニュの言葉も一時の気分から出たものでしかないことになるが、この言葉には、『エセー』の全体に照らして決して疑うことのできない現実性がある。

考察を先に進める手掛かりとして、次のテクストを注意深く読んでおこう。

完全に自分自身のものとなる、まったく自由な隠し部屋（une arrière-boutique toute notre, toute franche）を一つとっておいて、そこに自分の真なる自由と唯一の隠遁と孤独を打ち立てる（*établissons*）ことができるようにしなければならない。その部屋で常にわれわれ自身と話し合い、外からの交際がいっさい入ってこないような私的な話をしなければならない。（Ⅰ・39、二・五五）

「隠遁」（retraite）と「孤独」（solitude）が「打ち立てる」べきものであると言われている点を見落とさないようにしよう。この観点から、先に引いた一文も読み直してみよう。「私は、生まれながらにして、そしてまた巧むことによって（*et par art*）、この上なく無為を好み、この上なく自由である」。「無為」であるためには、そう意図することが、精神の「技」（art）が、必要なのである。「隠し部屋」に篭るとは「自己のもとにとどまること」（être à soi）（Ⅰ・39、二・五七）であり、みずからにみずからの思惟を集中させることである。そうすることによって、モンテーニュ的自己は拘束を免れ、「無為」の気分に浸ることができる。正確には、思惟をこのように集中させることがすなわち拘束を免れることであり、「無為」の気分を構成することである。

私が孤独を愛してこれを説くのは、主として私の感情や思想を私自身に集中するためであり（ramener à moi mes affections et mes pensées）、私の歩みをではなく、欲望と心労を抑制し制限するためである。外部への気遣いを避け、隷属と恩義に縛られることを死ぬほど嫌うからである。（Ⅲ・3、五・六九）

では、この「隠し部屋」――「本来の自分に立ち帰れるところ、自分自身を大事にできるところ」（同、五・七八）」――のなかでモンテーニュの自己を導くものはなにか。意志とつながりながらもさらに繊細な働きを担う、「判断」である。「私のもとでは判断（jugement）こそが首座（siège principal）を占めている。少なくとも、細心の注意を払ってそうしようと努めている（il s'en efforce soigneusement）」（Ⅲ・13、六・一三七）。「判断」に固有の「細心さ」（soin）とはどのようなものなのか。この点を明らかにする作業に進むことにしよう。そのために少し長く引用するのは、第二巻の第五〇章、その冒頭である。

4　兆候を捉まえる、あるいは「自由に漂う注意力」

判断はあらゆる事柄に向く道具であり、また、どこにでも首を突っ込む。だから私は、ここで判断を試してみるためにあらゆる機会を利用する。もしも私にまったく分らない事柄であれば、その分らないことに自分の判断を試してみる。まず遠くから瀬踏みをしながら（*sondant le gué de bien loin*）、そしてそれが私の背丈に深すぎると分ると、岸に留まる。これ以上先へ進めないと分ることが、判断の特色なのである。いや、判断が最も誇りうる特色の一つなのである。……私は運命から授かった議題を何でも手当たり次第に受け取る。……私は、各々がもっている何百という手足や顔のなかから、一つだけを取り出して、時にはただ舐めてみたり、ときにはそっと触れてみたり、ときには骨まで噛んでみたりする。これに、できるだけ広くではなく、できるだけ深く、一突き入れてみる。そして、多くの場合、未だ当てられたことのない光を当てて、それを捉えることを好む。もし私が身の程知らずだったら、何かの問題を徹底的に論じたかもしれない。だが、私は……懐疑と不確実に降参してもいいし、私の最大の特色である無知に降参しても構わない。

（Ⅰ・51、二・一六八－一六九）

比喩を駆使して書かれたこの一節から読み取るべき事柄は少なくない。関連するほかのテクストを同時に参照しつつ、大きく三つの視点からまとめてゆこう。

(1)　モンテーニュ的判断の特質を端的に表現するのが、「遠くから瀬踏みする」である。何に対して「判断」を「試す」のかといえば、ほかの箇所で「初期状態にある思惟」（premières pensées）（Ⅲ・3、五・六二）あるいは「最初の揺動」（premier branle）（Ⅲ・10、六・二九）と言われるものである。つまり成形され輪郭の整った明確な対象ではなく、むしろそのプロトタイプである。したがって、生まれ出ようとするものを、生まれ出ようとする瞬間に、生まれ出ようとする姿のままで把捉することがここで言われる「瀬踏み」にほかならない。到来する事態を、完全現実態としてではなく、兆候の段階で、兆候として、感知することと言ってもよいだろう。

　このようにして、原－対象の意味を、記号の意味を確定する場合のように確定すること、そういう仕方で十全な認識を形成することが求められているのではないとすれば、それは、輪郭を、いわんや本質をはっきりと見抜くことをしない段階でこそ、視界に現われつつあるものを容易に除去できるからである。「先へ進まない」とは「直面を回避する」ということである。「徹底的に」扱っては自分が痛手を蒙ると思われる相手を判断のふるいにかけて析出したら、そこでモンテーニュの知性は身を翻す。「岸にとどまる」。判断とはだから、すぐれて難題からの回避を目的とした区別の作用である。「誰でも注意深く自分を研究するならば、自分のなかに、いや、自分の判断のなかにさえ……変化と不統一を見出すだろう。……DISTINGO〔区別する〕というのが私の論理の最も普遍的な要素である」（Ⅱ・1、二・二二四）。まず区別されるべきものは、自分にとって都合の良さそうなものと、良くはなさそうなものである。

最後に触れなおすというつもりで、もう一点加えておこう。自分の心に生まれ出ようとするものを、そのまま生まれ出るに任せることが、「自然性という坂を下ってゆくに身を任せる」（se laisse aller vers la pente naturelle）（Ⅲ・13、六・一九二）ことであるとするならば、心におのずと生まれ出ようとするものを退けるべく巧むことは、たとえそれが自分には不都合なものであったとしても、同じ坂を逆行する営みである。

(2)　今度は「瀬踏み」を情念に対して実践するテクストをみてみよう。「もしも各人が、自分を支配する情念の働きや状況を、私が自ら陥った情念に対してしたように、仔細に窺い見るならば、それの近づいてくることが分り、それの激しい進行を幾らかでも遅らせるだろう。情念は必ずしも一挙に我々の喉元に飛び掛ってくるものではない。それまでには何らかの前触れと段階がある」（Ⅲ・13、六・二三七）。情念が、たとえば怒りの情念としてはっきりとした姿を纏って心を支配するに先立って、ここでも、その兆候を捉える過程が語られている。この引用に続けて「私のもとでは判断が主人の座を占めている。少なくとも懸命にそうしようと努めている」という先に引いた一節が続く。兆候把握を担うのはやはり「判断」なのである。たしかに、人は経験によってこの兆候はしかじかの情念の兆候であると感知する。ただしその感知が発動する最初の瞬間に感知が向かっている先は、(1)で原－対象と呼んだものにとどまっているだろう。兆候として捉えられた情念それ自体は、情念未満のもの、情念の「前触れ」である。そのことを、「野心に対する何かの誘惑が心のなかにくすぶるのを感ずる」（Ⅲ・9、五・三八五）、あるいは「何か人間的な不純物の混ざった歪んだ音、かすかに〔自分にだけ〕きこえる音を聞く」（Ⅱ・20、四・一四〇）といった表現でモンテーニュは示している。そして彼によれば、彼自身を含む「平凡な魂」は、ストア派の賢者を真似て感情の「嵐に耐える」のではなく、それを「ずっと遠くから避けなくてはならない」（Ⅲ・10、六・二七）。つまり「瀬踏み」しなくてはならない。

こうみてくれば、《闘い》ではなく回避が問題であることは明らかであろう。そして、回避とは単なる逃げで、なく、兆候の把握を介して危険なものを選別するという高度に知的な営みであるということもまた。「われわれの精神のきわめてとりとめのない歩みを追いかけ、内部の奥深い、不透明な襞（profondeurs opaques de ses replis internes）を見通し、その動きのあれほど細かい姿を逐一篩にかけて規定するのは、見かけよりも遥かに困難な企てである」（Ⅱ・6、二・三〇三）とモンテーニュ自身が認めている以上、「平凡な魂」云々は幾分か安易な自己卑下でしかないと理解するべきである。いずれにしても、このような経緯を踏む適格をもつのは意志ではなく、判断である。意志的抵抗という考え方が同じ意志の不定性によって実効性をすぐ失う一方で、判断の働きはこの二項対立をかいくぐる。抵抗を抵抗未満の状態で処理し、その働きがそのまま、克己の念を強くは伴わない自発的な自由感として精神のうちに響くことになる。

(3) 以上を念頭において、「無為」という「気分」の問題に戻ろう。(2)の末尾に述べたことはこの場合にも当てはまる。「判断」は「無為」の外で働くのではない。「判断」の結果ないし効果として情念の拘束を逃れた状態である「無為」が作られると言ったのでもまだ不正確である。むしろ、自在に働きうる状態にある――いわば「自由に漂わされた状態」（フロイト）にある――「判断」が、生まれ出ようとするものを兆候の段階で兆候として把捉する働きそのもの、これが「無為」という「気分」の現実性を構成する。働きそのものとして、気分とは覚醒した気分であり、運動性を纏った気分である。だからこそ、「無為」は「自由」と結びつけられる。容易には情念の虜とならない精神のありようをモンテーニュは「無感覚」（insensibilité）とも呼ぶ。彼はこの「無感覚」を「努力と理性によって」（par étude et par discours）さらに大きくしようと意を砕いている」（Ⅲ・10、六・七）。「無感覚」が感受力の単なる鈍麻でないことははっきりしている。「努力と理性」は「無為」を可能にした「巧み」（art）と同じものであり、具体的には「判断＝瀬踏み」を繰り返すこと以外の何ものでもない。「無感覚」とは、したがって、兆候の消長を捉える判断の働きである「無為」の気分と同じものだと言ってよいだろう。そして、外界のノイズを兆候段階で消し去ることで、みずからにみずからの思惟を集中させることが可能になる。モンテーニュの語る通りに判断を用いて「無為」と「自由」の「気分」を享受することは、モンテーニュ自身認めるように、実際にはしばしば困難である。しかし実践困難だからといって、「気分」の内的構成にまで届いた彼の洞察が価値を減ずるわけでは決してない。われわれがそこから汲み取るべき知見は、「気分」というものが、モンテーニュ的「無為」に限らずおそらく一般的に、記号未満の意味に充ちた運動体であるという点である。たとえ、その運動が微弱であって「ほとんど知覚できないほどであるとしても」(quoique ce soit imperceptible-ment)(II・14、四・二〇)。たとえそうであっても、気分という内面世界の地平には兆候が「明滅」し、そのような兆候ほど「重大な価値と意味を有」している可能性は十分にある。[6] そして、そのような兆候を把握する能力――モンテーニュが「判断」と呼ぶ――の何であるかを明らかにすることは、哲学＝人間学にとって今もなお決して二次的ではない課題である。

最後にもう一度、モンテーニュに固有の思考圏へ戻って、彼の抱え込んだ厄介な問題、彼の許では解決をみることのなかった問題を素描することで、結びに代えたいと思う。

「私は私自身を臓腑のうちまで見て研究しているし、私自身に属するものをよく承知している」(III・5、五・一一四)。モンテーニュの自負である。ここまでの考察を踏まえれば、ほぼ過たずに作動する瀬踏み能力と、それゆえあからさまには綻びをみせることのない「無為」の「気分／気質」に対する自負と読み換えてよいだろう。この自負に対しては、E. アウエルバッハがわれわれとは異なる分析経路を経たあとに提出した問い(『ミメーシス』下巻九〇頁)――モンテーニュの「泰然自若」は「弱みなのか、一つの力なのか」――がそのまま当てはまる。自分にとって本当に未知であるもの、自己意識の完結性を本当に脅かすものを自分のうちに存在しえないようにする能力というものは、たとえどれほど感応力に優れたものであっても、最終的にはその閉鎖性によってみずからの活力を失うことになるのではないか。そもそも、自己意識の完結性ということ自体が一つの夢想、いたずらな望みにすぎないのではないか。モンテーニュのロジックに従えば、このような問いもまた予め排除されるべきものである。

ところが、排除し損ねた跡が『エセー』には拭い去りがたく存在する。心におのずと生まれ出ようとするものを退けるべく巧むことは、たとえそれが自分には不都合なものであったとしても、自然性という坂を逆行する営みであると(1)で述べた。実は、この作為性を一切排除して同じ結果を得る（自分に好ましくないものを退ける）というパラドクサルな理想を、モンテーニュは究極の理想として心の底に抱いていた。しかもそれでいながら、作為＝巧み＝術＝知に対する誇りを棄てることも彼には決してできないのである。ここから、農夫という作為を知らぬ無知なる者に対する羨望と侮蔑が同時に生じてくる。彼のソクラテス崇拝も同根である。とりわけ前者に対して抱く、本来なら揺動の段階で芽を摘み取るべき動揺が彼の筆致には明らかに伝わっている。しかしこの点を具体化しながらその思想史的な含蓄を明らかにするためには、「気分」論という本章の枠組みの外に出なければならない。(7) 紙幅も尽きたいまとなっては別稿を期すほかにない。

（1）　ホメロスのテクストは邦訳だけ引いておこう。「地上に生を享ける人間の心は、神々と人との父なる神によってもたらされる日々と同じく、移ろいやすい」（第十八歌、一三六‐一三七、松平千秋訳、岩波文庫）。アウグスティヌスによる引用は『神の国』第五巻・八にあるが、キケロ‐アウグスティヌスの問題は、人心の移ろいやすさというよりも、ギリシア的な神々ないし運命による決定論の是非にあった。実際キケロのテクストは、「人間の心は、豊かな大地のように、神々の父であるユピテル御みずからによって照らし出されている」と読むことができる。というより、この方向にホメロスを解釈し直すことがキケロの意図であったと推測される。モンテーニュはこれを再度ホメロスの側に引き戻したと言えるだろう。なおモンテーニュの引用において、形容詞《auctiferus, -um, -a》（稔りを齎す）は奪格《auctifero》として《lumine》（光）を修飾するが、アウグスティヌス（により採録されたキケロ）のテクストでは同じ形容詞が《auctiferas》として《terras》にかけられている（「豊かな大地」）。「光」にかけた方が「人心の移ろい」を強調するように読みやすくなるという意図がモンテーニュにはあったのかもしれない。

（2）『エセー』のテクストは、Michel de Montaigne, *Les Essais*, éd. Villey-Saulnier, Paris, P.U.F. 1924, 1965, nouvelle éd.《Quadrige》, 2004 による。邦訳は原二郎訳（ワイド版岩波文庫全六巻）をベースにするが、変更を加えた箇所も少なくない。フランス語を添える場合は現代綴りに直した。引用に際してはⅠ、Ⅱ、Ⅲで『エセー』の巻数を、それに続けて各巻の章番号を示す。これに続ける漢数字は岩波文庫版の巻数と頁数である。たとえば（Ⅲ・9、六・八一）は、『エセー』第三巻・第九章、岩波文庫版第六巻・八一頁を指す。

『エセー』の成立過程はかなり複雑である。モンテーニュがボルドー高等法院の官職を退いて隠棲に入ったのが一五七一年。この頃から書きためた断章をまとめたのが一五八〇年の初版本であり、第一巻五十七章と第二巻三十七章からなる。その後勤めることになったボルドー市長職を辞したあと、モンテーニュは初版本に数多の加筆を施し、さらに第三巻十三章をも加えて、一五八八年の改訂版となる。その一冊（ボルドー本と呼ばれる）を手許に置いて、モンテーニュは死の直前までさらなる加筆を止めなかった。この加筆分をも取り込んだのが現代の校訂版である。「追加はするが、訂正はしない」（Ⅲ・9）ことを貫いたモンテーニュの筆のもと、『エセー』のなかには三期にわたるテクストが複雑に入り組むことになった。そこで校訂版では、初版分を（a）、二版での追加分を（b）、その後の追加分を（c）と印づけることが多い（本章では煩雑になるのでこの印は用いない）。

（3）「不安」が際立ったテーマとはなっていないという点では、モンテーニュも、彼の死後まもなく到来する「天才の世紀」（ホワイトヘッド）に属するデカルトとスピノザも、同じである。この二人の哲学体系において情念論ないし感情論は重要な位置を占めるが、そのいずれにも「不安 incertitude, inquiétude, anxiété」に相当する感情は見当たらない。「恐れ crainte/metus」（『情念論』第一七六項／『エティカ』感情の定義十三）ないし「良心の呵責 remords de conscience/conscientiae morsus」（第一七七項／定義十七）を「不安」の近似概念とみなすことはできる。しかし、人の意識を暗く覆う闇、あるいは人の存在の底に開ける深淵といった十九世紀以降に目立ってくるニュアンスは読み取りがたい。

（4）「他の人々は人間をつくるが、私は人間を語る。しかも、きわめて出来損ないの一個人を描く」と始まり、「もしも世間が、私があまりにも自分について語りすぎることを責めるなら、私は世間が自分のことを考えさえもしないことを責める」と言って一区切りとなるこの箇所は、今日にいたるまで無数に近い注釈を誘ってきた。ここではあえて一つ、E・アウエルバッハによる『ミメーシス』第一二章を挙げておこう（篠田一士・川村二郎訳、ちくま学芸文庫、下巻）。文体分析を通してモンテーニュの限界を示唆する著者の手際は見事であり、われわれもこの章の最後でその結論に触れることになる。

（5）語彙上の一貫性を『エセー』に求めてもたいていの場合は徒労に終わる。むしろ、それにもかかわらず存在している彼の思考に固有の一貫性を浮かび上がらせることがモンテーニュを解釈するということである。語義の揺らぎに対するモンテーニュの無頓着は、事柄の一般化に対する彼の強い警戒感と表裏をなしているだろう。「われわれは、われわれの思想を一般的な問題で、すなわち普遍的な原因とか宇宙の運行といった、われわれなしでも立派に進行する問題で、邪魔している。そして、人間一般ということよりもっと直接われわれに関係のある自分自身のことを、ミシェルのことを、なおざりにしている」（Ⅲ・9、五・三二五―三二六）。もっとも、だからといってモンテーニュの提示する自己像はまったくの自己像にすぎないと早計してはならない。「それぞれの人間が、人間の条件の完全なかたち（la forme entière de l'humaine condition）を具えて」おり、モンテーニュがみずからに即して描くのもこの「かたち＝形相」なのだから。厳密にはさまざまな解釈があるこの《forme》に関しては、次の論考中の総括的な記述が短いながら説得的である。J.-L. Marion,《Qui suis-je pour ne pas dire *EGO SUM, EGO EXISTO* ?》 in *Montaigne : scepticisme, métaphysique, théologie*, V. Carraud et J.-L. Marion（sous la dir. de), Paris, P.U.F., 2004, pp. 229-266, en part. pp. 248-255.

（6）精神医学者中井久夫から借りた表現である。次の引用における「世界」を「内的世界」さらには「気分」と置き換えれば、本章で述べようとしたことのエッセンスになるだろう。「世界は記号によって織りなされているばかりではない。世界は私にとって兆候の明滅するところでもある。それはいまだないものを予告している世界であるが、眼前に明白に存在するものはほとんど問題にならない世界である。これをプレ世界というならば、ここにおいては、もっともとおく、もっともかすかなもの、存在の地平線に明滅しているものほど、重大な価値と意味を有するものでないだろうか。それは遠景が明るく手もとの暗い月明下の世界である」(『記憶・兆候・外傷』みすず書房、二〇〇四年、四頁)。

(7) 農夫/自然/ソクラテスの三項問題とはどのようなものであるか、次の拙論でもう少し丁寧に示している。参照して頂ければ幸いである。『西洋哲学史Ⅲ――ポストモダンの前に』(神崎繁・熊野純彦・鈴木泉編、講談社選書メチエ、二〇一二年)、第二章「ヘレニズム復興」(その最終節がモンテーニュを扱っている)。異なる観点からではあるが、次の研究書(フランスでもなお多いとはいえない哲学的モンテーニュ論として出色のもの)においてもその結論部分で通底する問題が扱われている。Bernard Sève, Montaigne, *Des règles pour l'esprit*, Paris, P.U.F., 2007, pp. 351-367.

Ⅱ　つながる思い

第四章　共通知としての「良心」

——その始まりと神の問題——

座小田　豊

真の観念を有する者は、同時に、自分が真の観念を有することを知り、かつものの真理を疑うことができない。（Spinoza, *Ethica*, Pars 2, Prop.43）

1　はじめに

「良心」に「共通知」という意味があることは、その語義からみて取ることができる。すなわち、「良心」（conscientia）は「共通 - 知」（con-scientia）なのである。だがしかし、語源的な意味がそうであっても、「良心」が真実「共通知」でありうるかどうかは、「良心」の内容から明らかにされなければならないだろう。そしてまた、そもそも何をもって「共通」というのか、私と誰が、あるいは何が、どのような知を共にするというのか、それも問われなければならない。「良心」は通常はむしろ、ごく「個人的なもの」、ほかならぬ「この私だけのもの」と考えられるからである。誰にしても、自分のこの「良心」に、自分以外の何かがいささかなりとも関与しているとは思いもしないだろう。たしかに、良心に照らされた、赤心あらわな己れの心には、己れ以外の何ものも存在しえていないように思われる。誰も立ち入ることができない心の神聖な奥津城、それに照らして己れ自身を確認し確証する境地、それをわれわれは「良心」と呼んでいるからである。

とはいえ、あのソクラテスの心に呼びかけてきたもののことが、ただちに想い起こされる。道徳的行為の場面で、通常抑止的な形でソクラテスの心に働きかけてくるこのもののことをプラトンは「ダイモーンの声」と名づけていた。(1) つまり、人知を越えた「神的なもの」の働きかけをそこに認めていたのである。この声が「良心の声」だとすると、ダイモーンが「良心」なのだろうか、あるいはむしろ、この声を受け止めるソクラテスの心の方にこそ「良心」を認めるべきなのだろうか。もとより、ダイモーンをソクラテスの「良心」と呼びうるかどうか、にわかには判定できないだろう。この「ダイモーン」に、英語で言う「デーモン」(demon) と「天才」(genius) という両義があることを踏まえると、それが、ソクラテスその人自身のものであるとも、また「他なるもの」であるとも即断はできない。たとえば、プラトン自身『饗宴』では、ダイモーンは「神と死すべきもの[人間]の中間にある」とディオティマに語らせているが、(2) この「中間者」、あるいは「第三のもの」の立ち位置こそは、事柄上きわめて両義的なものだからである。

そうであれば、ダイモーンをソクラテスその人の固有性、つまりは才能と言い切ることも難しいように思われる。だが少なくとも、ソクラテスがダイモーンに親しいものだということ、そしてこのダイモーンに呼応する心が「良心」と呼ぶに相応しいものだということは、とりあえず認めることができるように思われる。

このことからすると、どうやら「良心」は人間が神と「共に」する知のようでもあるが、心の諸能力のうち、「良心」はこうした両義性において捉えられなければならない最たるもののようである。われわれは「良心」を前にして恥じ入らざるをえないが、それだけに「良心」は私の心のうちにありながら、何よりも畏れるべき神聖なものだとも思われるからである。問いとして立てるならばこうなろう。「良心」が神と「共に」する知であるとして、それは「私のもの」であるのか、それとも「神のもの」であるのか、あるいは「私のもの」であると同時に「神のもの」であるのか。さらには、「良心」が常に他者とのかかわりの場面で問題になるからには、他者はこの知を私とどのように「共に」できているのか。結局のところ「良心」の「始まり」はどこにあり、また、何であるのか。このような問いについて、ソクラテスのあのダイモーンがそうであるように、西洋の哲学の文脈に現われる「神」概念と人間の心とのかかわりに照らして考えてみようというのが小論の細やかな意図である。まずは、その哲学の「始まり」を訪ね、その後近代の意識論の代表的な哲学者、デカルトとフィヒテの思想を手がかりに(3)、右の問いに対する答えを得るべく試みることにしよう。

2　人間と神の同一性と差異

哲学の源をたずねるとき、いつもギリシアへと立ち帰ることになる。もちろん哲学がそこから生まれたという事実が自明のことなのであってみれば、至極当然のことではあろうが、しかし、真相はそうした出自の問題にとどまらない、むしろ哲学の本質のしからしむるところだと言わなくてはならない。ことは哲学と「神」概念との深い結びつきにかかわる。哲学はギリシアにおいて何よりも「神」を問うものとして始まったからである。もちろん、その神、あるいは神々が人間とどのようにかかわるのかが問題になる。つまり、神と人間の同一性と差異性が問われるのである。その点をまず押さえることにしよう。

†　哲学の「始まり」と神の問題(4)

哲学は古代ギリシアにおいて「ミュトス」が「ロゴス」へと転換するところに生まれてきたというのが哲学史での一般的な理解である。神々が跋扈《ばっこ》していたギリシアのミュトスの世界では、原因や理由を説明することも理解することもできないさまざまな事象が「神的なもの」の関与という形を取って、神話として描き出されていた。つまり、原因や根拠の特定できない事象が「神的な位格」をもつものとして受け入れられていたのである。

これに対して「ロゴス」は、個々の事象を、論理的な整合性や必然性を基準に、できるだけ普遍的に、あるいは永遠な形で取り集め整理し把握する方法や能力、すなわち「言論・知性・法則」のことを意味する。このロゴスにかかわる知の営みが哲学であり、それゆえギリシア神話から初期ギリシアの自然哲学者たちの宇宙生成論への、そしてさらに彼らからプラトンを経てソクラテスへと至る、宇宙の原理をたずね、この世の事象の根本原理をたずねる普遍的世界理解の展開のプロセスに、哲学の成立の現場が認められてきたのである。

しかし、ミュトスにロゴスがないわけではない。ミュトスはけっして支離滅裂な混沌ではないし、H・ブルーメンベルクが言うように、ミュトスがある民族の「現実についての歴史的理解の指標」であるとすれば、そこにはやはりロゴスが記されているはずである。(5) むしろロゴスはミュトスをミュトスとして成立させるための不可欠の契機とみるべきであろう。その反対にロゴスもまたミュトスを介して初めて現実的に存在するものとなる。ヘラクレイトスが言うように、ロゴスがそれだけで存在することがありうるとしても、そうみなすこと自体差しあたっては一種のミュトスというほかはない。ミュトスをもたない民族が存在しないように、少なくとも人間の言説の世界においては、ミュトスのないところにはロゴスの生まれようはずもない。ロゴスはミュトスを介して、ミュトスの成立要件として初めて姿を現わすもののように思われる。

W・イェーガーの名著『初期ギリシアの思想家たちの神学』が明らかにしたところによれば、ギリシアにおける哲学の出自は「神的なもの」、「神」の本質をいかなるものとして、どのように捉えることができるのか、という問題意識にあったとされる。彼は初期ギリシアの、いわゆる自然哲学者たちの断片をその問題意識に沿って解釈し、「序文」でこう総括している。「もっとも古い思想家たちの、「自然」や「宇宙」に関する偉大な新しい思考は、実証主義学派に属する研究者たちにとっても、神的なものについての新しい見方と直接結びつけられていたという事実が依然として存在している。精神的な神の見方と、存在者についての思索的な推理との、この統一にこそ、後のギリシア人のすべての哲学的神学の起源がある[6]」。もちろん「この統一」は容易には獲得できないものなのであって、その困難にあえて挑戦するところにこそ、「哲学」の可能性が開かれてきた、というのである。

一例を引いてみよう。イェーガーはクセノファネスの断片二三番、「ひとつの神だけが神々と人間たちのなかで最大の神である。そのものは姿においても精神においても死すべき者たちに似ていない」を引いてこう述べる。「人間の知性や人間の姿は、哲学者たちによって万有の原理として認識されてきた、すべてを支配するあの無限な一者を、けっして自らのうちに捉えることはできない[7]」。この点においては、神と人間の知性との懸隔が浮き彫りになるが、哲学はこの隔たりを越えようとする営みとして遂行される。イェーガーによれば、初期自然哲学者たちの営為が、さらにはプラトン、アリストテレスも含め、ギリシア哲学全体の営みが「神学」として捉えられるのは、この径庭を埋めようとして、「神的なもの」への探究が試みられていくからである。

こうみると、哲学の成立のプロセスにおいて、「ミュトス」から「ロゴス」への単純な意味での移行や転換が起こったわけではないことが理解される。先に引いたブルーメンベルクは、ミュトスの起源は「テロルとポエジー」という、相反する二つのカテゴリーによって捉えられるとこう主張している。「ミュトスの起源と根源性は本質的に二つの相反する隠喩的カテゴリーのもとで考えられる。できるだけ簡単な定式で表わすなら、テロルとポエジーがそれである。すなわち、デモーニッシュなものに魅了される感受的能力の純粋表現であり、あるいは、世界を人間化して領得したり、人間を神へと変容して上昇させたりする想像力の逸脱である」[8]、と。これによるならば、むしろ「ミュトス」が、世界の圧倒的な威力（テロル）をデモーニッシュなもの（神的なもの）として受け止めさせ、次いでそれを能動へと転じてポエジーとして働かせることによって、「神的なもの」が構想され、こうして世界をロゴス化する哲学が成立してくるとみることもできよう。ソクラテスにとっての「ダイモーンの声」が哲学へのすぐれた呼びかけであったことは紛れもない事実なのである。

さらに、神と哲学のかかわりはアリストテレスに触れることですぐさま裏づけられるだろう。よく知られているように、アリストテレスは、第一実体を、目的論的秩序をもつ世界の最上位に位置づけ、これを対象にする最高の学問を第一哲学と呼んだ。そしてそれを人びとがテオスあるいはト・テイオンと呼んでいるがゆえに、それを扱う学も「テオスのロゴス」すなわち神の学・神学と呼んでよいと述べている[9]。これは明らかに神の概念と哲学の結びつきをもっとも積極的に表現する哲学観であろう。この神的なものを「観ること」に到達して初めて目的論的世界理解は整合的に完結をみることになる。そうだとすると、アリストテレスにとっても、人びとがミュトスのなかで神と名指しているものこそが、哲学のアルファーにしてオメガだったのだと言える。「神話を愛する者もある意味で知を愛する者である」というアリストテレスの『形而上学』の言葉[10]はけっして修辞的な表現ではない。

もとより、神的なものを「観ること」が容易なはずもない。おなじ『形而上学』のもっとも核心的な部分で、アリストテレスは、「自体的な思惟」である神の理性が「最も善なるもの」を対象とするが、そのときこの理性は「思惟対象の性質を共有し、……自ら思惟対象そのものになっている」と述べている[11]。神の理性はいわゆる「思惟の思惟」だというのである。神の理性が最高の対象としての己れ自身のことを考えるというのにはいささかの無理もない。問題は、それを人間の理性がどのようにして認識し、「共有すること」ができるのか、ということである。人間の理性がどのようにして「神」を思考することが哲学になりうるのか。たしかに、「思惟の思惟」といい、最高の思考ということで、哲学の「とりあえずの」課題は設定されようが、人間にとってのその可能性への問いはむろん未決である。

†　神は認識不可能か

神を思考の最高の対象とする見方とは対蹠的な考え方も、むろん存在する。それが「最高の対象」であるのであれば、どうすればそれを考えることができるというのだろうか。先の断片でクセノファネスが指摘していたように、「姿においても精神においても死すべき者たちに似ていない最大の神」は、もちろん人間の認識能力を超えていよう。アリストテレスの言うように、「最高のもの」を考えているとき、思考もその対象そのものと同じ「最高のもの」になっていることは認めるにしても、われわれの思考が神を認識し、その際その神と同じものになるなどということが一体どのようにして可能なのだろうか。

神は、有限な人間にとっては、たしかに理解可能なものだと言いきることはできない。それを可能だと言い張れば、己れを知らない人間の不遜と言われかねない。しかし、「最大の神」も「思惟の思惟」も、もとより人間の思考が認識し、そのように表現したものであってみれば、神はそれさえも超えていると考えることも十分可能であるし、いや必然でもあろう。そうだとしても、さらに、最高の理性であること、最高の「ロゴス」であること、それを超えるというのはどのようなことなのか、と問いかけるのも人間である。とりあえずはここで、古代末期の新プラトン主義において、神に「凌駕」(epekeina)という特性が認められていたことを想起しておこう。理性を超えるとは、むろん通常の意味で不合理だということではない。合理と不合理をどちらも超える、つまり、そうした人間的な基準や尺度をさらに越えているということである。

ところで、神は「不合理である」ことをその本質とするとする見方は、すでにキリスト教世界の初期から登場していたし、キリスト教の、いわゆる超越的な神の絶対性を前提にするならば、「認識不可能」が神の必然的な特質だと考えられるのは自然なことである。ことが信仰にかかわる事柄であるだけに、必ずしも理解可能性が優先されるわけではないし、むしろ宗教者の大勢は理解不可能性の象徴である「秘儀」(mysterium)を重視するのであってみれば、神による無からの創造、神の子イエスの受肉、磔刑、死、そして復活などが、理性の立場からして理解不可能で、不合理で矛盾だとみなされるのも当然であろう。初期教父の一人テルトゥリアヌスは、「不合理なるがゆえに我信ず」(credo ut absurdum)と述べたが、それは理性に対する信仰の優位を主張したものと受け止めることができる。

ところが、この「認識不可能性」、つまり「越えている」ことをさらに「越えて」、神の認識可能性をまったく新しい次元で主張したのが、ヨーロッパの否定神学の伝統の源に位置する、紀元後五〇〇年ごろにまとめられたディオニシウス・アレパギタ偽書群である。

ディオニシウスの否定神学によれば、神はあるがままに捉えることはできない。神は「すべての存在と知識を越えている合一」であり、このようなものに近づくには「自分自身と一切のものから完全に無条件的で絶対的に超脱する」ことが必要になる。というのも、神は「光を越えた闇に隠れて」おり、「闇の光」だからである。[12]『神秘神学』に象徴的に描かれているディオニシウスに特徴的なこうした思想は、認識の限界を超えたところに眼差しを向けさせるという点において、あのミュトスと類似の役割を果たす。すなわち、それまで明らかではなかったロゴスの可能性を拓いてくれるということである。たとえば、今挙げた「闇の光」とは何のことだろうか。通常神は「光」や「存在」とみなされようが、われわれが理解する限りでのそのような名の神は、当然のことに、有限な「存在」や有限な「光」でしかないと言うべきであろう。そこで、「存在を越えた」あるいは「光を越えた」とされるわけだが、しかし、「存在を越えた」や「光を越えた」とは、何を意味するのか。それが「存在」や「光」の向こうを眼差しているだけのものなら、けっして「越えている」ことにはならないだろう。それはなお「存在」や「光」を介して向こうを見ているだけだからである。「闇」や「無」と言ったとしても、それでも「存在」と「光」に囚われている。いずれも単なる対立概念だからである。そこで「闇の光」と言ってみる。(13)

このように、否定神学は単なる否定に留まるものではなく、さらに否定から抜け出て、神の超越性を洞察する「卓越した否定」へと進む。アレオパギタのこの思想は、少なくとも「否定の道」を介することを通して神と人との境界を押し広げ、神の認識可能性への新たな通路を拓くものである。それは人間の認識能力の限界を明らかにすることを手がかりに、さらなる認識の可能性を拓こうとする方途であった。「理解を超えている」ということは、けっして「認識不可能」と同義ではない。一例としてアウグスティヌスの『三位一体論』から引いておこう。

それでは、人間のうち誰が、神がそれによって万物を知りたまうあの知恵を理解しえようか。そこでは、過ぎ去ったものと言われるものも過ぎ去らず、将来的なものと言われるものも、あたかも不在者が到来するかのように期待されるのでもなく、過去と将来が現在とともに現在的であり、しかも各個別々に思惟されるのではなく、またあるものからあるものへ思惟によって移行されるのでもなく、一つの視野に同時に全体が現存するように神は知りたまうのである。(14)

アウグスティヌスもまた「神の知恵」を、比較を絶したものとみている。神の知恵と人間のそれとの差異が、前者にいわば「永遠の現在」と「全体的視点」を、後者に「過去」、「現在」、「未来」という時間の経過と部分的視野を割り振ることによって際立たせられている。しかし、力点の置き方は別にしても、こうして言われる神の視点は、けっして人間に理解不能というわけでもないだろう。もちろん、完全に理解することは困難だとしても、神の知恵が「つねに現在的である」らしいこと、そして全体を、それゆえ一切を同時にみているらしいということは、誰でも受け止めることが可能である。もちろん、どこまでを「理解」というかという問いは差しあたって措いておいてのことであるが。

このように、神が認識可能か否かは、神と人間の同一性と差異をめぐる問題圏に大きくかかわっている。いずれにしても、この問いに取り組むことによって、人間的理性の可能性の領野が大きく変貌する。「精神」や「理性」を知らない者にとっては、それはいまだ「存在」してはいないはずであろうし、たとえ言葉として知ってはいても、それが何であるのかをみずから確認できていなければ、それをみずからもつ者として存在しえているとは言い難い。言うならば、みずからの「精神」や「理性」の形象をいまだ観ることができていないからである。神を思惟するとは、神の概念の形象を、「神の輝き」を、みずからの心のなかで彫琢することにほかならない。原初の「カオス」を「ミュトス」として言い表わしえたとき、始まりは混沌であることをやめ、コスモスとしての存在の世界と、それに相応した「ロゴス」の世界の可能性が開かれたのであろう。それと類比的にこう言って良ければ、神を至高のもの、「永遠の現在」として意識し、同時にその神をなお認識しえていないものとして捉ええたとき、意識それ自身が人間「理性」として生まれ、そこにみずからの「理性」への、そして「神」への新たな哲学の問いが始まるように思われる。こうして神と人間とのあいだのあの境界が、たとえば「超越」として意識に対して大きく浮かび上がってくることになる。

このことが一層明確な形で哲学の課題として提起されるのは近代においてのことであるが、それは何よりもこの時代以降理性が、己れ自身に対する懐疑を決定的に必須のものと理解するからである。つまり、自分で自分を意識する自己意識的存在者である個々人が、確実なものを求めて懐疑し、それを通して新たな自己を生み出し、実現していくのである。そしてそこに「良心」が、「神」とかかわりつつも、いやかかわるがゆえにこそ、懐疑を誘発する根源的な力として顕在化してくるであろう。

3 「懐疑」と「良心」
――「始まり」を求めて――

近代哲学の特徴について、R・ポプキンは「懐疑主義と近代性」という論文のなかでこう述べている。

確実性の認識論的根拠のような近代思想における中心問題、つまり外的世界の実在性といった、基本的な信念を支えるために獲得されなくてはならない明証性といったものは、モンテニューやその後継者たちによって示される初期ルネサンスにおける古代懐疑論のなかに提起されていた。デカルトからカントに至る近代哲学を確立するために行われる十七、十八世紀の間のさまざまな試みは、近代の懐疑主義の挑戦に答えようとする、あるいはこの懐疑主義と共に生きようとする根本的な試みだとみなすことができる。(15)

ポプキンが言うように、近代の哲学は、確実性を求めながら、それを疑うという、あるいは逆に、根本的な疑念に苛まれながら、「確実性」を求めざるをえないというアンビヴァレントなあり方を特徴とする。「懐疑と共に生き」、その「懐疑主義の挑戦に答えようとする」とは、「懐疑」を否定し克服するというのではなく、それを己れの哲学のうちに、いわば「方法」として取り込み、こうして「懐疑」を駆使することで却って「確実な哲学」

を完成しようということである。「懐疑」にこそ思考の「始まり」は認められるからである。

† 懐疑を始めるものはなにか

デカルトが近代哲学の祖と言われるのは、周知のように「方法的懐疑」に導かれてコギト（res cogitans）の着想を哲学の根源的出発点に据えたからである。『省察』の「第一答弁」によれば、デカルトはそれ以上さかのぼることのできない第一の始動因、すなわち原理・根拠を求めて、自己の外部から自己のうちへと目を転じ、「考える私」が考えているというそのことによってみずからの存在を確証するという、意識の直接的現前性（praesen-tia）という徴表を見出す。しかし、デカルトは、なぜこの自己確証の明証性を人間にとっての真理の基準となしうるのだろうか。明証、現前、明晰判明を、いずれもそのような基準とする精神の力は一体どこに由来するのだろうか。端的に言えばそれは、私が「考えるもの」（res cogitans）だからであろう。「すべては不確実である」として、そもそもそのような疑いを誘発するものは何なのか、と問うならば、不確かなのは、外的な対象の側というよりもむしろ、真実は、それを不確かだと考える人間自身の方である。外的対象は私の疑念を誘発するものの一つではあるにしても、疑念を誘発され疑念を発動する主は「考える」私自身にほかならない。外的対象は、それが自立的に存在するとしても、それ自体は疑念とは本来まったく無縁である。「すべてが不確実」であれ、それが世の常であれば、この世はむろん懐疑とは無関係であろう。

ところで、自立的な、自分で自分を確証するこの意識主観は、明らかに神をモデルにしている[16]。アウグスティヌスも言うように、神にとっては一切が「現前」しているはずだし、神のみは他に基準を必要としないからである。デカルトは、理性のこの自己確信を支える最終的な拠り所として、神の観念の先在性を主張するにいたるが、先の『省察』の「第一答弁」でデカルトは、つづけて次のような考えを表明している。

私の原因がなんであるのかを私が問うたのは、私が〈考えるもの〉であるという限りにおいてばかりではなくて、特に、そのほかの思考のうちで、この上もなく完全なものの観念(idea entis summe perfecti)が私のうちにあることに、私が気づくという限りにおいてである。というのも、このひとつのことに私の論証のすべての力はかかっているからである。(7-106/107)(17)

この文章の意味するところは次のようになろう。無限なもの、完全なもの、そして神という観念は、われわれにとって認識のはるかかなたのものであるにもかかわらず、そのかなたのものを通してみずからの有限性を知らされ、かつ少なくともそのもの(の存在)に気づかされているということが、ギリギリの懐疑の果てで一転してわれわれの認識の支えになる。なぜなら、いくら有限なものの否定を繰り返して、「より確実なもの」へと上昇したとしても、このような観念にたどり着くことはできないし、この観念がわれわれの「確実性」の意識に先立っているからこそ、すなわち、すでに「真理の光」が予め抱かれ確信されているからこそ、みずからの「不確かさ」が意識され、こうして疑うことが可能になるからである。したがって、デカルトの言う「明晰」(clarum)とは、この真理の光によって照らし出されるということである。あのパスカルが言うように、人は無限を前にしてみずからの卑小さに震撼し恐れや畏怖を感じると同時に、その無限に気づきうるみずからの可能性に希望を見出すということもありうるだろうが、その気づきを可能にするのが、ほかでもなくこの無限なもの、この上なく完全なものの方だというのである。

その経緯は次の文に明らかである。

ある仕方では、無限なものの観念が有限なものの観念よりも前に、すなわち、神の観念が私自身の観念よりも前に私のうちにあるということが認められる。というのも、私がそれとの比較において自分の欠陥を認識するような、私よりももっと完全な存在者の観念が私のうちに決して存在しないのだとすれば、私が疑い、私が望み、すなわち、私には何かが欠けており、私がまったく完全ではないのだということを、私はどのような仕方で洞察できるというのだろうか。(7 - 45/46)

「懐疑」を抱いて確実性の根拠をたずね求めるとき、その探究を誘発する「懐疑」の源に、真理そのものとのいわば根源的な同一性がみて取られているわけである。この懐疑は、その自分も含めてあらゆるものを疑うところから、つまりは何もないところから、したがって、無限定であるところから発せられる。無限定な自分自身に発するということは、その「自分」そのものが無限定のままに問われるということにほかならない。これは見方を変えれば、限定不可能性と無限の限定可能性という、両立しうるはずのない二つの可能性を自我がその端緒にいわば同時に抱え込んでいるということであろう。その問いかけの「始まり」で、すなわち「心の限界・境界」で「無限なもの」が立ち現われるわけである。

この二重の可能性を担っている「境地」をわれわれは「良心」と呼んでいるのではないだろうか。控えめに言っても、懐疑が発現するところに「良心」は位置しているのであり、より積極的な言い方をすれば、「良心」がこうした懐疑の「始まり」になりうるのであろう。

人間はみずからの懐疑を通して、理性それ自身の卓越性と同時にその限界・有限性と、さらには惨めさを経験する。つまり、理性はみずからのコギトとしての在り方の真理性、そして確実性を確信し、無限なものとの等根源性を自覚するようになるが、しかしそうなればなるほど、それだけいっそうその無限なものとの距離や径庭の意識に苛まれるようになる。無限と有限とのあいだで、存在のむなしさに打ち震えるパスカル的人間がそうであったが、デカルトもまた「第四省察」において、人間の位置を、「神と無との、この上ないものとあらぬものとの中間」(medium quid inter Deum et nihil, sive inter summum ens et non ens)(7‐54)とみなしていた。この地点、つまり無限と有限との狭間にある己れに気づき、無限に照らして己れの欠如を恥じ入る始まり、これを「良心」の場と呼んでよいであろう。デカルトのコギト、すなわち「意識」はすでに「良心」として始っているのである。

だがしかし、みられるようにデカルトにおいては、神は意識の、いわば超越的な彼方に置かれている。とすれば、そのようなものがどのように「良心」にかかわりうるのかがやはり問われなければならないだろう。[18] この点を考える上で、徹底的に自我の根底を問いつづけた哲学者フィヒテの思想を手がかりにしたい。そうすることで、「良心」の所在がより明瞭になってくるはずである。

† 「良心」は神との「接触点」である

さて、フィヒテは生涯にわたって自我を問いつづけたのだが、一般的には、一八〇〇年の『人間の使命』以降「神」の思想および宗教論へと方向を転換し、「世俗哲学」を講じるようになったと考えられている。だが、実際のところは、フィヒテの思想の根底には元々神の思想が存在しており、知識学の深化に伴って、神の思想が顕在化してきたと考える方が適切である。何よりもフィヒテの自我の思想は、アリストテレス以来の伝統に倣って、最高の思考の探究、「思惟の思惟」との類縁性によって特徴づけられるからである。とはいえもちろん、フィヒテの独自性が問われなければならない。それが「自我の思想」に、そして自我の根底に明らかにされる「良心」の思想に認められるのである。[19]

一八〇六年の「宗教論」『幸いなる生への導き』において、フィヒテは「この〔純粋で自立的な〕思考のみが、それにとって神が可視的なものになりうる眼なのである。純粋な思考はそれ自身神的な現存在である。そしてその逆に、神的な現存在はその直接性において、純粋な思考にほかならない」(SW 5, 418 f.)[20]と述べている。「自立的な純粋な思考」が「神の現存在」だというのである。だが、この思考とは、知識学の第一原則、「自己を端的に定立する」自我の絶対的自発性のことである。ということは、自我の根底に、神が顕在化してくる「眼」が、言いかえれば人間の自我に神が顕現する可能性が、みて取られていることになる。フィヒテはさらにこう強調する。「それゆえ知の実在的な生は、その根元において、絶対的なものの内的な存在であり本質であって、それ以外の何ものでもない。絶対的なものすなわち神ともっとも深い生の根元のうちにある知とのあいだには、どのような分離もないし、両者はお互いに完全に融合しあっている」(SW 5, 443)。「最も深い生の根源にある知」は「実在的な生」における知、すなわち現実の人間の「真実の生」における知のことであるが、「神と融合しあっている」からといって、その実在性が失われるわけではない。

ここには明らかに大きな問題が存在している。「思惟の思惟」や「等しいものが等しいものを見る」という関係は、それ自体は何ら問題にはなりえないにしても、自立的な個体が普遍的なものと合一してそこにみずからの本質を認めるというとき、この合一において個体性はどのようなあり方をしうるのか。合一が差異を消し去ることであるのなら、個体は普遍に飲み込まれ、消失してしまうばかりであろう。逆に、合一後も個体が個体としての自立性を保持しているとすれば、どのような意味で「合一」と言いうるのだろうか。自立的個体性の意義そのものが問われなくてはならないのである。フィヒテは言う――「意識の自立性および自由の根拠は、もちろん神のうちにある。ところが、根拠が神のうちにあるというまさにそれゆえにこそ、自立性と自由は真実現存し、決して空虚な仮象ではない」(SW5, 455)。

知がどこまでも自我それ自身から発するというフィヒテの思想によれば、「絶対的自発性」というその根底において、自我はたしかにすでにして普遍的なものとして定立されているといえよう。根源的自発性として己れを意識する絶対的な自我は「純粋で無限」であることを明らかにし、したがって普遍であることを証示する。そればかりではない。自我のこの絶対的自己定立の活動を通して、他なる理性的存在者が反定立され、内なる「絶対的なもの」が同時に意識される。自我が己れを根源的に純粋な意識として定立するという営みは、己れを普遍へと開く営みでなければならないからである（Cf., FW 1, 276–277）。一七九八年『道徳論の体系』の次の文章はそのことを端的に表現している。「道徳論においては、純粋自我からの経験的自我の成立が発生的に示され、ついには純粋自我が人格（Person）から完全に抜き出される。純粋自我の描出とは、諸々の理性的存在者たちの全体である、すなわち聖なる者たち（die Heiligen）の共同体である」（FW 4, 255）。自我の根底において「神」を見る眼が開かれ、「聖なる者たち」がそこに浮かび上がってくる。そこはむろん神を介して彼らが集いあう「良心」という共通の知の場にほかならない。

フィヒテは『一八〇五年の知識学』においてこの良心を「接触点（共通点）」（Berührungspunkt）と捉え、こう述べている。「総括。神それ自身が直接的に自我のうちにある。だからして、神は自我である。だからして、自我は神自身および神の現実存在の、ただ求められている直接的な接触点なのである」（WL 1805, 84）。絶対的自発性を特質とする自我それ自身が両者の接点としての役割を果たすからこそ、自我における神の現存も可能なのである。それは神への単なる依存ではない。自我の「良心」としての能動的活動の所産である。

4　おわりに
――「良心」は「共感」の「始まり」である――

以上の考察から「はじめに」に掲げた問いに答えるのはいささか強引の誹りを免れないところであろうが、ここでとりあえずの暫定的な答えを提示しておきたい(21)。

フィヒテに従うなら、懐疑と確信（確実性）は、意識における相互的「促し」（Aufforderung）（Cf. FW 3, 33f.）の関係にあるとみなしうる。だが、「前もってものについて確実でないなら自分がそのものについて確実であることを誰が知り得ようか。光が光自身と闇とを顕わすように、真理は真理自身と虚偽との規範である」（Ethica. Pars 2, Prop.43, Scholium）と言うスピノザの観点に立つなら、確信の光が先立って懐疑を導くと言うべきであろう。意識の根底に真理が抱かれているからこそ懐疑が誘発され、己れ自身の「不確実性」が意識されるのである。その「不確実性」が神との関係において「確実性」として捉え返されるとき、「良心」が立ち現われる。ハイデガーのように、「良心」が「負い目」として感じられるのは、この「不確実性」が己れの咎として意識されるからであろう。たしかに、「良心」は私のものとして予めあるのだとも、神に属するものだとも言い募ることはできよう。しかし、どちらに属するかは、実は問題ではない。己れの不確実性が強く意識され、「負い目」を感じるとき、「良心」は神の側に立つように思われ、その一方で、己れを確信するとき、己れの側にあると思われるのであろう。フィヒテの言う「接触点」は、両者を貫くこうした「良心」の特質を言い当てている。大切なのは、どちらの「良心」も私のものであり、私にとって不可欠な知の「始まり」をなすということである。それが知の「始まり」であるからこそ、「不確実」を自覚しながらもなお、私はもっとも普遍的な存在者として他者と交わりつつ、自由でありうるのである。言いかえるなら、「良心」は、人のあいだにおいて初めて意識されるものであるがゆえに、私において「始まり」、他者と交わる「始まり」となり、そしてあらゆるものと共感する「絆」（FW 2, 298）にもなりうるのである。「良心」が「神聖なもの」とみなされ、「共通知」たりうるのはそのためである。

(1)『ソクラテスの弁明』(『プラトン全集』第一巻、田中美知太郎訳、岩波書店、二〇〇五年)八八頁参照。

(2)『饗宴』(『プラトン全集』第五巻、鈴木照雄訳、岩波書店、二〇〇五年)七八頁参照。

(3)ヘーゲルについても論じたかったが、時間がなかった。筆者の次の論文などを参照していただければ幸いである。「「神を認識する」とはどのようなことか?――ヘーゲル哲学における「神」の問題」(日本シェリング協会編『シェリング年報』第一七号、二〇〇九年)。

(4)この節には、一部旧稿を用いている。内容は本稿の文脈に沿って変更した。参照していただければ幸いである。「近代哲学における「神」の問題――哲学における「虚構」の意義について」(『哲学会誌』第三五号、弘前大学哲学会刊、二〇〇〇年)。

(5)Cf. Hans Blumenberg, "Wirklichkeitsbegriff und Wirkungspotential des Mythos," in : *Terorr und Spiel*, hrsg. Von M. Fuhrmann, München 1983, S.11–66.

(6)Werner Jaeger, *Die Theologie der frühen griechischen Denker*, Stuttgart, 1953, S.5.

(7)Ebd., S.55-56.

(8)A.a.O., S.13.

(9)『形而上学』(『アリストテレス全集』第一二巻、出隆訳、岩波書店)三七八頁以下参照。

(10)同、一〇頁。

(11)同、四二〇頁以下参照。

(12)ディオニシウス・アレオパギテース『神秘神学』今義博訳(『中世思想原典集成』第三巻、平凡社、一九九四年)、四四九頁。

(13)同訳書の訳註3にこの「闇」について参照すべき訳者の詳しい解説がある。筆者には、フィヒテの言う、無の状態から意識が発現する「発生」(Genesis)のことが想起される。

(14)アウグスティヌス『三位一体論』(中沢宣夫訳、東京大学出版会、一九七五年)四三八頁。

(15)Richard Popkin, "Scepticism and Modernity," in: *The Rise of Modern Philosophy*, ed. Tom Sorell, 1993, Oxford, p.15.

（16） Cf. Roger Trigg, *Rationality and Science*, 1993, p.102 ff.

（17） *Œuvre de Descartes*, Ch.Adam et P. Tannery, tome VII, Paris, 1964から引用し、頁数を本文中に組み込む。たとえば（7-54）は、この全集版・第七巻五四頁のことである。デカルト『省察』（所雄章訳『デカルト著作集第2巻』白水社、一九七三年）を参照させていただいた。

（18） この点に関連してカントの『純粋理性批判』第四アンチノミーに言われる「端的に必然的な存在者」が、そして「純粋理性の理想」の章におけるその議論が参観されなくてはならない。神が世界に属するのか、それとも世界を超越するのかという二者択一の問題は、まさしく無限と有限をめぐる近代哲学の問題の集約点とみることができる。自己原因と作用因との連関で、デカルトとスピノザの相違を指摘した福井純氏の啓発的な議論が参考になる。福井純『スピノザの「共通概念」試論』（知泉書館、二〇一〇年）の第二章、特に二六-三一頁を参照。なお、そこに第三の道を求めようとするのがフィヒテであり、そしてヘーゲルである。この点についてカント、フィヒテ、ヘーゲルの「良心」論と関連して総括的に論じたことがあるので、参照していただければ幸いである。「共有知としての「良心」についての一考察――「良心」は誰のものか？」（栗原隆編『共感と感応』東北大学出版会、二〇一一年）。

（19） この経緯については、次の拙論において後期知識学の展開の内容に照らしながら詳細に論じておいたので、参照していただきたい。「「真実の生」における人間――フィヒテ宗教論の射程」（日本フィヒテ協会編『フィヒテ研究』第一五号、二〇〇七年）。

（20） フィヒテからの引用は次の略号に従って、巻数と頁数を挙げ、本文中に組み込んである。

SW：*Fichtes Werke*, hrsg. von I. H. Fichte, Berlin, 1971.

WL1805: J.G.Fichte, *Wissenschaftslehre 1805*, hrsg. von Hans Gliwitzky, 1984, Hamburg.

（21） 以下の「総括的」論述の補足として、注（18）に挙げた拙論を参照いただければ幸いである。

第五章　描かれた中国磁器
――静物画に見るオランダという表象――

尾崎彰宏

1　はじめに

私は日本の絵を愛し、その影響を受け、またすべての印象派の画家はともに影響を受けているが、それならどうしても日本へ、つまり日本にあたる南仏へ行かないわけにはゆかぬ。だから、思うに芸術の未来はなんといっても南仏にある。（書簡 620/500）

このような思いを抱いて、一八八八年、二月末、ゴッホ（一八五三－一八九〇年）は弟テオとの二年間の共同生活を切り上げ、パリから一路南仏のアルルに向かう。

雪の朝、夜行列車から降りた直後のゴッホの心境は、テオに宛てた手紙の中に率直に語られている。「雪のなかで雪のように光った空をバックに白い山頂をみせた風景は、まるでもう日本人の画家たちが描いた冬景色のようだった」（書簡 577/463）。ゴッホは、アルルに日本を重ねていた。

南仏を日本に見立て、日本人画家のように画家による共同生活を夢想し、新たな芸術を模索するゴッホの夢は、現実からはほど遠く、あくまで彼の頭のなかでしか実現しないものであった。しかし、日本に対するそうした憧憬の念もあってゴッホは浮世絵の模写を行なったばかりでなく、『耳に包帯をした自画像』（一八八九年、ロンドン、コートルド美術研究所）、『タンギー爺さんの肖像』（**図1**、一八八七年、パリ、ロダン美術館）などいくつもの作品に浮世絵を描きこんでいる。十九世紀後半、印象派の画家たちを中心に日本趣味ということから東洋への憧れが強くあったことはよく知られている。[1]

図1　ファン・ゴッホ『タンギー爺さんの肖像』

もちろん、そうした東洋に対する憧憬は十九世紀後半になってはじめて起こったものではない。それには東西文化の遭遇という大きな歴史的うねりがかかわっている。ここでは、十七世紀オランダの静物画（九四頁**図3**）に描かれた中国陶磁に注目して、当時の東洋観の一端を見てみたい。

2　歪められた東洋

ゴアの大司教の秘書としてインドにあったヤン・ハイヘン・ファン・リンスホーテン（一五六三－一六一一年）は、一五九二年オランダに帰国し『東方案内記』（一五九六年）を公刊した。そこには日本人についての興味深い記述がある。[2]

その島国は、英国と同じ大きさだ……人びとは、温厚で額が広く皮膚の色は白に近い……彼らは、中国人と同じ偶像を崇拝している……。

右に引いたなかで日本人の「皮膚の色は白に近い」としている叙述は、ややもすると読み飛ばしてしまいがちだ。しかし、われわれ日本人は自分たちのことを黄色人種と認識している。これは生物学的な分類として受けとめているからであり、日常的にはなんの疑いも差し挟むことはないだろう。だが実は日本人や中国人の肌の色が白色から黄色に変わったのは、十八世紀末からであった。それまではヨーロッパ人と同じ白人に加えられていたのである。[3]その変化の裏には、東洋に対する西洋の優位という政治性が強く働いていた。つまり、リンスホーテンの旅行記が著わされた時代には、東洋を劣ったものとする意識はなく、むしろ驚異のまなざしが注がれていたのである。

事実、ラックとヴァン・クレイという研究者は、「十六世紀のヨーロッパ人は、中国および日本を未来への偉大な希望であると考えていた」と見ている。そして、十七世紀末までには「〔アジアのイメージに〕全く影響を受けていないようなヨーロッパの文献はほとんどなく、今日のヨーロッパの文学、美術、学問および文化に、その影響が見られないとすれば、それは驚くべきことであろう」と言っている(4)。東洋交易によって繁栄した十七世紀オランダの世界観を考えるにあたって東洋からの人やモノの移動という視点が不可欠である。

3　東洋の徴《しるし》

十七世紀後半にフランスで擡頭した古典主義の美学では、世界のなかで活動する人間に焦点を当てているため、聖書や神話に取材した歴史画がもっとも画格が高いとされた。それに対して静物画のように生命のない事物を描いたジャンルは、一段低いものとみなされたのである。種々の事物が描かれた静物画は、風景画、肖像画とならんで十七世紀オランダで大量に制作されたジャンルである。そして人とモノの移動によって生み出された、東洋の徴がもっとも端的にあらわれているのが静物画である。

十六世紀後半に芸術の存立基盤を揺るがす大事件が勃発した。それまでイメージは、目に一丁字もない人に宗教世界を目に見えるようにする機能としてばかりでなく、さまざまな秘蹟にまるで再会しているような臨場感を与えるということから、キリスト教においてその存在は大きなものであった。しかし、ルターによって主導された宗教改革によって様相が一変することになった。プロテスタントにあっては、あくまで聖書に基本がおかれ、イメージは信仰の手助けではなく妨げになるとして退けられたのである。その結果、北ヨーロッパを偶像破壊運動（イコノクラスム）の嵐が吹き荒れた。宗教画が教会から追放され、絵画の最大の存在理由が揺らいだのである(5)。

イコノクラスムによる重大な変化は単に宗教画像が教会から追放され、その制作が制限されたということだけではなかった。その動揺は、意外にも絵画の縮小ではなく、増大への道を開いた。量的な増大へつながったのは、人びとの感性に大きな変化が生じたからである。宗教画から風景画や静物画などの世俗画が幅をきかせるようになり、その結果、絵画の最大の役割が物語の内容を伝えることから、「美的な機能」へと変容したのである。(6)美的なものとは、美しいという感情だけではなく、憧れやあるいは政治性など宗教とは別の要素が表象される契機でもあった。

この絵画の役割が「美的な機能」に重点が移ることで、モノそのものよりも、描かれたモノ、つまり絵画化されたもののほうにより大きな価値がおかれるようになった。こうした感性の変化のプロセスをはっきりと表明しているのが、実は、イメージの力を怖れたカルヴァンの中に見出されるのは、実に興味深い。逆にいえば、それだからこそイメージが宗教に用いられることで、宗教の内実が変質することを危惧したのである。

カルヴァンは『キリスト教綱要』（初版一五三六年）でこう言っている。(7)

キリストの秘蹟は神の約束を言葉よりもわかりやすく伝えてくれる。その理由は、秘蹟はまるでパネルに描かれたように、神の約束をその場に即して（ad vivum）描き出してくれるからだ。

右のように ad vivum という語を用いて、カルヴァンは絵画の再現性を評価している。それだけに絵画におそるべき力のあることをよく知っていたカルヴァンは、人びとが手段と目的を取り違える危険がそれだけ大きいと考え、イメージを信仰から遠ざけたのである。聖画像を崇拝することを禁止したカルヴァンこそは、モノよりも描かれたイメージの方に力があることを知っていたという意味で、時代を先駆けていたということができる。

美術の領域では、一五五九年、アントウェルペン近傍の農村の風景を版画に起こした「小風景画」の連作を出版したヒエロニムス・コックに ad vivum（実物に即して）の新しい使い方が見られる。[8] ラテン語で「目に見える現実に即して入念に描写された」（curiose ad vivum expressa）と表題ページに書かれている。さらにその二年後に刊行された第二連作には「実景から描かれたイメージ」（icones ad vivum deformatae）と案内されている。こうした、目に見えた現実に即して描くというのは、ドイツ・ルネサンス最大の画家であったアルブレヒト・デューラーの文言を引き受けたものである。デューラーはこう言っている。「現実に目に見えるもの一切のなかから選択された事物が平らな面に描かれるとき、それがどのようなものであっても、これこそが絵画なのである」[9]。事物を選択し、再構成することであたかも現実であるかのように描かれたものこそが絵画だ、というのである。

絵画の真髄は描写にあるというこの考え方は、創造的な芸術家においてもっとも重要な能力は想像力であるとされたイタリアとは対照的である。絵画は、目に見える現実に隷属するのではない。つまり、事物は絵画化されることで、現実を超え、「神が創造した」自然を超えるのである。

フランスの批評家ロラン・バルトに「事物としての世界」というエッセイがある。その中でオランダの静物画の核心を次のように述べている。

オランダの画家たちが心がけるのは、事物からさまざまな性質を取りはらってその本質を解放することではなく、まったくその逆に、副次的なものにさまざまな外観の震えを積み重ねていくことだ、……静物画家たちは、物質のもっとも表層的な性質、つまり光沢に近づこうとする努力を惜しまなかった。[10]

引用文の少し後で、「事物はもはや本質をもたず、完全にその属性のなかに身を隠している」[11] とも書いている。

図2　ヤーコプ・ハウブラーケン『ヘンドリック・フェルスリング（上）とヴィレム・カルフ（下）の肖像』銅版画

ここでバルトが強調しているのは、オランダの静物画では事物は忠実な再現を通してその本質が描き出されるのではなく、見るものの目に訴えかける美的なものになっていることだ。

　こうした状況にあった十七世紀のオランダでは、絵画の生産者である画家は、絵画の購買者として、匿名のコレクターや一般の市民に広く受け入れられる絵画ジャンルを開発していった。その一つのジャンルが静物画であった。

　静物画は、西洋美術を見るかぎり十七世紀オランダにおいて一つの頂点を迎えた。その中にあって、中国陶磁器、オウムガイのカップ、大型のワイングラス、ゴブレットなど、高度な職人技からなるもので、おまけにコレクターたちの垂涎の的である品物が描かれた静物画は「奢侈静物画」（plonkstilleven）と呼ばれており、「花の静物画」「朝食画」「果物静物画」とは区別される。[12] この「奢侈静物画」に取り組んだもっとも代表的な手練れの静物画家としてヴィレム・カルフ（図2）を挙げることができる。[13]

4　カルフのなかの東洋

ヴィレム・カルフ（一六一九－一六九三年）はロッテルダムの富裕な織物商人の家に生まれた。一六三〇年代の末、彼はハーグに出る。その時代に手がけたのは、ひなびた農家を舞台とした静物画が多く描きこまれた室内画や静物画であった。人物も描かれているが、二次的な役割しか果たしていない。主役は静物である。一六四二年頃から四五年までパリで活動する。パリ時代の終盤には中国磁器を含む静物画が見られるようになる。この間の変化はきわめてドラスティックだ。一六四六年、再びオランダに戻り、ロッテルダム、ホールンなどで活動し、一六五三年からはアムステルダムで制作を続けた。中国磁器が見事に描かれた静物画が数多く描かれたのもこの時期である。

そうした作品の一つ『オウムガイのカップと中国磁器の椀のある静物画』（図3、一六六二年、マドリード、ティッセン＝ボルネミッサコレクション）を見ていこう。暗い背景を背にして、多彩な事物が配置された大理石のテーブルが置かれている。見るものの目をまず引きつけるのが、銀製の皿の上に載っている中国磁器である。銀のスプーンが入っている磁器には、金鍍金《きんめっき》を施された中国人像が貼り付けてある。それらの人物像は道教の不死の人物を表わしている。椀の蓋と渦巻き状に剥かれた皮の付いたレモンのあいだには、瑪瑙《めのう》細工の柄のあるナイフが覗いている。その後ろにはオウムガイのカップが置かれている。右手には、ペルシャ絨毯の盛り上がった襞に包まれるようにして、白ワインの入った大型のワイングラス（roemer）があり、隣には大きなセビリア産オレンジが見える。中央奥には、赤ワインが半分つがれたゴブレットがあり、その垂直線は、テーブルの水平線とあいまって画面にしっかりとした安定感をつくりだしている。一方、斜め上方から差し込んでくる強い光が銀器、磁器、ガラスに反射して生彩感のある絶妙な効果をうみだしている。注意深く目を凝らすとテーブルの左隅に、ナッツと小さな貝殻があるのが分かる。

こうした高価な事物の描かれた静物画にはどのような意味があるのだろうか。まず最初にこれまでどのように

図3　ヴィレム・カルフ『オウムガイのカップと中国磁器の椀のある静物画』

考えられてきたのかを振り返っておこう。

描かれているのが高価な事物であることから、すぐに思い浮かぶ解釈は、この時代のオランダ美術の常数ともなっている「ヴァニタス」（この世の儚さ）を表わしているというものだ。[14]「奢侈静物画」には質素倹約を旨とするプロテスタント倫理に反する虚栄のイメージがつきまとうのはたしかである。

一六一四年、アムステルダムで出版されたルーメル・フィッセル（一五四七－一六二〇年）の『寓意図像集』に収められた寓意図像からも、そうした雰囲気をうかがうことができる。フィッセルは修辞学に造詣の深い詩人で、このエンブレムブックは彼の活動の集大成といえる。その自宅は十七世紀はじめに活躍した詩人や芸術家たちの交流の場になるほどで、美術の世界にも少なからぬ影響を及ぼした。

そのエンブレムブックには、格言とそれに関連する挿図が入っている。「愚か者に貯まる金なし」（Een dvaes en zijn gelt zijn haest ghescheijden）と題された頁に付された挿図（図4）には、大きなチューリップとその背景に貝殻が描かれている。そこに次のような内容の説明文が書かれている。「この寓意はこれまで再三再四語ってきたことと同じようなものだ。というのも、珍しい貝殻や新種の花々などは、賭け事のようなものであるからだ。新種の貝殻を探し求める大馬鹿者は、花の愛好家と同様、無駄にするだけで、手塩にかけて愛しむわけでもない」。

このようにフィッセルは、貝殻を虚栄のシンボルとみなしている。しかし、十七世紀のオランダでは、この見方だけが支配的というわけではない。たとえば、「浜辺あるいは貝殻についての韻文……」（一六一一年）という教訓詩を詠んだフィリベルト・ファン・ボルッセレンは、貝殻は神の恩寵をわれわれの目に見えるように反映しているものだ、としてこう言っている。(15)

ちょうどこの貝殻が神の偉大な光から美しい光沢を受け取り、その光沢を人間の顔に反射してその精神に悦びをもたらすように、悦びに充たされた人は、神の栄光をいっそう称え、周りの人たちにもその感化をおよぼすはずだ……。

VAN DE SINNEPOPPEN. 5

V

Een dwaes en zijn gelt zijn haest ghescheyden.

DEſe Sinnepop is de voorgaende niet ſeer onghelijck, als ſpruytende uyt een ſelve reden, daerom ſal in't voorgaende ghenoech geſeyt zijn; want een vreemt hoornken of nieuw bloemken, 'tis niet dan tuylery : maer de hoorn-ſotten behoeven ſoo groote ſpilpenningen of hoven niet te koopen en onderhouden als de Bloemiſten.

A 3

図4　ルーメル・フィッセル『寓意図像集』(1614年)，第5図「愚か者に貯まる金なし」

したがって、カルフの絵に描かれている貝殻の意味するところも一筋縄ではいかない。静物画ひとつを解釈するにしても、判で押したように教訓的な意味を当てはめるのは難しい。

十七世紀オランダの風俗画にパノフスキーのイコノロジー研究を応用し、赫々《かくかく》たる成果をあげたオランダ人美術史家デ・ヨングは、「奢侈静物画」の意味に対する過剰な解釈に警鐘を鳴らした上で、こう指摘している。[16]

厳密な意味をあらわすのではなく、公衆に対してなんらかの意味を惹起しようとしている芸術家がいるのは確かだ。意味内容が含意されていない作品が存在するとさえいうことができよう。

デ・ヨングは、「奢侈静物画」にはその時代の鑑賞者の気持ちが映し出されていると考えている。「奢侈静物画」に描かれたモチーフを一義的に解釈できないのは、イメージと言葉の関係が変化していることによる。つまり、イメージは特定の言葉に対応するという関係の崩壊を意味しているのである。別の言い方をすれば、イメージは表象として機能するのである。

歴史家で『レンブラントの目』[17]という原書で七五〇頁を越す大著を著したS・シャーマは、『豊かさの困惑』[18]の中で、十七世紀オランダには交易によって流入してきた多様な物産とそれがオランダに与えたインパクトについて論じている。しかし残念なことに、交易品が描かれた「奢侈静物画」に対してはさしたる関心を示していない。彼の関心は、異国からもたらされた豊富な貴重品の数々がプロテスタントのオランダ人に与える葛藤に向けられていた。したがって、シャーマの研究は実に多彩な文献を縦横に用いた浩瀚《こうかん》さを誇っているものの、その射程が近代的ヨーロッパの枠組みにとらわれているという感が否めない。

もちろん別の方向もある。貴重な交易品を教訓とのかかわりからみるだけではなく、より広汎な文化的な観点から捉えようとする研究者がいる。I・エンバーやG・アトウォーターなどである。[19] 宗教や教訓という枠組みではなく、静物画を社会・経済の表象として捉えることから、新たな地平が拓けてくるのではないか、という予感がある。

したがって私がカルフの絵で注目したいのは、一般的な意味での「奢侈静物画」ではない。絵に描かれた中国陶磁器である。他の事物に混じって埋め草としてあるのではなく、白地にブルーで絵付けされた磁器は、薄暗い背景にあざやかに浮かび上がっている。絵のほぼ中央に置かれた、他の豪華な事物の要となっているのである。別の言い方をすれば、オウムガイのカップ、大型のワイングラス、ゴブレットなどは中国磁器の清楚な美を引き立たせているということができる。西洋には存在しなかった磁器という高度な芸術を前にオランダ人は驚愕し、眩惑し、陶酔を覚えたのである。畏敬と憧憬の入り交じった熱い視線を注いだのである。そのような視線が中国磁器に対して向けられるようになったのは、どのような経緯によってであろうか。そこには十七世紀オランダ社会にあったいかなる意識が反映しているのだろうか。カルフの絵を一時代の表象として捉え、この絵を通して歴史の闇をのぞき込んでみよう。

中国陶磁器がオランダの静物画に登場するようになるのは、カルフの絵が最初ではもちろんない。十七世紀初頭の静物画にすでに見られるものだ。よく知られているように、そうした中国陶磁器をオランダに持ちこんだのは、オランダ東インド会社（V.O.C.）である。しかしこの陶磁器交易に乗り出したのはV.O.C.が最初ではない。陶磁器が東洋から西洋に運ばれた歴史は古く、八‐九世紀以降の海上交通路に始まる。この貿易海路は、中央アジアを横切るシルクロードに対して、「陶磁の道」と呼ばれることもある。エジプトや紅海沿岸で膨大な量の中国陶磁器が出土していることは近年よく知られている。

この貿易海路を十六世紀にはポルトガルが独占していた。中国の景徳鎮窯で生産された磁器をポルトガル人がリスボンまで運搬したものを、オランダ人が購入し本国へ運んでいたのである。スペインのフェリペ二世がイギリスやトルコとの対外戦争に要する莫大な戦費を調達するためにネーデルラントを近代化し、集権化し、官僚化しようとした。しかし、複雑な利害関係を内包していたネーデルラントでは、貴族階級と都市執政者（レヘント）たちの大きな反撥を招くことになる。一五六八年、スペインに対するオランダ（ネーデルラント）の独立戦争の戦端が開かれる。戦況挽回のためにアルバ公の派遣をはじめ八方手を尽くしたスペイン王フェリペ二世は、オランダに対する経済的制裁をもくろんだ。一五八〇年、ポルトガル国王を兼任することになったフェリペ二世は、オランダ船のリスボン寄港を禁止したのである。[20]この政策が逆に、オランダ人の独自の東洋交易航路開拓熱を煽ることになった。オランダ人が対スペイン戦争に本腰を入れたのは、商業活動の自由を手に入れ、交易の自由を獲得する狙いがあったからだ。[21]北部ネーデルラント（オランダ）の交易拠点都市アムステルダムの利益を死守するためには、一五八五年、アントウェルペンがスペイン軍の手に落ちるや、スヘルデ河を封鎖し、それまでネーデルラント最大の交易港であったアントウェルペンの息の根を止めることも辞さなかった。交易こそオランダの生命線であった。

コルネリス・デ・ハウトマンは東洋航路に関する貴重な情報や海図をリスボンにまで赴き収集した。オランダにとっての最初の東インド航路の開拓は、ハウトマン指揮する艦隊によってもたらされたのである。一行は一五九五年四月にテクセルを出港し、インド洋のポルトガル船を避け、マダガスカル島北部からまっすぐ東北東に進路をとった。インド洋を横断しスマトラとジャワのあいだに横たわるスンダ海峡を通過し、一五九六年六月ジャワ西部のバンテン港に至った。一五九七年末、一行は母港テクセルに帰還する。しかし、船隊は三隻に減っており、乗組員も二四九人から八十九人になっていた。これだけの犠牲を払ったこの探検隊自体は交易にさしたる貢献をしたわけではない。が、交易に国運をかけていたオランダ人にとって、東洋の一角へ自力で到達したという自信は何ものにもかえがたいものであった。この成功がやがて一六〇二年のV.O.C.設立に弾みをつけることになる。そして一六〇九年、スペインとの休戦条約が締結された。この年アムステルダム為替銀行が設立され、それ以降、オランダの経済は東洋交易に基盤をおく一大商業帝国へとのし上がっていった。それはオランダのヘゲモニーのイデオロギーである海洋の自由という主張に基づいており、やはり一六〇九年に刊行されたグロティウスの『海洋自由論』はその理論的支柱をなすものであった[22]。

このような状況下で、磁器を積載した「カラック」と呼ばれた二隻のポルトガルの大型商船をオランダが拿捕するという事件が起こった。それは、この磁器交易の担い手がポルトガルからオランダへ変わる象徴的な出来事である。積荷は、一六〇二年にミッデルブルフで、一六〇四年にはアムステルダムでそれぞれ競売にかけられた。一六〇四年の競売は、ポルトガル「カラック」サンタ・カタリーナ号の中国磁器であった。その個数は十万個で、六百万フルデンあまりを売り上げた[23]。この事件は、中国磁器に対するオランダの潜在的な需要の大きさを示していると同時に、これを境に磁器に対する欲望が一気に昂まる契機となった。磁器に対する需要は急速に高まり、V.O.C.は、商品の供給に本腰を入れるようになる。一六一三年、セント・ヘレナ島で沈没したオランダ商船「デ・ヴィテ・レーウ」号には、本国に向けて積載された磁器が満載されていた[24]。十七世紀にオランダが持ちこんだ中国磁器の数は三百万個にも達するといわれている。いかに熱狂的な中国磁器ブームが起こったかが想像できよう[25]。

カルフはこうした中国に対する憧憬の念を抱き、これをそのほかのさまざまな奢侈品といっしょに静物画の中に描きこみ、「他者」として捉えることで、オランダのアイデンティティを形成しようとしたということができる。十七世紀ヨーロッパは絶対王政へ移行する時代だ。そうした潮流からするとレヘント、貴族、農民からなるオランダ社会は旧体制に映る。しかし、逆に宗教の寛容を打ち出し、海洋交易とそれを支える市場を開拓することで一大商業国家へと変身を遂げていった。十五世紀末の大航海以来、交易によってもたらされる文物は新知識の源である。この進歩の思想に支えられるかたちで、十七世紀オランダはスペインはもとよりフランスやイギリスに旧国家というレッテルを貼り、時代遅れのイメージをつくりだすことに成功した。こうした意味でカルフの静物画は、オランダの一表象なのである。

（1）ゴッホと日本との関連について論じたものは、数多くあり、いちいち列記することはできない。圀府寺司『ファン・ゴッホ――自然と宗教の闘争』（小学館、二〇〇九年）を挙げるにとどめたい。
（2）『模倣と創造』尾崎彰宏編集・訳、アムステルダム（ダルツ社、一九八九年）八頁。
（3）ジョゼップ・フォンターナ『鏡のなかのヨーロッパ』立石博高・花方寿行訳（平凡社、二〇〇〇年）一八〇－一八一頁。
（4）アンドレ＝グンダー・フランク『リオリエント』山下範久訳（藤原書店、二〇〇〇年）六一頁。
（5）Cf. David Freedberg. *Iconoclasm and Painting in the Revolt of Netherlands 1566-1609*, New York/London, 1988. ディヴィッド・フリードバーグ『隠された神――十六世紀ネーデルラントにおける画像と禁令』中村俊春解題、深谷訓子・若林雅哉訳（『西洋美術研究』第六巻、二〇〇一年）五一－七六頁。Bob Scribner ed., *Bilder und Bildersturm im Spätmittelalter und in der frühen Neuzeit*, Wiesbaden, 1990. Mia M. Mochizuki, *The Netherlandish Image after Iconoclasm, 1566-1672. Material Religion in the Dutch Golden Age*, Aldershot, 2008.
（6）Michael North ed., *Artistic and Cultural Exhanges between Eurpe and Asia, 1400-1900*, Surrey/Burlington, 2009, p. 92.
（7）Joannes Calvinus, *Institutio christianae religionis*, ed. 1539-1554, in *Corpus Reformatorum* 29, Braunschweig, 1864, col. 941. Anton W. A. Boschloo et al. eds., *Aemulatio*, in: Boudewijn Bakker, *Au vif- naar 't leven-ad vivum*: The Medival

Origin of a Humanist Concept, p.46.

（8）*Ibid.*, Bakker, pp. 37–52.

（9）Albrecht Dürer, *Von der Malerei*, London manuscript, in E. Heidrich, *Dürers schriftlicher Nachlass*, Berlin, 1908, p. 301.

（10）ロラン・バルト『批評をめぐる試み』吉村和明訳〈ロラン・バルト著作集5〉（みすず書房　二〇〇五年）二七頁。

（11）同、二九頁。

（12）Cf. Sam Segal, *A Prosperous Past. The Sumptuous Still Life in the Netherlands 1600-1700*, The Hague, 1988.

（13）Lucius Grisebach, *Willem Kalf 1619-1693*, Berlin, 1974. Ech. cat. *Gemaltes Licht. Die Stilleben von Willem Kalf 1619-1693*, Rotterdam/Aachen, 2007.

（14）エディ・デ・ヨング『オランダ絵画のイコノロジー』小林頼子監訳（ＮＨＫ出版、二〇〇五年）第五章「静物画の解釈」等を参照されたい。

（15）Segal, *A Prosperous Past, op. cit.*, p. 78.(n.12).

（16）E. de Jongh, The interpretation of still-life paintings: possibilities and limits, in: Exh. cat. *Still-Life in the age of Rembrandt*, Auckland, 1982, p. 32.

（17）Simon Schama, *The Rembradt's Eyes*, London, 1999.（サイモン・シャーマ『レンブラントの目』高山宏訳、河出書房新社、二〇一〇年）。

（18）S. Schama, *The Embarrassment of Riches*, New York, 1987.

（19）Exh. cat. Ildikó Ember, *Delights for the Senses. Dutch and Flemish Still-Life Paintings from Budapest*, Bdapest/Wisconsin, 1989-90. Gretchen D. Atwater, *The Impact of Trade by the Ducht East India Company on Netherlandish Art*, Ann Arbor, 1992.

（20）Roper/Wildeman, *Ontdekkingsreizen van nederlanders*, Utrecht/Antwerpen, 1993, pp. 13-14.

（21）榎一雄編『西欧文明と東アジア』（平凡社、一九七一年）一三五－一四四頁。

（22）Ｉ・ウォーラーステイン『近代世界システム 1600~1750——重商主義と「ヨーロッパ世界経済」の凝集』川北稔

訳（名古屋大学出版会、一九九三年）五九－六七頁。
（23）Lowenthal ed. *The Object as Subject*.Princeton, 1996.
（24）Exh. cat. *The Ceramic Load of 'Witte Leeuw'*〔1613〕, Amsterdam, 1982.
（25）田中英道『光は東方より——西洋美術が与えた中国・日本の影響』（河出書房新社、一九八五年）一五四－一五九頁。尾崎彰宏『フェルメール』（小学館、二〇〇六年）一〇一－一〇七頁。

第六章　ヨーロッパ風景画の雰囲気と文化風土

伊坂青司

1　はじめに
――風景画と雰囲気――

風景画は、一般的に風景を対象にするとはいえ、画家によってそれぞれ独特の雰囲気を醸し出す。すなわち風景画は、風景を客観的な対象にしながらも、風景によって喚起された画家の主観的な感情や情緒が表現されていると言えよう。こうして風景画には、対象としての客観的な風景と画家の主観的な情緒の融合によって、一種独特の雰囲気が醸し出されるのである。鑑賞者は風景画のそのような雰囲気によって、画家の主観的な情緒を共有し、描かれた風景へと誘われることになるのである。

ところで画家が対象にする自然の風景は、自然風土の違いによって多様な現われ方をする。「風景」を意味するドイツ語 Landschaft からも分かるように、風景はその土地（Land）に固有の風土性によって規定づけられた多様なあり方をしている。たとえばアジアとヨーロッパの風景の違いはもとより、同じヨーロッパの中でも北と南とでは、風景は大きく異なっている。南方の晴朗な光は、北方のとりわけ冬の弱々しい光と比べて、色彩豊かな風景を現出する。南方の暖かく湿り気を帯びた空気は、遠くの風景を霞ませて輪郭をあいまいにするのに対して、北の冷たく乾燥した空気は、自然風景の輪郭をはっきりと浮かび上がらせる。自然の景観をなす樹木は、南方の平野や丘陵地では常緑広葉樹が葉を陽光に輝かせるのに対して、北方の落葉樹は秋には葉を落とし、山岳地帯では針葉樹が雪を被る。このようなそれぞれの自然風土の特性が、画家の情緒を喚起し、風景画の雰囲気を規定することになる。

とはいえ風景画の雰囲気は、自然風土によってのみ規定されるわけではない。自然風土を基底にしながらも、画家の帰属する文化や時代によってもまた、風景画の雰囲気は規定されるのである。画家の帰属する文化は、民族に固有の神話や宗教を根底に有しているであろう。とりわけヨーロッパの文化は、古代のギリシア・ローマ神話やゲルマン神話を古層とし、その上にユダヤ教やそこから分岐したキリスト教が重なり、しかもヨーロッパ全体に拡がったキリスト教がカトリックとプロテスタントに分裂するというように、歴史的な経緯を経て重層的に積み重なっている。このような文化風土の重層的な構造が、ヨーロッパ風景画に多様な雰囲気を作り出すのである。

この小論は、ヨーロッパ風景画の源流をなす北方ネーデルランドと南方イタリアの風景画、そしてドイツのロマン主義風景画の諸作品を比較対照し、それぞれの風景画の雰囲気を、自然風土と歴史的に形成された文化風土から考察することにしたい。

2　ヨーロッパ風景画の系譜と変容

†　フランドル風景画とその変容

ヨーロッパ風景画の源流は、フランドル地方出身のピーテル・ブリューゲル（Pieter Bruegel, 1525–1569）に求めることができよう。彼の風景画は、その後のフランドル風景画の流れを作ったと言っても過言ではない。最初期の風景画『種まく人の譬えのある風景』（**図1**、一五五七年、ティムケン・アートギャラリー）は、前景におそらくはフランドル地方の農家と畑、そして種をまく農夫が描かれ、中景に川とその岸辺の村落、そしてその後景に山岳が描かれている。この山岳風景は、彼がイタリアに旅行した時に見たアルプスの風景を取り込んだものであろう。低地の風景に馴染んでいたブリューゲルにとって、アルプスの山岳風景は強いインパクトをもって記憶に残り、この風景画に表現されたと考えることができる。こうした異なった風景の合成が、この絵に一種不思議な雰囲気を与えている。ブリューゲルのように北のフランドルから南のイタリア、とりわけ古典的都市ローマに旅行することは、当時としても珍しいことではなかった。

図1　ピーテル・ブリューゲル『種まく人の譬えのある風景』

フランドルのP・ブリル（Paul Bril, 1554-1626）のようにアントワープで絵画を学び、その後一五七五年からローマに移り住んで成

図2　P.ブリル『牡鹿狩』

図3　P.ブリル『ニンフとサテュロスのいる風景』

功した画家もいた。ただローマに移ってからも、『牡鹿狩』（図2、一五九〇-一五九五年、ルーブル美術館）のように、フランドル地方の丘陵地を思わせる森の雰囲気は失われてはいない。こうした風景画の雰囲気からも分かるように、ブリルはもともとフランドル風景画の流れに属し、オランダ風景画にも影響を及ぼすことになる。しかし同時にローマの文化風土のなかで、『ニンフとサテュロスのいる風景』（図3、一六二三年、オハイオ・アレン記念美術館）のように、古典的なテーマを織り込んだイタリア風の明るい風景画も描いている。このように同じ画家の風景画であっても、画家の生まれ育った地方の自然風土に刻印されながら、活動の場となった地方の文化風土のなかで、新たな雰囲気を醸成することにもなるのである。ただし古典的なテーマを織り込んだとしても、ブリルは「ローマの北方風景画家」の呼称にふさわしく、『ニンフとサテュロスのいる風景』にも北方風景画の雰囲気を残している。いずれにしてもブリルの風景画史上の功績は、アルプスを越えて北方フランドルと南方イタリアを結びつけたことにある。ブリルは後述するように、ローマを創作拠点にしたクロード・ロランの風景画にも影響を及ぼすことになるのである。

† ロイスダールのオランダ風景画

フランドル地方を含むネーデルランドのなかでも、オランダはフランドルに続いて風景画の流れが形成された地域であり、フランドルとオランダの風景画を総称して、南のイタリア風景画に対して「北方風景画」と呼ばれる。十七世紀のオランダ絵画は、絵画史上ではバロックの時代に属し、古代ギリシア・ローマ神話やキリスト教をテーマにした伝統的な絵画と並んで、風俗画や風景画によって特徴づけられる。いわゆるオランダ風景画の代表者として、J・ロイスダール（Jacob van Ruisdael, 1628-1682）の名前を挙げることができる。アムステルダム近郊のハールレムに生まれた彼は、故郷の風景や風車のあるオランダの風景だけではなく、オランダに接するドイツ西部の山城や岩場を流れ落ちる渓流、森のなかの湖なども描いている。ロイスダールの風景画は、自然風景をまさに自然に即して描くことに特徴がある。こうした彼の風景画の自然主義的な特徴は、彼の父親イサクと叔父サロモンの手ほどきによるものである。画面内に人物が描き込まれる場合でも、点景として描き込まれる人物は、当時の一般庶民である。

『木立の中の家のある風景』（図4、一六四六年頃、エルミタージュ美術館）は、ロイスダール二十歳過ぎのまだアムステルダムに移り住む前の習作で、おそらくはハールレム近郊の秋の風景であろう。なだらかな丘陵地の木立のなかに平屋の小さな家が描かれ、人物が数人、点景として描き込まれている。家にも点景人物にも、宗教的な意味合いは特に込められてはいない。平屋の家につながる画面手前の路には陽光がかすかに照り、空は北方特有の少しどんよりとした雲に覆われながらも、鈍く光る雲を背景に木立がシルエットとなって浮かび上がっている。

図４　J.ロイスダール『木立の中の家のある風景』

図５　J.ロイスダール『ユダヤ人の共同墓地』

北方的な自然風土を表現し、オランダ内陸の秋の雰囲気を感じさせる風景画である。

『ユダヤの共同墓地』（図５、一六五七年頃、ドレスデン・アルテマイスター絵画館）は、ロイスダールには珍しくユダヤ教の建造物を描き込んでいる。ロイスダールは、父親や叔父のファースト・ネームからも、ユダヤ系の家系に属していることが分かる。ヤーコプはユダヤ系の生まれを意識して、アムステルダム近郊にあるこのユダヤの共同墓地を描いたのであろう。雨雲がまだ残る上空の反対側、すなわち画家の背後から薄日が射し始めて、画面中央の白い墓石と画面右端の肌のむき出しになった枯れ木を照らし出している。それらは死の象徴であり、さらに墓石の背後には衰亡を象徴するかのように、廃墟となった教会が残骸をさらしている。しかし廃墟の後には、雨雲を背景にして虹が画面左端へと架かっている。虹が蘇生の象徴であることからすると、墓石と虹は死と蘇生という背反する意味を象徴していることになる。こうして画面全体は、何か不気味さを感じさせる暗さとともに、画面手前の渓流のしぶきと虹が呼応し合って、暗さのなかにある種の明るさを感じさせる、そのような雰囲気を醸し出している。[1] ゲーテはこのドレスデンの作品から感銘を受けて、一八一三年に論文「詩人としてのロイスダール」を執筆したのである。

『ハールレムの眺望風景』（図6、一六七〇－一六七五年、ベルリン国立博物館）は、ロイスダール晩年近くの作品である。彼は一六五五年にアムステルダムに移住し、一六五九年にはアムステルダムの自由市民として登録されることになったが、それでも故郷ハールレムは彼にとっての原風景であった。この作品は、ハールレムの街を遠望する風景画で、前景には数軒の農家と畑が拡がり、農道には農作業を終えた農婦が犬を連れて帰路につこうとしている。中景には風車が点在し、その上空には初秋の雲が青空に拡がっている。

　ロイスダールが生涯を通して風景画の対象にしたのは、オランダからせいぜいドイツ西部周辺の風景画に限定されている。そこには、古典的なイタリアへの憧れを感じ取ることはできない。むしろスペイン帝国との戦いによって自治権を勝ち取ったオランダの自由市民として、オランダ固有の自然風景を見つめ、愛国心をもってオランダの風景を描いたのである。そこには、確かに南方の温暖な空気やまばゆい陽光には欠けるが、雲間から漏れる柔らかい光や樹木の陰影などが、北方の自然風土の雰囲気を醸し出している。描き込まれる建築物も、古代の神殿やキリスト教会ではなく、オランダ人が自然風土に合わせて造ってきた風車であった

図6　J.ロイスダール『ハールレムの眺望風景』

図7　クロード・ロラン『水車場』

り、川辺の水車小屋であったりというように、オランダの文化風土を表わすものである。こうしてロイスダールの風景画は、オランダ市民のあいだで親しまれ、美術を愛好する家庭の壁を飾ったのである。

† クロード・ロランの古典主義的風景画

ロイスダールとほぼ同時代の風景画家クロード・ロラン（Claude Lorrain, 1600-1682）は、フランス・ロレーヌ地方の出身であるが、生涯の大半をイタリア・ローマで過ごし、古典主義的な風景画を描いた。その作品にはイタリアの光溢れる自然風土と古典文化が投影されている。しかしクロードの風景画も最初から古典主義的であったわけではなく、初期の作品には、前にも触れたように北方風景画をイタリアへもたらした「ローマの北方風景画家」ブリルの影響が認められる。ブリルの北方的な雰囲気を保ちつつ古典主義的な傾向を融合した風景画は、クロードに直接的な影響を与えた。こうしてクロードの風景画は、初期の北方風の風景画から古典主義的な風景画へと作風が変容してゆくことになる。

クロード・ロランの風景画のうち、北方風景画の影響を感じさせる初期作品の代表として、『水車場』（図7、一六三一年、ボストン美術館）[2]を採り上げてみよう。画面左には、樹木が葉を茂らせ、その下には家畜が群れ、画面前景には写生をする画家と山羊の乳搾りをする男が、さらにその右には木材を船に運ぶ人物、そして船には船乗りたちが描き込まれている。中景中程にはたっぷりと水の流れる川と、その右に樹木を背景にした水車が描かれ、背景には山並みが夕映えに霞み、その上空には雲のたなびく空が拡がっている。画家が座っている神殿の柱のような石を除けば、水車のある北方的な雰囲気を感じさせる風景画である。しかも、神話や宗教の要素のない点景人物を配することによって、この絵画は、一般庶民の風俗を織り込んだ風景画となっている。樹木や家畜、一般庶民といったモチーフは、クロードの初期の作品に共通して見られ、彼の北方風景画とのつながりを示すものである。

図8　クロード・ロラン『ユリシーズの船出する港の風景』

しかし、クロードの風景画は一六四〇年代以降、点景人物が初期の一般庶民から古代ギリシア・ローマ神話や聖書にまつわる伝説的な人物になることによって、北方的な風景画から古典主義的な風景画へと変容することになる。描き込まれる建造物もまたギリシア・ローマ様式の建築となることで画面全体が古典的な雰囲気を帯び、北方風景画にはない南方の明るい光と豊かな色彩も相まって、このようなクロードの風景画が「理想的風景画」と呼ばれてきたことも首肯できる。その中の一点『ユリシーズの船出する港の風景』（図8、一六四六年、ルーブル美術館）を見てみよう。この風景画は、古代ギリシアの英雄ユリシーズ（オデュッセイア）がこれから多難な旅に出ようとする、船出の場面を描いている。クロードはこの海の風景のイメージをナポリ旅行によって得たと考えられ、画面全体に拡がる明るい光と海面に反射する色彩は、その時の印象によるものであろう。画面右のギリシア風の神殿と画面左の要塞によって囲まれた港には帆船が停泊し、画面手前で数人の人物によって見送られ、これから帆船に向かおうとするオデュッセイアを乗せたボートが描き込まれている。これらの点景によって、この海港風景は古代ギリシアの神話世界へと鑑賞者を誘い、オデュッセイアの運命に思いを馳せさせるのである。海港風景はこの他にも点景を異にしてさまざまに描かれ、内陸の風景とは異なった雰囲気によって、クロードの風景画の重要な部分を占めている。こうしたクロードの古典主義的風景画は、神話・宗教画が支配的であったイタリア絵画のなかに、風景画を一つのジャンルとして確立する歴史的役割をはたしたのである。

3　シェリングの風景画論

† シェリング芸術哲学における「雰囲気」概念

ヨーロッパ近代哲学において風景画を本格的に論じたのは、シェリングの『芸術の哲学』(一八〇二―一八〇三年)であろう。そのなかでシェリングは、「風景画は完全に経験的な芸術様式として考察されなければならない」(SW V. 545)というように、風景画が自然を対象とした感覚的な経験に基づいているということを、まずは確認している。風景画を「経験的な芸術様式」とする発想には、自然を古典的な美の規範によって捉えようとする古典主義的な芸術理論への批判がすでに含まれているとみることもできよう。しかしそのことによってシェリングは、風景画が感覚された自然の風景をそのまま写生すべきだということを言っているわけではない。画家は、風景全体に何らかの「雰囲気」を感じ取って、それを風景画に表現する。シェリングは画家の感じ取るそうした風景の雰囲気を、次のように述べている。「普遍的な自然の内にある光の威力、および光のなす影や夜との素晴らしい闘いをわれわれにもたらすのは、まさに雰囲気(Stimmung)という統一なのである」(SW V. 546)。光と影によって織りなされる自然の形象や色彩が風景画として描かれることで、それぞれの風景画に統一的な「雰囲気」が再構成される。すなわち風景画の内には、対象とする客観的な風景と主観的な情緒の融合する統一が「雰囲気」として表現され、この時「画家は、感情によって人間とともに生命を付与することで、風景により客観的な意味を与え」（SW V. 545f.）るというわけである。ここで言われている「人間」とは、精神文化を共有する共同体の成員と考えれば、画家もまたそうした精神文化を背負って風景画を創造することになるのである。

それでは、シェリングが『芸術の哲学』を論じる際に念頭においていた風景画は、具体的にどのようなものなのであろうか。シェリングが『芸術の哲学』以前にまとまった数の風景画を見る機会があったとすれば、それはイェーナ大学への赴任を前にドレスデンに滞在していた一七九八年八月から十月のあいだのことである。エルベ河畔の街ドレスデンは十七世紀末以来、文化・芸術が繁栄し、J・G・ヘルダーによって「ドイツのフィレンツェ」と称されるほどの芸術都市になっていた。バロック期の時代にあって、宮廷には芸術家が招聘され、またドレスデン絵画館はヨーロッパの芸術作品を蒐集して、ヨーロッパでも有数の絵画コレクションで知られるようになっていた。所蔵絵画のなかにはラファエロの『システィーナの聖母』やジョルジョーネの『眠れるヴィーナス』をはじめとする名画、またクロード・ロランやロイスダールの風景画も含まれていた。また一六六四年に設立されたドレスデン美術アカデミーは風景画制作の場として、後のロマン主義風景画の形成を促すことにもなる。シェリングは、シュレーゲル兄弟やノヴァーリス等の初期ロマン主義者たちと共に絵画館を訪問し、『システィーナの聖母』などの名画や風景画の作品群を鑑賞したと思われる。そこでシェリングがドレスデン絵画館で実際に見た可能性のある風景画の作品を挙げながら、彼の風景画論の源泉を探ることにしたい。

まずはJ・ロイスダールの風景画である。『城山の前の滝』（図9、一六六五－一六七〇年、アルテマイスター絵画館）は、一七四〇年に所蔵となった作品である。画面前景に岩場とそのあいだを流れ落ちる滝、中景には常緑針葉樹

図9　J.ロイスダール『城山の前の滝』

であるトウヒの林と山小屋、そしてその背後の岩山の上に古城が描かれている。トウヒの林の上には雲が立ち昇り、陽が当たって白く光る部分と陰影部分とがコントラストを見せている。画面中央付近に山小屋に向かう農民風の男女が二人、点景として小さく描き込まれている。岩山の上の古城、山小屋、岩場を流れ落ちる滝といったモチーフは、彼が一六五〇年から五三年にかけてオランダからドイツ西部まで広く旅行をした時に得たものであろう。

『城山の前の滝』とほぼ同じ時期に描かれた『狩』（図10、一六六五－一六七〇年）は、ドレスデン絵画館の一七五四年の所蔵目録に記されている一点である。馬を駆る二人の人物が猟犬に鹿を追わせている場面が描かれているが、狩の行なわれている森の自然風景こそが中心的なテーマとなっている。犬に追われて鹿が逃げ込んだ沼は、広葉樹に囲まれて樹木の影を落としながら、同時に雲間から漏れる陽の光を柔らかく反射している。沼の奥に広がる空地にも陽の光が射して、森を抜けて行けるような開放感が感じられ、ロイスダールの風景画のなかでも、光の効果によって比較的明るい森の雰囲気を醸し出す作品になっている。

次に、シェリングが実際に見た可能性のあるクロード・ロランの風景画である。一七五一年にドレスデン絵画館の所蔵になったクロードの『エジプト逃避途上の風景』（図11、一六四七年）は、聖家族がエジプトへ逃避する途中で休息をとっている宗教的テーマを織り込んだ作品であるが、全体として自然風景を主題とした風景画である。画面前景には逃避行中の聖家族と合わせて、川から引かれた水を瓶に汲む女性が描かれ、渇いた喉を潤そうとする聖家族の一時の休息を暗示している。画面中景から手前へと流れる川は、空の青さをやさしく照り返し、川辺の樹木は葉を茂らせて木陰を作り、空気に心地よい湿り気を与えている。そして、遠景にかすむ木立や丘陵は、薄く靄のかかった青い空のもとで、柔らかい光を受けている。こうした温和な自然風景が全体として、聖家族の逃避行の緊張を和らげ、一時の平安な雰囲気を鑑賞者にもたらす効果をもって描かれている。

このようなロイスダールやクロード・ロランの風景画に、シェリングは光と影の織りなす形象と色彩によって表現された「経験的な芸術様式」を看取し、そこに古典的な美とは異なる風景画の新鮮な「雰囲気」を感じ取ったにちがいない。

図10　J.ロイスダール『狩』

図11　クロード・ロラン『エジプト逃避途上の風景』

† 芸術創造と「自然精神」

一八〇六年にミュンヘンに移り住んだシェリングは、翌年バイエルン王立アカデミーで「造形芸術の自然との関係について」と題した記念講演を行ない、大変な好評を博した。「造形芸術」を絵画、とりわけ自然を主題とする風景画として、この講演内容を読み解いてみよう。シェリングは造形芸術を「魂と自然を結びつける生き生きとした絆」(SW VII, 292) とし、自然を「あらゆるものを自己自身から産み出し活動的に創り出す、神聖で永遠に創造的な世界の根源力」(SW VII, 293) として理解している。風景画についてのこうした自然哲学的な理解は、古典的な美を規範とする当時の古典主義からの転換を促すきわめて斬新なものである。

ドイツの美術史家ヴィンケルマン (Johann Joachim Vinckelmann, 1717-1768) は、ドレスデンで古典的な美に触発され、一七五五年にはローマに移住して『ギリシア芸術模倣論』を著わし、古代ギリシア・ローマの古典的な美を芸術の規範にすべきだとした。こうしたヴィンケルマンの古典主義は、その後十九世紀初頭にまで影響を及ぼしていた。実際にヴィンケルマンの影響を受けたアルプス以北の画家がローマに移り住み、古典主義的な造形芸術を制作していたほどである。シェリングはそうした時代にあって、「古代の造形における形式の美」(SW VII, 295) に倣おうとする古典主義に対して、「ただ外面的な形式を写しとることに熱中する」(*Ibid.*) 形骸化した芸術の現状を批判するとともに、芸術における自然の創造的な根源力を重視し、「生き生きとした創造的自然という理念」(*Ibid.*) を主張するのである。

シェリングは、創造的自然に呼応する「無意識の力」を、芸術創造にとって不可欠な要素とする。無意識的な創造力は、芸術家の意図的な作為によって発揮されるものではなくて、自然のうちに内在する「自然精神」(Naturgeist) (SW VII, 301) に基づくとされるのである。風景画家の「無意識の力」が自然の内なる「自然精神」に感応してそれを表現しえた時、その風景画は「内在する自然精神の輝きであり表現である」(*Ibid.*) というわけである。シェリングが「芸術は、繊細な植物が空気や天候に、周囲の雰囲気に依存するように、その崇高さと美しさのためには普遍的な感激といったものを必要とするのである」(SW VII, 326) と表現する時、自然の崇高さへの感激というロマン主義風景画のモチーフが予感されていると言えよう。シェリングがミュンヘンでこの講演を行なった時期は、ドイツ・ロマン主義風景画の先駆的な潮流がドレスデンで形成され始めた時期と重なっている。すなわちドイツ初期ロマン主義の風景画家フリードリヒがドレスデンで修業を経て本格的に風景画の作品を公表し始めたのは、まさに一八〇七年前後からである。シェリングの講演は、こうしたロマン主義風景画の胎動を察知していたかのように思われるのである。

4　ドイツ・ロマン主義の風景画

† ドレスデン美術アカデミーと風景画

ここでドレスデンに再度立ち戻って、ドイツ・ロマン主義風景画が形成されるに至った動向をみてみることにしよう。ドレスデンは、バロック期の風景画からドイツ・ロマン主義の風景画へ橋渡しする歴史的役割をも担うことになるのである。

ドレスデンの風景画の基礎を築いた一人は、J・A・ティーレ（Johann Alexander Thiele, 1685-1752）である。エアフルトに生まれた彼は、一七一四年以来ドレスデンに活動拠点を置き、風景画家を目指して独学で自然を研究、一七三八年にはドレスデン宮廷画家に任用されている。「ザクセン風景画派の創始者」(3)と称される彼の風景画は、クロード・ロランからも影響を受けつつ、ドレスデンとその周辺地域の風景を、写実的な「地誌的全景図」として描いている。ドレスデン絵画館が購入したばかりのクロード・ロランの『エジプト逃避途上の風景』から影響を受けた『レスニッツの丘からのドレスデンの眺め』（一七五一年）は、その代表作である。

スイスのザンクト・ガレン出身のA・ツィンク（Adrian Zingg. 1734-1816）はすでにパリで素描・版画家として

名をなしていたが、一七六六年に設立されて間もないドレスデン美術アカデミーに招聘され、数十年にわたって後進の育成に力を注いで、美術アカデミーを風景画創作の拠点にした。彼は一七八〇年から九〇年にかけて、ザクセン地方から西はチューリンゲンの森、東はボヘミア地方にまで広く取材旅行をして、その時のイメージを主としてセピアで描いた風景画によって表現している。『樹木のある岩山の渓谷』（図12、一七九〇年頃）は、樹木に囲まれた深山の渓谷と水車小屋から流れ落ちる渓流を描き、ドイツ・ザクセン地方周辺の風景に特有の雰囲気を表現している。また点景人物がどことなくロマンティックな物語を感じさせる。岩山や岩上の樅の木、あるいは深い渓谷と岩場を流れ落ちる渓流などの自然風景、そしてロマンティックな点景人物のモチーフは、クロード・ロランの理想的風景画とは一線を画して、次世代のロマン主義風景画に陰に陽に影響を及ぼすことになる。

図12　A.ツィンク『樹木のある岩山の渓谷』

† フリードリヒのロマン主義風景画

美術アカデミーで支配的であったツィンク等のそれまでの風景画の伝統を踏まえつつも、十九世紀初頭の時代の転換期にあって、革新的なロマン主義風景画が生み出されることになる。その初期ロマン主義風景画を代表するのが、C・D・フリードリヒ（Casper David Friedrich, 1774-1840）である。フリードリヒは北ドイツのバルト海に面した港町グライフスヴァルトに生まれ、一七九四年からコペンハーゲン美術アカデミーで修行した後、一七九八年からドレスデンに移り、それ以後ここが彼の創作活動の拠点となる。彼がドレスデンの地を選んだのは、絵画館で優れた風景画を直接目にすることができ、またザクセンの美しい自然に囲まれて風景画の制作をすることができるからであった。しかもドレスデン美術アカデミーには著名なツィンクがおり、その下で素描やセピア画の訓練を受けることができるのも、フリードリヒにとっては魅力であったにちがいない。実際にフリードリヒはドレスデンでしばらくはセピアによって風景画を制作しており、油彩画の制作に本格的に入るのは、一八〇七年頃からである。

フリードリヒのセピア画のなかでも傑作の一つが、『山上の十字架』(図13、一八〇五－一八〇六年、ベルリン国立博物館)である。この風景画は、一八〇八年に油彩画として制作されることになる『テッチェン祭壇画』(ドレスデン・ノイエマイスター絵画館)の下絵になるものである。画面前景に樅の木の生えた岩山と、その山上にキリスト磔刑の十字架が描かれ、その背後には夕日が上空を覆う雲に照り返して、前景をシルエットとして浮かび上がらせている。こうした構図は、前景の岩山が眼前に迫ってくる臨場感と、山上に立つ十字架を仰ぎ見る敬虔な感情を鑑賞者に喚起するであろう。ザクセンの山岳から着想を得たであろうその風景画の雰囲気は、クロード・ロランの牧歌的で理想的な風景画とも、あるいは岩山を前にしてもなお森に囲まれているような安心感を与えるロイスダールの風景画とも異なっている。十字架はキリスト教の象徴として画面に宗教性を与えているが、伝統的なキリスト磔刑図のように、嘆き悲しむ聖母マリアやマグダラのマリアを伴っているわけではない。このセピア画は、十字架を象徴的に描き込みながらも、自然を主題化した風景画として見ることができる。鑑賞者はこの宗教的な風景画を前にして、むしろ自然の神的な崇高さを感じるのである。こうした崇高な自然と個的な内面感情との一体化こそ、フリードリヒが切り開いたドイツ・ロマン主義風景画の雰囲気を特徴づけるものなのである。

フリードリヒはドレスデンで風景画の創作をしながらも、時折の帰郷によって、故郷バルト海沿岸の風景を描

図13　C.D.フリードリヒ『山上の十字架』

図14　C.D.フリードリヒ『海辺の巨石塚』

いている。こうした北方の海の風景は、フリードリヒにとっての原風景として、ドレスデン周辺のザクセン地方の風景とともに、彼の風景画モチーフの一つの極をなすものである。一八〇七年制作のセピア画『海辺の巨石塚（Hünengrab am Meer）』（図14、ワイマール国立美術館）には、波頭の立つ荒れた海を背景に、画面前景近くに三本のオークの木が描かれている。オークの木はどんよりとした上空に葉を落とした枝を伸ばし、枝に残った葉が海からの強風によって舞い上がり、画面全体に荒涼とした雰囲気が感じられる。注目すべきは、三本のオークの木のやや手前に、環状に並ぶ十数個の岩が描かれていることである。環状に並んだ岩がストーンサークルであるとすれば、それは人工的な巨石塚として、キリスト教以前の北方文化を象徴する遺跡であることになる。またオークの木は、北方文化では不滅で永遠の生命を宿す神聖な木として信じられてきたのであり、ここにもこのセピア画の北方的な雰囲気を感じ取ることができるのである。

フリードリヒの二つのセピア画に描かれた場所は、同じドイツではあるが、しかしバルト海沿岸とザクセンの山岳地というように異なっている。フリードリヒはその後もドレスデンの周辺ザクセン地方の山岳風景を描きながら、同時に彼の感性を育んだバルト海沿岸の海の風景をも描き続けている。ドイツ民族のナショナリズムの覚醒という時代趨勢を背景にして、フリードリヒはドイツの風景にこだわり続け、イタリアへ行くことさえ忌避したという。こうしたフリードリヒの姿勢に、古典主義風景画に対抗するドイツ・ロマン主義風景画の精神性をみることができよう。

†カールスのロマン主義風景画論

フリードリヒはロマン主義風景画の潮流を作り出し、彼の影響を受けた風景画家たちがドレスデンでその潮流を推し進めてゆく。その中の一人C・G・カールス（Carl Gustav Carus, 1789–1869）は、ドレスデン医学教育研究所の産科学教授としての仕事のかたわら油彩画を学び、一八一七年にはフリードリヒと知り合ってロマン主義風景画を描くことになる。カールスはフリードリヒの勧めでバルト海沿岸を旅行し、一八一九年には『リューゲン島の月夜』（ドレスデン・ノイエマイスター絵画館）を描いている。さらに一八三五年にも、おそらくはバルト海沿岸を訪れた時の記憶を元に、『海辺のオークの木』（図15、ドレスデン・ノイエマイスター絵画館）を描き、カールスの自然生命に対する思い入れを表現している。海を背景にしたオークの木は、かつてフリードリヒのセピア画『海辺の巨石塚』に描かれたが、それを踏まえて、カールスのこの油彩画のなかでも三本のオークの木が描かれている。ストーンサークルこそ描き込まれてはいないが、カールスは海を遠望する海辺の高台に、葉を茂らせて枝を張るオークの木を中心に据え、その両脇に傾きかけた二本の老木を描き込んでいる。中でも印象深いのは、画面中央で大地にしっかりと根を下ろして立つ太い幹のオークの木が、画面全体に生命力溢れる雰囲気を醸し出していることである。こうした雰囲気は、実はこの風景画制作に先だって執筆されたカールスの風景画論に基づくものと思われる。

カールスの代表的著作『風景画に関する九通の書簡』（一八三一年）は、フリードリヒをはじめとするドレスデンのロマン主義風景画家たちとの親交から得た知見や自らの創作活動を元に、ロマン主義風景画の理論を書簡体で論述したものである。カールスによると、風景画の対象は「大地の生命」（『ドイツ・ロマン派風景画論』神林恒道・仲間裕子編訳、三元社、三一頁）であり、その生命は「すべてが静かな永遠の法則に従っている」（同、三二頁）という。「神」としての自然のなかで、人間は「静かな浄化と純化を経験」するのであり、「大地の生命の美術」（同、九二頁）とも言うべき風景画は、「自然本来の神的生命」を表現するものだとされるのである。したがって風景画は、「表面的な技巧」の習得や自然の表面的な「模倣」では実現することはできないのであって、風景画家には「自然

図15　C.G.カールス『海辺のオークの木』

をその特有の意味に従って把握すること」（同、九四頁）、そして「自然に対する敬虔な愛と、これを芸術的に把握しようとする憧憬」（同、九五頁）が求められるのである。

カールスの構想する「本来の風景画芸術」には、「より高い教養と経験」（同、六五頁）が求められるという。ここで言われている「教養」とは、伝統的な古典主義が理想とする美の規範ではなく、「自然の神秘的な生命」（同、八三頁）についての知見である。カールスによれば、風景画が対象とするべき自然は、「限りなく崇高な唯一の神性の啓示」なのであり、したがって「本来の風景画」には、自然に内在する崇高な「神性」が表現されなければ

ならないというわけである。カールスのこのような風景画論には、シェリングの自然哲学的な風景画論とともに、フリードリヒの薫陶を受けたロマン主義風景画の創作活動が投影されているのである。

＊　引用文に付したローマ字略号は以下の文献を表わす。略号の後のローマ数字は巻数を、算用数字は頁数を示す。
SW : Schellings Werke (Nach der Originalausgabe in neuer Anordnung), hrsg. von M.Schröter, München 1929.

（1）　この作品には、ほぼ同時期に描かれた別バージョン（デトロイト美術研究所）があり、両作品には若干の違いがある。ドレスデンの作品の画面左下には、ロイスダールの名前が刻み込まれた石板が描き込まれているが、デトロイトの作品では、その石板が川に倒れて名前が見えなくなっている。またドレスデンの作品には描かれてはいない墓が、デトロイトの作品では廃墟の教会のすぐ下に描かれ、その前で黒い服を着た二人の人物が祈りを捧げているように見える。そのような違いからすると、デトロイトの作品が順序として後に描かれたと推測することができる。
（2）　画面に描かれた写生をする画家については、幸福輝「クロード・ロランの初期作品と北方的風景表現の伝統」（『イタリアの光――クロード・ロランと理想風景』国立西洋美術館、一九九八年）の解釈が興味深い。それによると、クロードは「水車場」画面の中に風景を写生する画家を描き込むことによって、「自然に即した」風景画制作の意図を表現しており、「彼が戸外で絵画を制作した可能性を示唆するもの」（一七七頁）だという。
（3）　ハラルト・マルクス「変遷のなかでも継続するもの――バロックとロマン主義をつなぐドレスデンの風景画」、『ドレスデン国立美術館展』二〇〇五年、二三六頁。

Ⅲ　生の気分

第七章　世代と気分

——ヘーゲルの哲学的人間学における世代論を手がかりに——

栗原　隆

1　はじめに

ただでさえ、日常生活にあっては、心もしくは頭で思ったように身体が動かずに戸惑うことが常である。哲学にあっても、心身問題は避けて通ることのできない大きな問題である。ヘーゲルも次のような認識を『精神哲学』において示している。「精神は、物質それ自身が真理を持たないという物質の実在している真理である。心と身体の共同（*Gemeinschaft*）を問うことはこれに関連する問いである。この共同は、事実として想定されていて、それはどのように把握されるべきかということだけが問題であった。心と身体の共同は不可解な秘密だ、というのが通常の答えだと見なされよう」（SW.X, 44）。

こうした心身問題に、ヘーゲル哲学ならではの、別の位相を見ることはできないだろうか。つまり、精神は自己知を目指して展開し続けるのに対して、身体はある時期から次第に衰えを見せてしまう。若い時期から壮年期を経て老年期に到ってなお、精神活動が旺盛であったとしても、身体的には老いを迎えるという厳然たる事実である。実は、ヘーゲルもこうした問題に想到していたようである。「こうした移り行きを考えて知ることこそ、歴史を捉え把握するために最も重要である。個人は一個の存在として、さまざまな教養形成段階を遍歴するが、同じ個人に留まっている。……精神は本質的にその活動の結果である。精神の活動は無媒介性からの超出、無媒介性の否定であるとともに、自らへの還帰である。私たちは精神を種子に擬えることができる。というのも植物は種子から始まるけれど、種子はまた植物の全生涯の結果でもあるからである。しかしながら、始まりと結果とが互いに分離しているというところに生命の無力（Ohnmacht des Lebens）がある。諸個人の生命にしても諸国民の生命にしてもそうである」（SW.XII. 104）。

自己知を目指す精神は完成に向かって進展するにしても、身体の燃やす生命は、始まりから終わりへと直線でしかないというわけである。本章は、ヘーゲルの『精神哲学』における哲学的人間学を手がかりに、精神が自らを展開し続けているにもかかわらず、身体の衰微を迎えもする人間の、世代ごとの生に対する気分について瞥見することを目的とする。

2　レンブラントに見る生の気分

† 晩年特有の精神活動の様式

誰にとっても晩年は、ほかの時期に比べて、肉体面はもとより、精神的にも大きな変化をきたすと想像される。晩年様式を芸術作品や思想のうちに探る研究がいくつかある。たとえばアドルノはベートーヴェン晩年の作品を、「成長の歴史というよりは、むしろ歴史の痕跡」でしかなく、芸術であるものと芸術でないものとの境界にまで追い詰められ、記録に近いもの」（テオドール・W・アドルノ『ベートーヴェン――音楽の哲学』作品社、一九九七年、一九五－一九六頁）でしかないと厳しい評価を下す。偏屈さを強め、表現へと仕上げる余裕や忍耐のないまま、閃く感情のおもむくまま、これまでの作品様式を破壊することも厭わぬまでに素材が投げ散らされたままというのが、晩年の作品様式だと総括できようか。アドルノは、「晩年の芸術作品における主観性の暴力は、それが芸術作品を立ち去る際に示す、怒りの身振りにほかならない」（同、一九九頁）とまで言う。

衰えた肉体を抱えつつ、作品の素材やモチーフを前にして表現することのできない芸術家の自我を、アドルノは、ゲーテにも見出す。「塊には亀裂と裂け目がつけられているが、それは自我が存在にたいして最終的には無力であることを示す証拠であって、こうした証拠は、その無力な自我による最後の作品なのである。『ファウスト』第二部や『遍歴時代』における、素材の過剰という事態は、そのために引き起こされた。また慣習が主観性によってもはや貫かれることも、克服されることもなく、放置されたままにされているのもそのためなのだ」（同、一九九頁）。手馴れたままに、その熟れに慣れたなかで、いつしか整理することのできないままにモチーフだけが放り出されたとしたら、確かにそれは、作品とは言えないかもしれない。

† 生の流れの歴史を物語るレンブラント

思想家や音楽家に比べると、画家に関しては、その晩年様式について語られることは少なくない。たとえばレンブラントである。レンブラントには生涯にわたって、百枚を超える自画像を描いたこともあり、その自画像を追うならば、世代の推移をみてとることができる。生の哲学を主導した一人であるG・ジンメルは、そうしたレンブラントを高く評価した一人であった。「レンブラントの肖像画の容貌を見ればわれわれははなはだ明瞭に、一つの人生行路が運命的な経験に経験をつなぎ合わせながらこの現在の像を産み出したということを感じ、この像はわれわれを或る程度まで高めて、そこからならばわれわれにもこの像の高みに登る道が見渡せるようになるのである」（G・ジンメル『ジンメル著作集⑧　レンブラント』浅井真男訳、白水社、一九九四年、二二頁）。

ジンメルは、人生が、経験された無数の瞬間の単なる総計ではなくて、連続的な流れであるがゆえに、ある瞬間にあらゆる瞬間を全的に現存させることのできるところに生の本質を捉えた上で、レンブラントを次のように評する。「表現運動の全瞬間の全順列をただ一つの瞬間の一回性のなかに感じさせ、運動が分裂してこの諸瞬間の順列と化するのを超克することが、レンブラントの表現運動の本質なのである」（同、一七－一八頁）。人生行路は決して単なる順列ではなく、その都度その瞬間ごとに、全人生が現出するものだというジンメルの把握は、歴史的な展開における真なるもののありかを表現したヘーゲルによる次の言葉を想起させる。「真なるものは、永遠に永遠の即且つ対自的に存在していて、昨日存在していたものでも、明日存在するものでもなく、端的に現在しているものであって、絶対的現在の意味での〈今〉なのです」（VidG, 182）。レンブラントの自画像に接すると、そうした歴史的展開を生き抜く生の実相を目の当たりにする思いに誘われるのも事実である。

†人生の気分を描き出すレンブラント

「肖像画は、少なくともレンブラントの達成した完成度においては、身体と魂とを、一方が他方の描出あるいは示唆のための手段であるというような『交互作用』の中で捉えるわけではなく、身体と魂との綜合を意味せずに両者の不可分性を意味する、人間の総体性を掴むのである」（ジンメル、前掲書、三九頁）。心と身体とが一つになっている姿を、レンブラントの肖像画からみてとることができるというのである。「われわれが自意識とか内的感覚とか呼んでいるものも実は、われわれの知覚した個々の生の諸瞬間の並列あるいは順列ではなくて、これらすべての瞬間やわれわれの人格の一如性に関する知識である」（同、三四頁）。本章でも、人生の総体を一瞬の

図1　レンブラント『自画像』（1629年）

図2　レンブラント『自画像』（1629年）

うちに捉えているというレンブラントによる自画像を瞥見してゆこう。

図1（ミュンヘン、アルテ・ピナコテーク）は、一六二九年、二十三歳のレンブラントによる自画像は、まだ少年の面立ちに射す光が、光と影の対照をなしながら、髪の毛の描写にも陰影が施されている。青春のさまざまな戸惑いの中にあっても、瞳は反射光を宿して、大きく先に向かって見開かれて、希望に燃えているようでもある。**図2**（ボストン、ガードナー美術館）の一六二九年ごろに描かれた自画像も、あどけなさを残した表情に瞳が潤んでいるようにさえ見え、羽飾りの細かい描写や柔らかな生地の質感まで感じ取られる衣服の描写も実に繊細である。こうした青年期の自画像からは、まだ積み重ねた年齢は感じられないものの、尾崎によれば顔に浮かぶ陰影をもってして、メランコリーを表現しているのだという（尾崎彰宏『レンブラントのコレクション』三元社、二〇〇四年、九八頁参照）。まだ行く先の見えない人生へのメランコリーや画業の成り立ちへの不安もあったのかもしれない。

またすでに、世間との苛烈な闘争も予感していたのかもしれない。

若きレンブラントは、故郷のレイデンで、独立した画家として一定の成功を収めた後、一六三一年の末に、アムステルダムへと移り住むことになる。その頃描かれた自画像が、東洋風の衣装に身を包んだ**図3**（パリ、プティ・パレ美術館）である。手前のプードル犬が、後から書き加えられたことなど、自らを飾ろうとする姿勢もみてとれる。

一六三四年ごろに描かれた**図4**（フィレンツェ、ウフッツィ美術館）では、衣装にはいささか不釣合いな鋼鉄製の首当てを纏っている。レンブラント自身は兵役に就くことはなかったが、兵役は共和国の市民的な徳だともみなされたというからには（アンドリュー・ドブソン『シチズンシップと環境』日本経済評論社、二〇〇六年、七三頁参照）、市民として生きる決意をこめていたのであろうか。実際、前年の六月五日にサスキアと婚約、一六三四年六月に結婚

図3　レンブラント『東洋風の衣装をまとう自画像』(1631年)

図4　レンブラント『自画像』(1634年ごろ)

図5　レンブラント『宮廷人に扮した自画像』(1640年)

して、アムステルダム市民となって家庭生活を築き、市民生活を営むことになる。そしてレンブラントは経済的にもっとも華やかな、光の当たる時代を迎えることになる。描写は、衣装の質感まで感じ取ることができるような丁寧で細やかなもので、瞳には未来を確信するような光が宿っている。

「深みと重々しさを具えた人間たちの眼差しと浅薄でくだらない人間たちの眼差しがどんなにちがうかを、つぶさに観察すれば、前者の眼差しは、いま――おそらく鋭く、注意深く――見つめている対象物だけでなく、もっと遠くへ――といっても線的な意味で遠くではなくいわば場所を超越したもののなかへ、限界をつけがたいが空間的な意味を持たないどこかへ向けられているように見える」（ジンメル、前掲書、一六一頁）。遠くを見るまなざしに映じていたのは、将来的な生の展望であると同時に、自らの内面の、底のない奥深いところであったに違いない。「レンブラントの人物たちの眼差しは一つの有限なものを見つめながら、同時に、或る純粋に内面的な質を持っているのである。そしてこの内面的な質は、……レンブラントの絵のなかの光が絵そのもの以外のどこかから射して来るわけでもない」（同、一六三頁）。

　サスキアとの結婚は、レンブラントの画業の隆盛とも相まって世俗的な成功をもたらすことになる。そうした中で描かれたのが、一六四〇年の、自画像**図5**（ロンドン、ナショナルギャラリー）、『宮廷人に扮した自画像』である。尾崎の分析を引こう。「一六世紀の衣装をまとい、あたかも宮廷人ふうの姿を見せるレンブラントは、明らかに虚構を演じている。鏡の前に立ったレンブラントは、画家であると同時に鑑賞者でもあった。アトリエでモデルをつかいさまざまな場面を実際に演じさせ、それにもとづいて絵画を制作したという」（尾崎、前掲書、一五五頁）。そうだとすると、レンブラントはやはり、自らが自らを演じるとともに、その自身を描くという、自己関係性の中で、尾崎の言う「精神の自画像」を描いていたことになる。

† レンブラントの私生活の暗転

しかし、レンブラントが三十六歳の一六四二年六月、サスキアが三十歳の若さで病没したのを境に、彼の人生は暗転を迎えてしまう。**図6**（マドリッド、ティッセン＝ボルネミッサ美術館）は、その一六四二年から翌年にかけて描かれた自画像である。目の力は消えて虚ろにさえ見える。そしてこの後十年間にわたり、肖像画は描かれなかったという。

図6　レンブラント『自画像』（1642-1643年）

サスキアの死後、レンブラントの私生活は破綻に向かう。画業での注文が激減（パスカル・ボナフー『レンブラント』創元社、二〇〇一年、八六頁参照）したことに加え、女性関係のもつれから、婚約不履行で提訴されたり、乱脈な浪費で経済的な面でも窮迫を迎えたことから、友人や弟子たちも去っていったという。しかしながら私生活の破綻のなかでもレンブラントは傑作を描き続ける。一六五八年二月にレンブラントの豪邸が競売にかけられ、一つの区切りを迎えることになる。

図7（エディンバラ、スコットランド国立美術館）は、一六五七年、生活に困窮し、自らのコレクションなどを売りさばきながらも、なお、絵筆を取って生き抜いていたレンブラント、五十一歳の自画像である。そして図8（ニューヨーク、フリック・コレクション）は財産整理の後、一六五八年の作品である。顔は斜めではなく正面を向いて、威厳のある態度ですべてを受け止めようという姿勢がうかがわれる。そのような自分でありたかったのであろうか。

図7　レンブラント『自画像』（1657年）

図8　レンブラント『五十二歳の自画像』（1658年）

† 老境のレンブラントは老いた身体を表現した

しかし、私生活での不幸は、まだまだ続いた。一六六三年七月末に、「妻」ヘンドリッキェが逝去、荒廃した私生活の中にあって、最愛の息子ティトゥスだけが頼りのレンブラントをさらなる不幸が襲う。一六六八年二月にティトゥスが、マフダレーナ・ファン・ローと結婚したのも束の間、九月に二十六歳の若さで亡くなってしまうのである。六十二歳のレンブラントは老いの孤独をどのように自覚したのであろうか。

生の哲学を主唱した一人、O・ボルノウに、晩年のレンブラントの名を挙げて述べられた次のような論述がある。「画家の後期の作品では、物の固定した輪郭と一定の部分的色彩とが典型的に反復する様式のなかに溶け込み、あらゆる個々の部分が、それを一貫した全体のなかへ融け込ませる全体的手法に席を譲る、ということがおそらく最も印象深く認められるであろう」(O・ボルノー『危機と新しい始まり』理想社、一九六八年、九四頁)。ボルノウの言うレンブラントの晩年様式とは、描写から細やかさが消えてラフになり、輪郭が鮮明でなくなったということである。「もし、誠実に理解したいと思えば、これらの残酷な老年の面から、目を閉じてはならない。それは完成を目指す魂と、ますます強く抵抗する肉体との間の、緊張の闘争である」(同、九八頁)。ボルノウは、老年に到ってのこの闘いを、美しいものだと捉えることを読者に求める。

だが、老年とはボルノウの言うようものであろうか。確かに、老境に立ち至れば、心と身体との不調和に悩まされ、その闘争に明け暮れるかもしれない。しかし、それは実に、青春期であっても、頭で考えたように身体が動くことはない。霊肉の闘争は、老年期だけのものではない。レンブラント晩年の自画像から見えるのは、老境に入った身体そのものであり、それが観る者に、遥か遠くから歩んできた深い人生を感じさせるのである。

ジンメルは言う。「レンブラントの芸術が人間の諸現象のなかの「普遍的なもの」から眼をそらせたこと、この芸術が個別的なものを極限まで浮き上がらせていることは、やはり彼が魂‐身体の二元論の超克を遂行するために歩んだ道の一つ、いや、もっと正しく言えば、そこを歩んで行けば二元論の本来の意味での超克などというものははじめから必要でない道の一つであるように見えるのである」(ジンメル『ジンメル著作集⑧ レンブラント』六〇頁)。個別・具体的な老いた姿を描くことを通して、見える姿の背後に続く普遍的な生の実相に参与する気分

図9　レンブラント『ゼウクシスとしての自画像』(1663–1668年ごろ)

を観る者に呼び起こすのが、レンブラント晩年の自画像である。「レンブラントの最晩年の一連の絵が、それぞれにいつも個別性の原点から出発していることはたしかである。ところが絵はその原点を失わずに前進しながら、この人格の普遍的な生の層に流入し、他の肖像画と同じようにここでも保有されているこの人格の発展と経験の痕跡の上に、もう一つの新しい、いわばこの人物の絶対的な生の雰囲気を重ねるかのようである」（同、一五一頁）。ジンメルはまた、レンブラントの最晩年期に顕わになった描出方法の転換、すなわち「ぼかして行き境界線を消して行くような描き方」（同、一五六頁）にも論及する。

図10（ハーグ、マウリッツハイス美術館）は、レンブラント最後の自画像だといわれている。前年にティトゥスを亡くし、サスキアとヘンドリッキェの眠る教会に埋葬した失意を経てなおこの堂々たる佇まいは、何を物語るのであろうか。この世での不幸と悲哀をすべて受け止めて、毀誉褒貶のなかを生き抜いてきた、強烈な自己意識に突き動かされる人間の迫力かもしれない。**図9**（ケルン、ヴァルラフ・リヒャルツ美術館）も、レンブラントの最晩年にかけて描かれている。もはや瞳からは光が失せただけではなく、外界のものは何も見えない洞のようにさえ見える。身体の一部は、背景と見極めがつきにくく、見境の喪失を表現しているようでさえある。そして滑稽な姿をした老女を写生している最中に笑いの発作に襲われて窒息死したと伝えられている、四世紀初めに活躍したギリシアの壁画家ゼウクシスに扮することによって（熊澤弘『レンブラント』角川文庫、二〇一一年、二五五頁参照）、人生

の最終ステージを迎えたレンブラントは、画業に手を染めることによって、現世の哀しみを一身に背負ったかのような自らの人生を対象化して、笑い飛ばしたかったのであろうか。

ジンメルは次のように、レンブラントの晩年様式を特徴付ける。「老年芸術を規定するのは特別な種類の主体性であって、青年の主体主義とはほとんど名目だけしか共通点を持たない主体性である。なぜならば、青年の主体主義は世間に対する情熱的な反動か、世間が存在しないかのような無分別な自己＝発言と自己＝発動かのいずれかであるが、老年の主体主義は世間を経験と運命としておのれのうちに受け容れた後での、世間からの解放と退去だからである」（G・ジンメル、前掲書、白水社、一五九頁）。自らの人生を深く穿つところに、老年の主体性があるということになろうか。

だとすると、その主体性が逢着したものは何であったのか。「笑う自画像」に対する尾崎の分析を紹介することで、レンブラントの自画像を通して、人生のステージのそれぞれの「世代」を概観しようとしたこの節を閉じたい。

図10　レンブラント『自画像』（1669年）

「要するにレンブラントの〈笑い〉には、人生の空しさという意味がこめられていたのである。やや主観的な言い方に聞こえるかもしれないが、レンブラントは、社会的・金銭的に幸福な時期にあっても、醒めた目で自分を見つめる画家としての自己、いうならばもうひとりの自分を意識していたということができるかもしれない。……当時のオランダ美術の真髄が「人生の空しさ」の芸術にあることを想うとき、ケルンの自画像において死とむかいあう老画家が、かえって生命の耀きをはなっていることは、うなずけるのである」（尾崎彰宏「逆説の画家レンブラント——いわゆる『笑う自画像』（ケルン、ヴァルラフ＝リヒャルツ美術館所蔵）について」『弘前哲学会誌』二五号、一九九〇年、二五－二六頁）。

3　青年は荒野をめざす

† レンブラントを高く評価するヘーゲル

見てきたようなレンブラント解釈から浮かび上がるのは、身体が衰えゆく日々にあってもなお、高くあるいは深く精神が進展し続けるところに生が輝き出す、ということである。「このような目でもってオランダの巨匠たちを見るならば、絵画はそうした世俗的な対象を差し控えて、昔の神々や神話そして寓話とかマドンナ像、磔刑や殉教、法王や聖人・聖女を表現するべきだというというようには、私たちには思われない。どのような芸術作品であれ必要なことは、絵画にとっても必要である。それは、そもそも人間とは、人間の精神や性格とは何なのか、人間それもこの人間は何ものかという直観である」（SW.XV. 130）。これは、ヘーゲルの『美学講義』に見出される叙述である。レンブラントと名指されてはいないが、ヘーゲルの念頭にあったのは、レンブラントの肖像画であったに違いない。

ヘーゲルは、ゲーテやシラーの晩年期の作品を高く評価しもした。ヘーゲルが、いわば老年芸術を高く評価したのは、精神の自己形成を重んじたからにほかならない。一八二三年夏学期の「芸術の哲学」講義で、ヘーゲルは次のように語ったという。「たとえば音楽は、内面のまったく無規定的な感覚とともに、内容も思索もない心情の音だけにかかわります。精神的な素材を意識において持つということをまったく必要としないわけです。ですから〔音楽的な才能は〕頭脳も心情もまだ空っぽで、精神も生もまだ経験をつんでいない若い頃に、大抵は明らかになります。ですから、性格に関しても精神に関しても乏しい巨匠たちだっていることもあります。文芸の場合は事情が別です。だって、人間の精神や人間を動かす諸力を思索にあふれた形で叙述することが重要ですから。ですから、シラーやゲーテの初期の作品は、しばしば粗野で野蛮でした。日常的な表象・考え方に背くもの――霊感が青年の炎に結び付けられている、ということが、彼らの作品の大半を冷たく平板な散文にしているのです。思索の教養形成を経て初めてシラーやゲーテも、美しく深い作品を生み出すことになったのです」(Vorlesungen.II. 10-11)。

要するに、現実の素材を観念的なものへと高めるためには、熟練が必要だということになろうか。確かに、天分も、芸術作品を生み出す際には重要かもしれない。しかしながら、持って生まれたままの天分などない、とヘーゲルは見た。「知っておかなければならないのは、そうした天分は、思索の教養形成と制作活動における熟練とを必要とするということです。なぜなら、芸術作品には、熟練しなければならないという純粋に技術的な面があるからです。詩人の場合にも同じことが言えます。韻律や韻はそういうところに属します。技量のためには霊感(Begeisterung)は助けになりません。……さらに芸術家は高みに立てば立つほど、精神と心情の深みを知るに違いありません」(Vorlesungen.II. 10)。思索の教養形成を経てこそ、美しい作品が生み出されると考えたからこそ、ヘーゲルは年齢を重ねた芸術家の作品を高く評価したのである。

†　ヘーゲルの哲学的人間学における世代論

それならば、私たちはどのようにして世代を推移して、どのような気分を経て、老齢に到るのであろうか。そうした叙述が、ヘーゲルの『エンツュクロペディー』の「精神哲学」における「自然的な変化」と題された一節に、まとまった形で組み込まれている。

「少年（Knabe）が若者（*Jüngling*）へと成熟するのは、思春期（Pubertät）に差し掛かって、自分のなかで類の生命が蠢《うごめ》き始めて、満足を求め始めるからです。若者は一般的に、実体的な普遍的なものへと向かってゆきます。若者の場合、少年にあってはある大人の人格のうちに理想の顕現が捉えられたのとは違って、そのような個別的な姿からは独立した普遍的なものとして、捉えられます。しかし若者においては、この理想は多かれ少なかれ、主観的な形態を伴っているものです。もっともこの理想は、若者においては恋愛や友情の理想として生き生きとしているかもしれません。あるいは普遍的な世界の状態の理想として生きているかもしれません。……理想の内容は、若者に、実行力の感情を注入します。だからこそ、若者は自分が世界を改造する、あるいは少なくとも自分にはバラバラになっているように思われる世界を立て直す使命があって、その能力もあると妄想するわけです。若者の理想の中に含まれていた実体的な普遍的なものが、その本質からするなら、世界においてすでに展開され実現されているということは、若者の熱中しやすい精神によっては洞察されません。若者には普遍的なものの実現は普遍的なものからの頽廃に思われるのです。ですから、若者は、自分の理想も自分自身の人格も、世界によって承認されてはいないと感じます。こうして、子どもは世界と平和に生きているのですが、その平和は若者によっては破られます。青年（Jugend）はこのように理想に向かってゆくために、自分の特殊で一時的な利害・関心のために配慮している大人よりも、自分はより気高い感覚や、より高度の非利己性を持っていると思い込むのかもしれません」（SW.X. 83）。

青年から大人への移行期にあっては、自らの理想と現実との乖離に直面して、内面の純粋性に殉じることもあるかもしれない。こうした移行期の葛藤についてヘーゲルは、『エンツュクロペディー』を教科書にして行なわれた一八二七年冬学期の「精神哲学」講義で、「この移行は生理的にしばしば、ヒポコンデリーとして、自分の内面性への自己執着（Ansichhalten）として明らかになります。そうした自己執着は、外界にかかわることを嫌悪します」(Vorlesungen. XIII. 55) と語っている。ここで私たちが想起するべきは、ヘルダーリンの悲劇であろう。ヘルダーリンは、その『ヒュペーリオン』への「最終前稿序文」において、次のように述懐していた。「私たちはみな、離心的人生行路 (eine exzentirische Bahn) を遍歴 (durchlaufen) するものである。子ども (Kindheit) から大人 (Vollendung) へ進むのにほかの道はあり得ない。心の一如性 (die seelige Einigkeit) つまり言葉の唯一の意味での存在は、私たちにとっては (für uns) 喪われている。まして、私たちがそれを追求して努力すべきだというのなら、私たちはそれを喪っていたに違いない。私たちは親しき世界のヘン・カイ・パンから引き裂かれてしまった結果、それを私たちの〈自己〉を通して回復することになったのである。私たちは自然から乖離した。かつては一つであったと思ってよいものが、いまや自己矛盾をきたした。主人と奴隷とがどちらの側でも交替する。私たちにはしばしば、あたかも世界がすべてであって、私たちが無であるかのようで、しかし、私たちがすべてであって、世界が無であるかのようでもあった。ヒュペーリオンもまた、これらの両極の間にあって自らを分かつのである」(StA. III. 236)。

この青年期から大人への移行期が人生にあっては、心身を翻弄する疾風怒濤として待ち受けている。実際、ヘルダーリンは、そうした魂の故郷を希求しながら、愛に引き裂かれ、職の放擲をも余儀なくされ、失意のまま、かつて理想を馳せたフランス革命の地を目指した旅路も幻滅に打ちひしがれた帰路、アポロに撃たれて、生きて精神の夜の虜囚となった。

† 自立と我慢が若者を大人にするが、慣れ・熟れが大人をお年寄りにする

責任ある仕事こそ、人を大人にするといっていいのかもしれない。「もし、人びとが何処であっても、偶然によってであれ、外的な必然性によってであれ、自由意志によってであれ、所属している特殊な領域において、自

分たちに要求されてしかるべきことをやり遂げるならば、彼らは、自分たちの実践的活動のあらゆる領域において、満足と名誉を見出すことができましょう。そのためにはなによりも、大人（Mann）になりつつある若者（Jüngling）が十分に勉強（ausstudieren）して、彼の教養・形成が完成していることが必要であって、第二に、大人になりつつある若者が他人のために活動し始めることを通して、自分の生計のために自ら配慮するという決心が必要です。単なる教養・形成が、大人になりつつある若者を、完全に出来上がった人間にすることはありません。大人になりつつある若者は、自分の一時的な利害・関心に対して自分自身で分別ある配慮をすることによって初めて、完全に出来上がった人間になるのです」（SW.X, 85）。

ヘルダーリンの悲劇を目の当たりにしてヘーゲルはあたかも魂鎮めであるかのように、誰もが通らなければならない人生における自己矛盾を合一する理路を見出そうとした。そうした合一の原理を「生」に見定め、そして「理性」へと移して、哲学で身を立てようとしたフランクフルト時代の末からイェーナ時代初期にかけて、苦難を経た思いの反照が、『精神哲学』における「哲学的人間学」の叙述の基底に見て取れる。ヘーゲル自身、大人になったと感じたのは、一八〇五年二月、まさしく私講師から、員外教授に昇進した頃であったに違いない。「ところで大人は、自分の仕事に活動的であることが長ければ長いほど、彼にとってはますます、この普遍的なものがあらゆる特殊性のなかから際立ってきます。それによって大人は、自分の専門分野において完全に精通して、完全に自分の使命のなかで生きることになるわけです。彼の仕事のあらゆる対象における本質的なものは、彼にとってすっかり習熟して、ただ個体的なものや非本質的なものだけが、彼にとって目新しいものを含むだけになります」（SW.X, 85）。「太陽の下、新しいものは何ひとつない」に近い心境かもしれない。

こうした成熟、人生への慣れが、人を成熟から引き離すことになる。「ですが、まさしく大人の活動が彼の仕事に完全にふさわしいものになったということによって、すなわち大人の活動をその客体においてやっていく際に、もはや何の抵抗にも出会わないということによって、言い換えれば、紛れもなく大人の活動が完全に形成されたということによって、大人の活動の生命が喪われてゆくのです。なぜなら、主観と客観の対立が生じてしまうと同時に、客観に対して主観が抱く利害・関心も消えてしまうからです。こうして大人は、彼の生理的な有機体の活動が鈍くなってゆくことによってお年寄り（*Greis*）になるのと同じように、精神的な生への慣れ（Gewohnheit）によってもお年寄りになるのです」（SW.X. 85–86）。

† お年寄りの自然的なあり方と人生に対する感覚

精神が深まりを見せるのではなく、「慣れ」てしまうことによって老化が現われる。肉体的な老化がそれに追い打ちをかける。「お年寄り（*Greis*）は特定の関心を抱くことなしに生活をしています。というのも彼は、かつて抱いていた理想を実現することができるという希望を放棄してしまったからです。またお年寄りにとっては、未来はおしなべて何も新しいことを約束してはいないように思われるからです。お年寄りは、むしろ、彼がまだ出会うかもしれないすべてのことについて、すでに普遍的なことや本質的なことを知っているように思い込んでいるからである。こうしてお年寄りの感覚は、こうした普遍的なものといっても過ぎ去ったものに向けられているのです。といっても彼による普遍的なものの認識は、過去のお蔭です」（SW.X. -86）。ここで語られたのは、加齢による自然的な衰えである。しかしながら、私たちの精神は、身体的な衰えとはまた別に、生の実相を穿って凄みを増すことさえあることを、レンブラントに即してみてきた。そうした側面から老年を分析した叙述が、『歴史哲学講義』にある。

「想像が立てた理想は実現されず、輝かしき夢は冷酷な現実によって破壊される、という歎きほど、しばしば聞かれるものはない。人生行路の途上にて厳しい現実の岩礁に行き当たり、挫折して破綻する理想は、差し当たり主観的でしかなく、最も気高く最も賢いと見なされる個別者の個性にしか属さない。……とはいえ人は、理想ということで、理性の理想、善の理想、真の理想を理解する。シラーのような詩人は、このような理想の実現の見られ得ないことに深い悲哀を感じて、このような理想を感動的で多感な筆致で描いている。……一般的にお年寄りは穏やかであるが、青年は絶えず不満を抱いている。お年寄りの場合には判断の円熟がそうさせるのである。それは無関心さのために悪い事でさえもこれを許すというよりは、人生の厳粛さによって深く教えられて、物事の実体、手堅いことに通じているためである」(SW.XII. 52–53)。

若い時代は可能性に満ち、初々しく瑞々しい感性を持ち、しなやかな心と優美な身のこなしを溌溂とした身をもって体現する素晴らしい時代に違いない。にもかかわらず、その時代に留まることができないのは、時間が経過するからだけではない。やはり、人生に対して深く透徹した認識を得るためには、若い時代の感覚を超え出なくてはいけないとヘーゲルは考えたに違いない。「とりわけ青年時代(Jugend)には、私たち自身がそうであったように、私たちの周りのあらゆるものによって息づかされる生を通して、全自然と兄弟であるような感触(fühlen)を得て、全自然と共感(Sympathie)し、そのことによって世界霊魂(Weltseele)の感覚、精神と自然との統一の感覚、自然が非物質的であるという感覚を持っています。/しかしながら、私たちが感触(*Gefühl*)から疎隔され、反省(*Reflexion*)にまで進むなら、私たちにとっては、心と物質の対立や、私の主観的な自我とその身体性との対立は確固たる対立になって、身体と心の相互関係は、自立したもの同士の相互作用になるわけです」(SW.X. 46)。若々しさとは、精神と自然とが統一している感覚、すなわち全自然との共感にある、とヘーゲルは見た。しかし、反省を通して自らを対象化してこそ、人生を顧みることも、思弁に向けて思索することもできる以上、自然と一つになって生きることのできる幸福な時期は、卒業されなくてはならないことになる。

4　感覚のなかにすべてがある

†　感覚のなかにすべてがある

自然との一体感に包まれたまま、人生を生きてゆくわけにはいかない。私たちは見境をつけ、身を立てていかなければならない。しかし、精神の教養・形成が進んで、いわば理性や思弁の段階に達したとしても、私たちの身体には、幼い頃と同じように感覚が残されている。感覚はその意味で知の根源であることを、ヘーゲルも語っている。「感覚のなかにすべてがある。望むなら、精神的な意識や理性において現出するすべてのものは、その起源や根源を感覚において持っている、と言ってよい。なぜなら、起源や根源が意味するのは、あるものが現われる最初の無媒介的な様式にほかならないからである。根本命題や宗教などは頭の中にあるだけでは不十分である。それらは心臓（Herz）のなかに、感覚（*Empfindung*）のうちになければならない」（SW.X, 97f.）。

感覚こそ、ヘーゲルの哲学的人間学の中心をなしている。「私たちがこの〔感覚を論じている〕箇所で考察しなければならないことは、外的な感覚が精神的な内面に、唯一ひとえに意識されないままに関係づけられているということです。外的な感覚が精神的な内面に関連づけられることによって私たちのうちに、感応（*Stimmung*）と呼ばれるものが生成します。感応とは精神の一つの現象であって、動物にあっても（快や不快の感覚について、情動による衝動の目覚めについてなど）似たものが見出されます。……さらに感応（Stimmung）は、主観によってまだ完全には知られていないものだということによって、私たちによって言及されたいっそう狭い意味で、人間学的なもの（etwas Anthropologisches）になります」（SW.X.107）。

「感応」と訳されたStimmungは「気分」、つまり、雰囲気に左右され、天気に感化され、人の言動に情動が反応することである。「私たちが今まで心の展開を推し進めてきた立場にあっては、外面的な感覚そのものが感応（Stimmung）を惹起するのです。しかしながら、こうした感応の働きが外的な感覚によってもたらされるのは、その際に意識的な知性が一緒に作用する必要のないまま、この外的な感覚に直接的に、すなわちその際に意識的な知性が一緒に働かないまでも、内面的な意義が結び付けられる限りのことなのです」（SW.X. 107f.）。こうした「感応」は、知性を必要としないどころか、知性の働きが遮断されてこそ生じる気持ちである。「意気に感じる（Stimmung des Mutes）ことは、他の生理的な調子（Disposition）に、たとえば地域、雰囲気（Atmosphäre）季節、気候などの気分（Disposition）に関連しています。心ある生命が持っている共感的な感応（sympathetische Stimmung）は、人間の場合よりも動物の場合に、眼に見えてはっきりと現われています。というのも、動物のほうが自然と一体になって生きているからなのです」（SW.X. 56）。そうした感応は、見たり、聞いたり、匂いを嗅いだり、味わったり、触れたりすることで触発される反応である。

† 芸術は感応を誘う

そうした「感応」が呼び起こされる現場として、たとえば美しいものに感興を抱く場合が挙げられよう。「美しい庭園芸術に関しては、精神的な目的が問われなければなりません。この目的は、ほかでもない、自然と人間との共鳴（Zusammenstimmung）をもたらすことなのです。こうした自然のなかにあって人間は自分としかいないわけで、自分の感応（Stimmung）に耽るはずであって、自然は、こうした感応に対応する基盤であるべきです。自然は対自的に自立的に実在しているわけではありません」（G.W.F.Hegel, Vorlesung über Ästhetik/ Berlin. 1820/21.（Peter Lang）S.62）。

風景画も、単なる景色を映すだけでなく、観るものの気色にまで移り込むものでなくてはならない。「風景画家は、自然を心と精神でもって捉えて、その形象・景勝を、感応・気分（Stimmung）を表現するという目的にしたがって秩序付けます。ですから風景画家は、自然を単に模倣することになったり、模倣に留まったりすることは許されません。たとえば、自然が、葉や枝を特徴的に描写することを要求するのなら、風景画家は、この特定のやり方を維持しなければなりませんが、忠実にこの規定に則って自然の確固たる規定性のうちに留まるのではありません。全体の感応・気分（Stimmung）だけが主眼なのです」（Vorlesungen.II, 256）。

「感応」への論及をヘーゲルのテクストのうちに探してみると意外に多く、「心情」の文脈で語られていることが分かる。従来からの『美学講義』のテクストでは次のように語られている。「最後に自然美は、心情（Gemüth）の感応（Stimmung）を惹起することを通して、その感応・気分と共鳴（Zusammenstimmen）することを通して独自な関連を獲得します。そうした関連づけにはたとえば、月夜の閑けさ、小川が曲がりくねって続く谷あいの落ち着き、果てしなく波立つ大洋の崇高さ、静かに広がる星空などがあります。ここではその意義は対象そのものに帰属するのではなく、呼び起こされた心情の感応（Gemüthstimmung）のうちに求められるべきです」（SW.XIII,177: Vgl. Vorlesungen.II, 62）。感応を媒介として、景色はいわば気色と共鳴するのである。

†　外的感覚の重要性――触れることによって距離が把握される

「感応」の脈絡から明らかにされるのは、われわれの感情生活にとって、感覚が重要な役割を果たしている、ということだけではない。実にヘーゲルは、モリヌー問題の、より正確に言えば、チェセルデンによる報告の問題圏に定位して、触覚が距離の知覚をもたらすことにも論及している。「子どもは感覚から直観へ進展してゆきます。差し当たり子どもは、光の感覚を持っているだけで、この光を通して子どもに、事物が顕示されます。この純然たる感覚（Empfindung）が子どもに、遠いものをも近いものとして捉えることへと誘うのです。しかしながら、感触（Gefühl）の感官を通してこそ子どもは、距離について情報を得る（orientieren）わけです」（SW. X. 80）。これは、今日の「赤ちゃん学」にあっても研究されている奥行き知覚の問題を想起させる論述である（ジャック・メレール／エマニュエル・デュプー『赤ちゃんは知っている』藤原書店、二〇〇三年、一三三頁以下参照）。下條信輔の『まなざしの誕生』によれば、奥行き知覚の成立は、「自分の手足と遊んだりものをつかんだり」（下條信輔『まなざしの誕生』新曜社、二〇〇六年、一〇二頁）するようになる四か月ごろだという。その後、這い這いが始まるなら、身をもって奥行きや距離を知覚することになる。

「子ども（Kind）に即して見られることですが、視覚が深さ（*Tiefe*）を直接的には見るものではないので、どんなに遠く離れた対象であろうと、どんなに近い対象であろうと、視覚にとっては根源的に、一にして同一の平面で現われるのです。感触（Gefühl）によって知覚された深さには、暗いもの、すなわち影（*Schatten*）が相応していることに気づくことによって初めて、私たちにある影が見えるようになった場合に、深さを見ていると信じるようになるのです。このことに関連しているのが、私たちは、物体の距離の度合いを、直接、視覚によって知覚するのではなく、対象がより小さく見えるとかより大きく見えるということから、推論することができるだけなのだ、ということです」（SW.X. 104）。「赤ちゃん学」での視覚的断崖の実験を想起させる論述は、ヘーゲルが触覚を、空間把握の成立要因として見定めていることを物語っている。こうして、「哲学的人間学にとっては、外的感覚が、感覚する主観の内面に対して、関連するということが重要」（SW.X. 106）だとされる。

だからといって、こうした感覚の段階を「精神哲学」の主要な対象とすることに、ヘーゲルは釘を刺す。「一般的な自然な生活とは心（Seele）の生活であって、心は共感的に（sympathetisch）先の一般的な生活を一緒に生きるということが明らかになります。といっても、心が全宇宙（Universum）と一緒に生きているということを、精神哲学の最高の対象にしようとするなら、これは完全な誤謬です。なぜなら、精神の活動は本質的に、単なる自然的な生に囚われている状態を超えること、自分の自立性のなかで自らを捉えること、世界（Welt）を自分の思惟に服従させること、世界を概念から創出すること、そうしたところに存立しているからです」（SW.X. 53）。むしろ、自分と周囲の世界とを見分けるところに、精神への発達の出発点が捉えられる。「心は、目覚めていることによって、自らと世界という二元性を、この対立を単に見出す（*finden*）ということ、この点に精神の自然性が存立しています」（SW.X. 90）。感応が自然との一体感を醸成し、感覚こそ根源的であるにせよ、私たちには、自分と世界との見境をつけ、世界から際立つ私たち自身を反省することを通してしか、精神は自己実現に向けて羽ばたきはしないのも事実なのである。

5　結語に代えて
――感応の脈路――

†　ベルン時代のヘーゲルの草稿（一七九四年）にまで遡及される「感応」

それでは、成熟期のヘーゲルの『精神哲学』に見られる感覚論の淵源はどこまで遡ることができるかというと、実に、ベルンで書かれた「心理学と超越論哲学のための草稿」に辿り着く。そこには「心の感応（Stimmung）に関連づけられる表象は、きわめて生き生きと再生産されることができる」（GW.I. 176）という記述さえ見られる。そして、この下敷きになったのが、一七八九年の夏学期に、チュービンゲン神学校で講じられた、J・F・フラットの「経験的心理学」講義だというのである（Vgl.GW.I. 484）。しかも、ヘーゲル自身が筆写したノートに基づくのではなく、当時やはりベルンに家庭教師として滞在していたヘーゲルの同級生、F・H・W・メークリンクからノートを借りたのではないかと推測されている（Vgl.GW.I. 485）。フラットの遺稿には次のように記述されている。「心の現今の感応（Stimmung）もしくは状態の一定の表象が適切であればあるほど、表象はますます容易に呼び起こされることができる」（J.F.Flatt. Nachschrift.: GW.I. 590 Anm.）。

この草稿を分析するなら、ほかにもヘーゲルの思索の古層を探査することができる。「意識において表象は、主観によって主観と客観とから区別され、かつ双方に関連づけられる――意識律。しかし、それ以外の分枝がそこから導出されることはできない」（GW.I. 169）と、ラインホルトの意識律が引き合いに出されるとともに、その限界も指摘されている。といっても、この典拠は、ラインホルトの『哲学者たちの従来の誤解を正すための寄与』（一七九〇年）の一六七頁からの引用ではない。『一般文芸新聞』九二号（一七九二年四月九日）と九三号（一七九二年四月十日）に連載された、「ラインホルトの『哲学知の基礎について』（一七九一年）に対する書評」からの孫引きではないかと推測されている（Vgl.GW.I. 579 Anm.）。実際、その書評では、意識律の紹介に続いて、「すでに意識律に含まれているものしか、意識律によって証明され得ないのは明らかである」（Allgemeine Literatur-Zeitung. Jg.1792. Bd.2. Sp.57）と、ヘーゲルが書き付けたのと同じような内容の批判がなされている。

さらに、それに先立つ『一般文芸新聞』の八六号（一七九二年四月二日）と八七号（一七九二年四月三日）に連載された、「C・C・E・シュミットの『経験的心理学』（一七九一年）への書評」の影響も指摘されている。シュミットもラインホルトも、イェーナ時代初期にヘーゲルが、その名を挙げて批判を展開した意識論の哲学者である。その批判の源泉がベルン時代に見出される。そしてヘーゲル哲学の成熟期にあって、精神哲学の前段階として「人間学」を展開するなかで、シュミットやラインホルトが取り上げようとした問題が取り扱われたのである。

† 視覚の問題へとヘーゲルを誘ったのは

この草稿を辿ると、さらに興味深い事実が明らかになる。それは、チェセルデン問題への言及が見出されるからである。「一・感情能力（GefühlsVermögen）――触覚、その限りでどのような感覚も直接、皮膚の神経の上にある」（GW.I, 171）とヘーゲルは書いた。それは、フラットの次の論述がもとになっているという「私たちが感情（Gefühl）を、狭い意味で理解するなら、その言葉で触覚（tact）だと理解される。そのための器官は、身体全体に見出されるが、とりわけ指先にある」（J.F.Flatt. Nachschrift.: GW.I, 583 Anm.）。

ヘーゲルの論述は、「二・味覚」、「三・嗅覚」、「四・聴覚」、と簡単なメモが続いた後、次のように視覚を紹介する。「五・視覚――光線が湿り気によって屈折される――光と色――純粋な視覚――混じり合ったものから区別すること――子どもと生まれつき眼の見えない人における距離」（GW.I, 171）。

感覚、とりわけ視覚の問題へと誘われるにあたって、ヘーゲルがフラットから多くを学んだことは明らかである。フラットの遺稿では、次のような論述が見られるのである。「光線が瞳を通して眼に差し込み、眼の湿り気によって屈折されると、網膜上にひとつに結ばれて、外的な対象の表象を作る。この表象は、視神経によって受容されて、脳へと移植される。――視神経に作用するのは、色、延長の表象、形にほかならない。距離は触覚によって獲得される。距離は次第しだいに視覚に合一されるのである。……それゆえこの触覚は、視力ときわめて厳密に結びついている」（J.F.Flatt. Nachschrift.: GW.I, 584 Anm.）。

十九歳の夏にヘーゲルが学んだ講義を、二十四歳になって改めてノートを友人から借りて記録しなおした発想は、三十一歳になって意識論への批判として論文へと形と成して、やがてヘーゲルの成熟した哲学にあって、哲学に到る前段階として展開される。その間に、どれほどの思索と哲学的経験が重ねられたことであろうか。一貫した思索の道程のように見えて、幾多の転機を乗り越えて、概念の労苦に耐えて、逸脱の契機をすべて飲み込んだからこそ、体系とも見紛う地平に到達したのが、成熟期のヘーゲル哲学であったに違いない。

† 異化を生き抜く

精神は完成に向かって成熟していくにもかかわらず、身体は衰えてゆく。ここに辿り着いた心境を語る美しい文章がある。「レンブラント最晩年の心境を想像させてくれるものがある。《笑う自画像》と、ロンドンのナショナル・ギャラリーおよびデン・ハーグのマウリッツハイス美術館にある自画像だ。この世の空しさと儚さに対してデモクリトス張りの狂気にも似た笑いを浮かべ、ただ絵筆を握ることで世界を描きとろうとする激しい執念をあらわした《笑う自画像》。一方、それとはまるで正反対に、泰然として明鏡止水の心境にあるとでもいえそうな、ロンドンとデン・ハーグにある二枚の自画像だ。しかし絵画に存在の根拠を問いつづけるレンブラントには、この二つの境地は、一枚の硬貨の表裏であったにちがいない。絵画芸術の伝統のもつ意味を探求し、発見し、そこからいまあることの根拠を問う。それが変幻自在な自画像を多数描かせることになったのである。レンブラントは探求者であり、求道者であることをその本質としていた。それはまさしく、自己をコレクションする自己成型の一生であった、ということができる」（尾崎彰宏『レンブラントのコレクション』前掲、二四〇頁）。

私たちは、自然から遠く疎隔されてこそ、精神の高みに達することができる。精神は自己実現に向けて、対立と宥和の果てしない運動を展開する。そうした魂の苦闘を述懐するかのような文章が、ヘーゲルの『歴史哲学講義』にある。「精神が自分自身を作っていくものこそ、精神にほかならない。精神は自らをそもそもそうであるところのものへと作るのである。こうした展開は、直接的で対立のない妨げられない仕方で行なわれる。……精神は自己自身を、自己自身に敵対する本当の障害として克服しなければならない。自然においては静かな現出という形をとった展開は、精神においては、自己自身に対する過酷な果てしのない闘争である。精神が求めるものは、精神自身の概念を達成することである。しかし精神自身は、自らこの概念を隠蔽して、自己自身をこのように疎外（Entfremdung）したことを誇り、十分に楽しむのである」（SW.XII, 75–76）。人生の途上にて、さまざまな試練や苦難そして絶望にまみえようとも、私たちは生きていくからこそ、身体は衰えても、精神はますます深く人生を知るようになってゆく。精神も身体も、自らの異化を生き抜くところに、生が耀きを見せるのかもしれない。

引用の典拠は、書誌情報を明記していないものは、次の略号で出典を、ローマ数字で巻数を、アラビア数字でページを表わす。

GW：G.W.F.Hegel, Gesammelte Werke（Felix Meiner）
StA：F.Hölderlin, Stuttgarter Hölderlin-Ausgabe. Hrsg.v.F.Beißner（Kohlhammer）
SW：G.W.F.Hegel, Werke in zwanzig Bänden（Suhrkamp Verlag）
VidG：G.W.F.Hegel, Vernunft in der Geschichte. Hrsg.v. J.Hoffmeister（Felix Meiner）
Vorlesungen：G.W.F.Hegel. Ausgewählte Nachschriften und Manuskripte（Felix Meiner）

第八章　生の諸相

細田あや子

1　はじめに

人生をいくつかの時期、段階に分けて人間の生と死、成長過程、さらに世界における人間の位置などについて考えることは、哲学史的にみると長い歴史を持っている。自然の秩序や時間の変化、一年の推移と人間の生とを関連づけて把握、理解することは、古代ギリシアにまで遡り、「人生の諸時期・諸段階」(ages of man) についても古くから考察の対象となっていた。本章では、人間の一生や成長を段階的に図示した絵画作品をいくつか取り上げ、生から死までの過程や人生観、死生観、家族観、あるいは心の救いや死者に対する態度などのイメージについて考察を加えてゆく。キリスト教の救済論的視点が含意された図像から、死後のイメージ、死後の救済、さらに信仰心の教化や深化がどのように捉えられていたかということにも注目する。

2　人生をいくつかの時期に分ける

哲学、数学、音楽、天文学の分野において独特の学問研究を行ない、魂の不滅や輪廻転生を信仰した宗教結社ピュタゴラス派の開祖ピュタゴラスが、人間の生涯を四つの時期に分け四つの季節と対応させることを論じていたといわれる。『ギリシア哲学者列伝』を著わしたディオゲネス・ラエルティオスによると、ピュタゴラスについて次のように記されている。

彼はまた、人間の生涯を次のように（四つの時期に）区分している。すなわち、「二十年間は少年。二十年間は青年。二十年間は壮年。二十年間は老年。そしてこれら（四つの）年代は、（四つの）季節と次のような対応関係にある。つまり、少年は春、青年は夏、壮年は秋、老年は冬である」と。そしてこの場合、彼の言う青年とは、まだ成年に達していない者のことであり、壮年とは、成年者のことである。（第八巻第一章一〇）[1]

ピュタゴラスについては、オウィディウスの『変身物語』にも記述がある。ピュタゴラスが開陳したという教えが最終章で提示されているが、この全世界に恒常なものはない、万物は流転し、時間も流れすぎてゆくということが論じられる箇所で、次のようにピュタゴラスに語らせている。

さらにいおう。一年は、つぎつぎに四つの様相を示し、この点でひとの一生に似ていることをご存じだろう。

早春は、稚い乳呑児のようで、まるでわれわれの幼児期にそっくりだ。若草は、たくましさには欠けているが、伸びようとする勢いにみちている。まだ弱いけれども、今後への期待で農夫たちを喜ばせる。万物が開花し、肥沃な大地に色とりどりの花が咲き乱れるが、若葉にはまだ力がない。

春が過ぎて、夏が来る。いっそう力づよい季節で、強壮な若者に似ている。……

つぎは秋だ。青春のはげしさは失せ、成熟して、おだやかで、青年と老年とのほどよい中間に位置している。……それから、老いた冬がやって来る。寒さにふるえ、足どりもおぼつかない。髪の毛はすっかりなくなっているか、あるいは、残っているとしても、もう真っ白だ。(巻一五)[2]

このあともさらに人間の諸年代についての説明が続くが、「中年期も過ぎると、暮れゆく老いの坂をくだるのだ。老年は、若い頃のたくましさを奪いとり、こわし去る」と述べられており、「老いの坂」という表現があることも注目される。

また、アリストテレスは『動物発生論』において、人間と動物や植物との相違を四季との関連で次のように述べている。

冬ごもりする動物はふたたび毛を生やし、落葉する植物はふたたび葉を付けるのに、禿げた人では毛がふたたび生えることがないのはなぜかというと、前二者では〔年齢よりも〕むしろ季節が体の転換期であり、したがって季節が変わると、動物は羽や毛を、植物は葉を、生やしたり落としたりして交代するのである。しかし人類では冬と夏、春と秋は年齢的なものであり、したがって、年齢が交代しない以上、それによる状態も(原因は同じようなものであるにしても)交代しないのである。(第五巻第三章)[3]

他方アリストテレスは『弁論術』においては、人間の年齢を青年、壮年、老年という三時期に分けて、それぞれの性格の特徴を述べている。青年は欲望的、熱情的、性急、衝動に従う、怒りに負ける、名誉や勝利を愛する、お人好し、信じやすい、希望に充ちている、熱血的、欺かれやすい、勇敢、恥ずかしがり、志が大きい、友人を愛し、仲間を愛する、過ちを犯す、憐み深い、笑い好き、冗談好き。一方、老年の性格は、このような青年たちの性格と反対である。そして壮年者の性格とは、青年と老年の性格の過度を取り去ったもので、両者の中間的なものである。青年や老年が別々にもっているものを、壮年者はあわせて適度に調和させてもっているとされる(第二巻第一二―一四章)[4]。

このように、人生をいくつかの年代に分けたり、とくに四つの時期に分け、子どもの年齢は春、青年時代は夏、成熟した時代は秋、そして老年期は冬にあたると比喩的に捉えたり、さらに生涯の過程を自然の営みの変化と関連づける考え方は、哲学――人間学――のはじまりからすでにあったといえるだろう[5]。

中世ヨーロッパでは、古代ギリシアやアラブ世界の知識伝統を広範に収集、分類した百科全書的な書物が多く編集されたが、そこでは自然哲学や論理学、医学、生理学、天文学、動植物学、地理学などと聖書との関連がさまざまな引用に基づいて記されている。古代からの知識伝統を当時のキリスト教的な世界理解の観点から捉える百科全書のなかでも、十三世紀のバルトロマエウス・アングリクスの『事物の属性について』(*De proprietatibus rerum*)という著作は、現実的事象と創造主による被造物の世界を自然学的な視点から論じている。この著作は英語やフランス語などにも翻訳され広く読まれ、後世に影響を与えた。そのなかに「年齢について」という箇所があり(第六巻)、人間の一生が六つの時期に分けられ、それぞれの年齢層の特徴が挙げられる。バルトロマエウスは、イシドルス、アリストテレス、コンスタンティヌス・アフリカヌスなどを引用しながら諸時期について述べるが、各時期が何歳ごとに区切られるか、人生を三期に分けるイシドルスといかにして調和をはかるかといったことについて議論を重ねている(6)。

誕生から、生育、発展、老い、死へと変化する人間の生涯を、たとえば三、四、五、六、七、八、十、十二などの時期に分け、幼児・小児、子ども、少年、若者、成人、壮年、中年、老人といった年代にあてはめる「人生の諸時期」のうちで、四時期、七時期、十二時期などがよく認められる。それは、人生を四季、七つの惑星、十二か月の暦(月ごとの労働)などと対応させて俯瞰的に人間の一生を捉える観点による。とくに一年の十二か月に月ごとの仕事をあてはめ、星座図と組み合わせる月暦図も中世においてよく描かれたモティーフであった。このような図像は時禱書にも配され、中世の人びとの宇宙論をうかがうことができる。百科全書的な書物や、月暦図の図像などとも合わせて、人間の一生や身体の発達、変化が、自然界の営みや季節の移り変わり、黄道十二星座の動きなどと照応すること、それらは周期性をもった連続体であることなどが論じられつつ、人生の諸時期、諸年齢層における成長、老化現象などの特徴が説明されるのである(7)。

3 「人生の諸時期」の図像

古代から論じられてきた自然論や天体学、気象学、医学、生理学などの知識もふまえながら、中世ヨーロッパではキリスト教の神を中心とした宇宙論や歴史論(救済史論)のなかにこの人生の諸段階が統合されてゆく。神の支配、摂理のもとで被造物である自然や人間の営みがあるという考え方がなされてゆくが、キリスト教的世界観に裏づけられた人間論や諸年代についての見方、人生観が反映されている図像をみてみよう。

図1(十二世紀、オクスフォード、St John's College, MS 17)は、中世ヨーロッパの宇宙観や時間論、自然論などがダ

イアグラムとして構成された図である。四元素、四方位、四季、風、黄道十二宮、人生の四段階などが幾何学的に組み合わされている[8]。さまざまな要素が関連づけられているが、内側の菱形の四隅に配されているのは四つの方角である。上から東（oriens）、南（meridies）、西（occidens）、北（aquilo）とラテン語で記され、さらにそれらのギリシア語のラテン文字による翻字 anathole, mesembrios, disis, arcton も併記され、これら四つの単語の頭文字は、Adam（アダム）——人類の祖であり人類全体をも意味する——という名前を表わすことになる。

　空気、火、土、水の四つの基本元素が、外側の大きな菱形の四つの角にある円のなかに配置されている。この

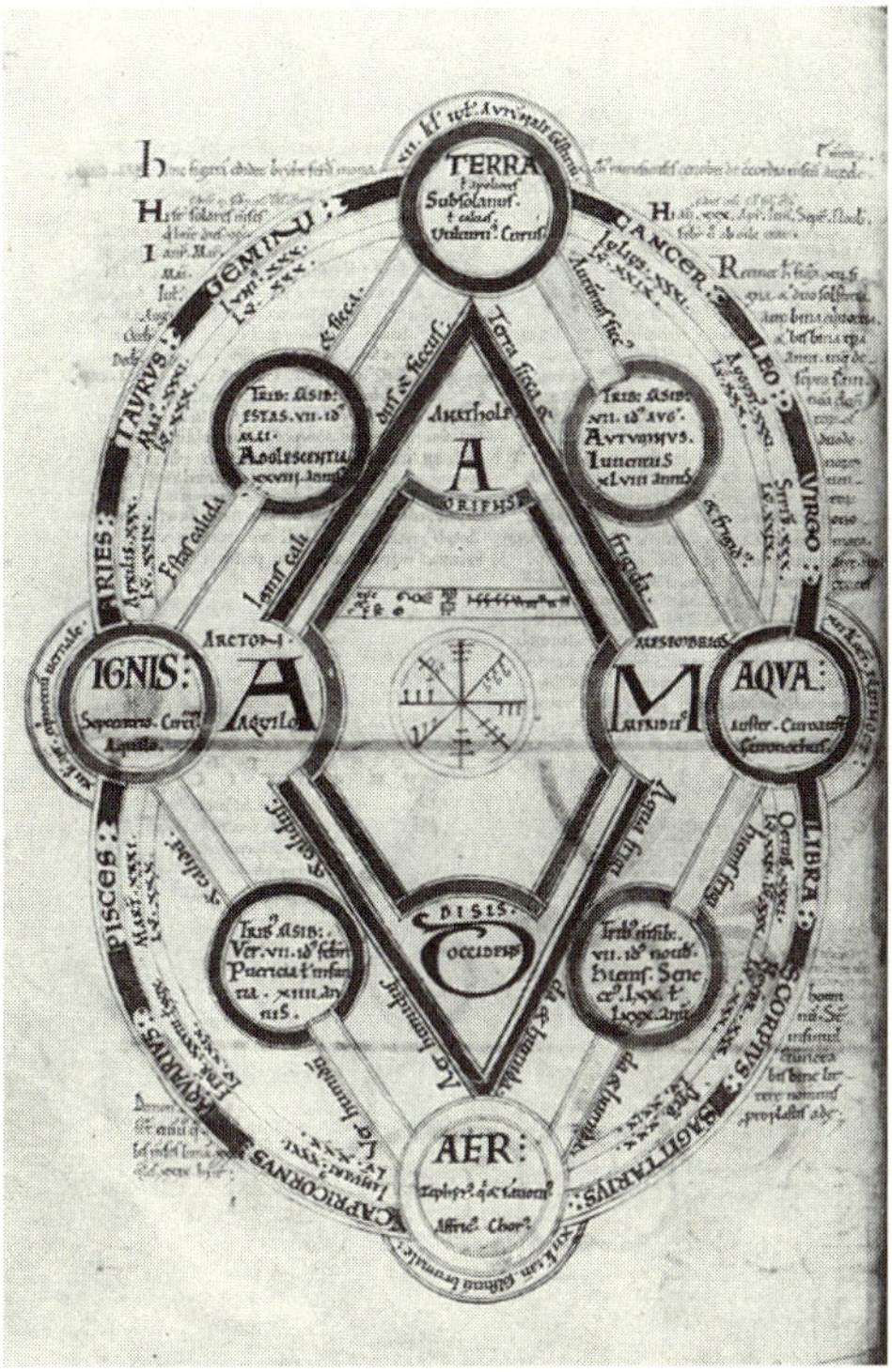

図１　『Byrhtferth のダイアグラム』
(Ramsey Computus)

四元素に対応する四季、季節が始まる日にち、人生の年代が、その菱形の四辺を結ぶ円のなかに書かれている。人生の諸時期として幼年期（infantia）、青春期（adolescentia）、青年期・若者（iuventus）、老年期（senectus）という四つの年代が、春、夏、秋、冬に対応されている。

　次いで**図2**（『ロベール・ド・リールの詩篇』、一三一〇－一三二〇年ごろ、ロンドン、大英図書館、MS Arunde 183）は、当時の世界観や人生観を反映し

図2　『人生の輪』（『ロベール・ド・リールの詩篇』）

たものとして配色豊かな美しい作例である。中央に神の顔があり、そこから放射状に十のメダイヨンが広がり、そのなかに十の段階に分けられた人生の諸時期が描かれている。それは左下の、火の前に座る母親に抱かれた赤ん坊から始まる。次の二番目のメダイヨン（鏡を見ている人物）と、三番目のそれ（秤をもっている人物）は、周囲のテクストによると逆になっている。つまり正しくは二番目に秤をもつ人物が配されるべきで、それは「私は決して間違いをおかさない、自分の年を計るのだ」と書かれている。その後髪の毛をくしけずりながら鏡を見入る青年が続く。四番目は狩猟をする若者で、活発な行動を表わす。五番目が頂上となり、成人した王が座している。「私が王であり、私が世界を支配する。全世界は私のものである」と記されている。次から老年期にさしかかってゆき、六番目の人物は杖をつく。七番目の老人は子どもに手を引かれている。八番目はすでに危篤状態。かたわらには瓶に入った病人の尿を検査する医者が見える。九番目で老人はいなくなり、そのかわりに典礼書を唱える祭司がいて、葬儀を示す。そして十番目のメダイヨンには亡くなった人物の墓が描かれている。

四隅には、左下から子ども（infantia）、若者（iuventus）、老人（senectus）、老弱した者（decrepitus）が配されており、十の段階のうちそれぞれにあてはまるものを指さすしぐさをしている。注目されるのは、この四隅の四人の姿勢が、十のメダイヨンで形成された車輪の回転にそって上り、下るという動きを表わしているようにみえることである。ここで描かれた人生の後半ははやくも老人、老衰した姿だが、右下の隅の老人は車輪から落ちて地面に横になっているように描かれている。[9]

円周をなす十のメダイヨンのうち一番高いところにある五番目はこの世の支配者である王で、「全世界は私のものである」と述べる。しかし、王とはいえ人間であるからには老いて死ぬことは他の者と変わらない。死を前にしては身分の違いなどはまったく関係なく、死は誰にでも訪れる。だがしかし、それを越えたところにいてすべてを統治するのが神であるということを、回転する車輪の心棒にあたる中央のメダイヨンが明示する。中心にあたる神の顔は、正面を向いた視線を通して、「私はすべてを同時に見、理性でもってすべてを統治する」（顔の周辺に文章が書かれている）ということを見る者へ直接語りかけているのである。

この写本挿絵では中央から放射状に伸びた線とメダイヨンが組み合わされて画面に大きく円が形成され、幾何学的で左右対称の構図となっている。さらに赤と青の配色を交互に用いながら十の区画を明確に分け、画面の内容を簡潔に視覚に訴え図示するダイアグラムの特徴が生かされている。五番目の王は放射状の十のメダイヨンのなかで一番上にあっても、それは回転する車輪の一部であり、中央軸に配された神のほうが全世界の統治者として重要であることが、この構図からも明確になっている。このような配置と中央の言葉から、キリスト教的メッセージが色濃く刻印されている。

次の**図3**（一四六一年、ミュンヘン、バイエルン州立図書館）も車輪の図像だが、これは、運命の輪と人生の諸段階のモティーフが組み合わされた例である。ローマ神話の運命の女神（フォルトゥナ）によって人間の生が支配されているという考えは広く浸透していたが、輪は、変転する生のシンボルとして古くから知られていたモティーフである。[10] 回転する車輪に従って上昇したり落下したりすることは、生の浮き沈みを表現する。輪の中心で目隠

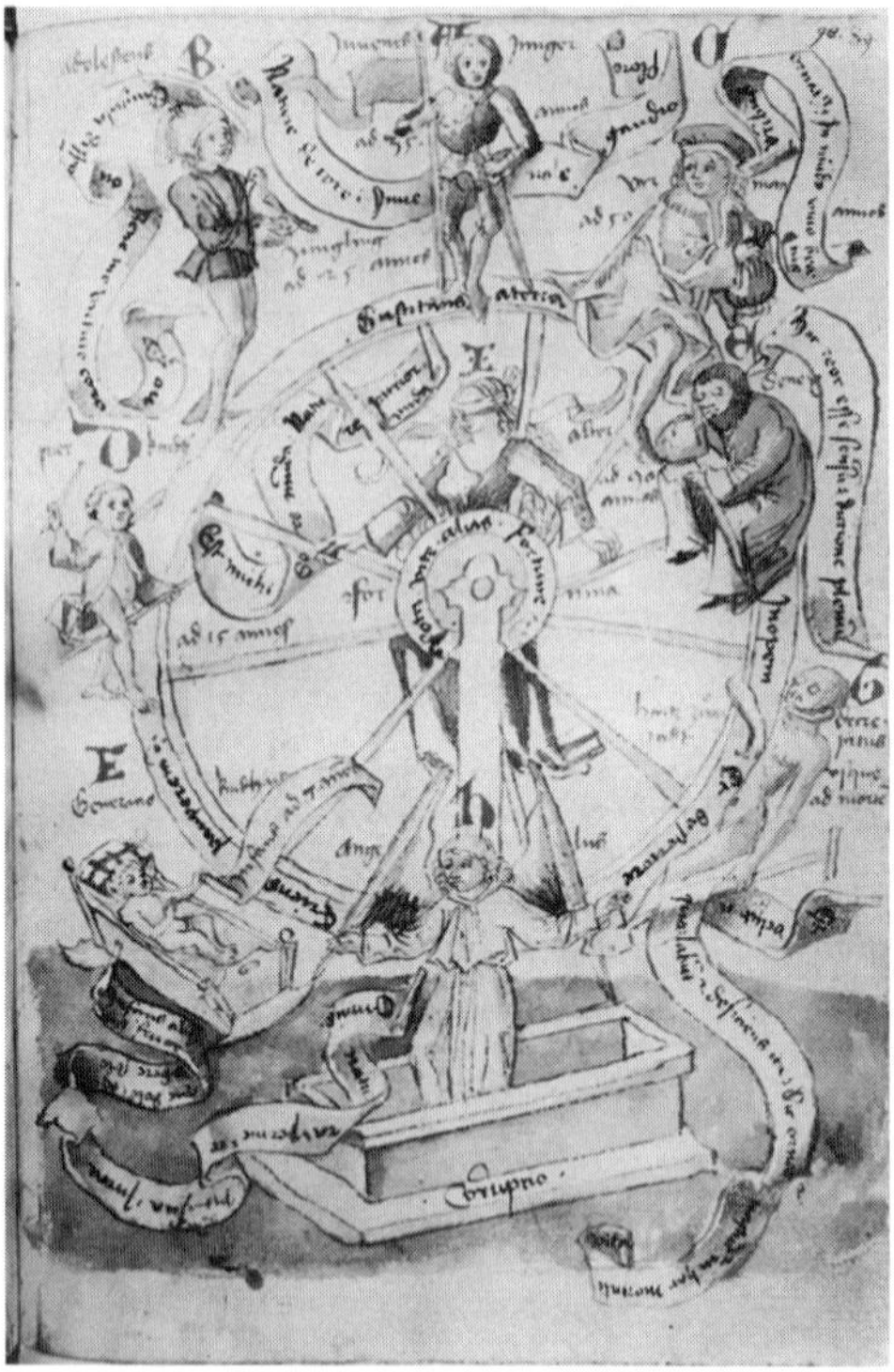

図３　『運命の輪と人生の７時期』

しをされた運命の女神が車輪を回しているが、これは彼女が人間の運命をつかさどること、人間はいくら自分でもがいてもその生は運命の女神の盲目的な決定に結局は従属するものだということを意味する。車輪の周りには七つの年代が配されている。左下に置かれたゆりかごから人生の生が始まり、幼児時代から青春期を経て上昇回転する。輪の頂上には若者が旗と剣をもち堂々と前を見据えて立つが、時とともに輪が回転を続けてゆくと次の年代へと下り、壮年期、老年期へと移行する。右下では下方へと回転する車輪から落ちそうになりながら右手でつかまる骸骨がいる。車輪の真下には棺が置かれ、そこに天使が両手をひろげて立っている。棺は死を暗示し、車輪につかまった骸骨がちょうど回ってきてそこに納められて人間の死が完遂するということだろう。しかし棺に天使が登場することで同時に、福音書にある「空の墓」のエピソード、十字架磔刑後のイエスの復活をも示唆すると考えられる。するとここにキリスト教的歴史観、救済史の流れが通底していることが分かり、キリスト教の神への信仰に基づく人間の一生が浮かび上がってくる。生きているあいだは運命の女神に翻弄されても、死後は永遠の救いにあずかりたいとするキリスト教的信仰に基づく願いが込められているとも解釈できよう。最後の審判によって、ぐるぐると絶えず回転する生と死から解放されるということも示されているといえる。

続いてこの図4（一四七〇年ごろ、ベルリン、州立図書館）も、人生の車輪の周囲に七つの時期が配置されている。七番目は死で、棺に入った死者が見出される。この棺の横、画面下の中央に天使が現われている。

図3では、輪の中央にいる目隠しをしたフォルトゥナが自ら車輪を回し、彼女に操られた人間は車輪に乗って人生を巡るが最後はその円環から転落してしまう。図4では、心棒のところで車輪の回転に身をまかす人間が描かれ、自分の意志や力では回転を止めることもできない。ただ、双方において死の棺のかたわらには天使が立ち、現世という運命の女神の采配のあとに続く死後の世界の存在が暗示されていることが共通する。それは、図2で中央の神の真下に静かに墓が置かれていることとも通じるだろう。運命の車輪そのものが円であるが、幾何学図形や放射状の形を用いることによって、循環する時間の流れ、あるいは世代交代といったライフサイクルが効果的に図示されている。また画像のなかに文字テクストも書かれ、よりメッセージ性も高まっている。

図4　『運命の輪と人生の7時期』

4　「人生の階段」図

人間の誕生から死までが、ゆりかごから棺（墓場）までという描写によって表現されているのは、以上の作品から明らかだが、これがさらに展開したかたちで表現されているものに、『人生の階段』（Lebenstreppe, Lebensalterssteufen, âges de la vie）と言われる図像がある。[11] 十六世紀から十九世紀にかけてとくに数多く制作され、二十世紀前半までの作例が残っている。これは、人生の諸時期が運命の輪という円形（循環）ではなく、一方向の階段のかたちをとり、左端から中央へ向かって上り、中央の頂点に達するとその後は下っていくという、上り下りによる高低差が表現されている（**図5**、一五四〇年、ニュルンベルク、ゲルマン国立博物館）。[12] 起点には赤子や幼児がおり、階段の中央の頂上には人生のもっとも盛んな時期の年代、そして右へ下りながら老化が進み最終的に死へ至るという構図で、それぞれの階段が人生の各時期を表わす。各年代を象徴するような動物や持物なども合わせて描かれる場合もある。たとえば四十代にライオン、五十代にキツネ、九十代にロバといった具合である。なお、人生の諸時期を示す図像として、階段の構図はとらずに、各時期をその年代を特徴づけるような服装や持ち物を身に着けた人物として表現したり、その年代の特性を記した文章の帯などとともに描写するものも認められる（**図6**、一五二〇年）。

図5　『人生の階段』

「人生の階段」図は版画などによってヨーロッパ各地に広く流布したが、男性もしくは女性それぞれが階段を昇降して、男性の一生または女性の一生を図解する。[13] 人生の最初はゆりかごのなかの赤子、終点は臨終のベッドに横たわる年老いた人物である。その過程の段階で、結婚し子どもが誕生し家族が増え、さらに孫も生まれたあと、孤独に死を迎えることとなる。死のベッドのかたわらには天使と悪魔がいて、臨終を迎える者が天国に行けるか地獄に堕ちるかの別れ際が提示される。ベッドに大きな鎌をもった時間の寓意像の老人が現われたり、各段の下部に髑髏《どくろ》が置かれるなどして死の絶対性が強調される。さらに死後の世界として最後の審判の図が描かれ、審判者キリストとともに天国の場面が描写される場合がある。時間の経過とともに誰もが死ぬということを示しつつ、死後の救済を希求する態度から、キリスト教社会に広く浸透している死生観がうかがえる。[14]

図6　『人生の10時期』

　この階段図では、男女が対になって二人ずつ階段を上り下りする描写も多い（図7、一六六〇年ごろ、アウグスブルク市立美術館）。そのような作例では、生まれたばかりでゆりかごに眠る赤子は一人か二人（双子か）だが、その後子ども時代から男女のペアとなっており、死のベッドの場面でも夫婦としての男女が二人並んで一緒に描かれている。キリスト教社会（とくにカトリック圏）では、婚約や結婚が秘跡の一つに数

図7 『人生の階段』

えられ、結婚して夫婦となることが人生における重要で聖なる出来事であり、いわば通過儀礼でもある。晩年に伴侶をなくして一人孤独に過ごすというよりは、夫婦としてともに年齢を重ねて人生を終え、死後も一緒という理想的（理念的）な夫婦のあり方が示されているのだろう。

さらに、階段が十歳ごとに十段配置され、零歳から始まり頂上の五十歳まで上がり、それを過ぎると下がり、右下の段の百歳で死を迎えるという左右対称の階段建築も多く描かれている。このように「人生の階段」図像の変遷を辿るなら、人の一生を百歳として、十歳ごとに階段にして上り下りする男女二人が一組となった図は、人間の誕生から結婚を経て老年、死という人生を概観する見方の一種の理念的な完成形といえるだろう。百歳まで生きるとするのは、平均寿命からみて現実的ではない。人生の頂点が五十歳となるが、それはすでに若くはなく人間の盛りを過ぎたあとであろう。だが、上り下りの段階を左右対称の階段として図式化して描くことは、生から死という道のりを山あり谷ありとして比喩的に表現するには分かりやすい手法であり、十歳ごとの十の段階という分類も単純明快な数字として用いられたと考えられる。

5　ブルターニュ地方の「続き絵」
――心の成長――

ここまでみてきた人生を何段階かに分けて年齢の変化による人間の成長や発展を示す図像との関連から、次に心の成長、内面の展開などの変化を示す図像に視線を向けてみよう。フランス、ブルターニュ地方で十七世紀に、布教師が信者への説教や霊的修業の際に用いた「続き絵」（タオレンヌウ）という彩色版画である。この絵画は信者に対して絵解きされたものだが、絵を使うことの理由について、実際の布教者の言葉が残っている。それによると、絵を見せるのは人びとが心のなかのことを分かりやすく、はっきりと実感できるようにするためである。読み書きのできない人でも、絵を見ることによって考えることができる。人の眼に写れば、そのことは心のなかにはっきり刻みこまれ、話を聞くよりも効果が大きい。さらに記憶にとどめる上でも有利である。[15] したがって、これは受け手へキリスト教的生活を行なうよう教育的、道徳的、訓戒的な意図に基づいて制作された絵画で、宗教美術の機能のうちの教育的役割を果たすものといえる。[16]

このような教化的目的をもった「続き絵」は、その内容がきわめて特徴的である。顔の下に大きくハートが描かれ、そのハート部分が信者たちの心の様態を示す。強い信念、信仰、あるいは誘惑（悪魔）にそそのかされる弱い心の状態などが寓意的に表現されている。顔とハートとの組み合わせについては、「これは、この二つのものから善と悪が出てくるからです。物事を考えるのは頭で、欲望を生むのはハートなのです。それに、顔と心で人間全体を表現しているのです。顔が外観を表し、心が内面を表します」[17]という実際に絵解きした布教者の言葉から、顔と心のモティーフによって人間の外見と内側という全体を示す構想であることが分かる。また、心のなかに眼と星が一つずつ配置されているが、眼は良心を意味し、心が内面に向かっているか否かで、眼が閉じたり開いたりするように描き分けられている。星は信仰の象徴で、黒から金色までさまざまな色合いによって、信仰の状態を図示する。

この「続き絵」は十二枚のシリーズになっており、「大罪の状態」「不完全な痛悔」「完全な痛悔」「悔悛」「悪への逆戻り」「再転落」「悪人の最期」「地獄」「信心」「堅忍」「善人の最期」「救済」という順序をなす。だが、この順序は常にこのとおりだったわけではなく、絵解きする者によって、使用する絵の順序が若干相違する場合もあった。絵解きする側の考えなどによってストーリーの並びは柔軟に変更しても、メッセージの根本は同じであろう。最初の「大罪の状態」とは、これから布教や霊的訓練を受けようとする者の心を表わす（図8）。ハート形の中央に悪魔、その周囲に動物がいる。キリスト教の信仰が不安定な者は、誰もが罪人であるとされている。罪を犯した罪人はしかし、死と審判にそなえて悔い改めがなされなければならない。そして「痛悔」や「悔悛」の絵が続き、三位一体やイエスの十字架の死を心に抱き、その意味を理解しなければならないと諭される。

だが次に、悪へと逆戻りするケースもありうると警告される。「悪への逆戻り」の絵では、その直前の絵の心のなかにあったイエスの受難のモティーフの数が減っており、信仰心もかすみ自分の心をはっきりと捉えることもできなくなっている。ハートの周りには悪の動物たちが悪魔を一人ずつ伴って戻ってきており、さらに逆戻りが進めば、これら動物や悪魔が心のなかに侵入してくるということを教える。こうして、ささいなことを侮ると次第に大きな過ちに陥るという注意が喚起される。「再転落」した者がそのまま死ぬと、最後まで悪人として地獄に堕ちることが示されるが、他方、そのような再転落に陥らないよう、「堅忍」という心の状態が提示される（図9）。この「堅忍」では、霊的修練を受け贖罪をし信念をもって善行を勧めている信徒も、いつなんどき種々の誘惑に陥る危険があるかもしれないので、悪魔にすきを狙われないよう堅く信仰を保持しなくてはならないということが教示される。信徒の心を示すハートのなかには、ひっくりかえされ金が散らばっている財布（善行を

図８　『大罪の状態』

図９　『堅忍』

継続せよ）、魚（大斎と小斎を実行せよ）、ロザリオ（祈禱しとくに聖母を崇敬せよ）、十字架磔刑図（キリストの受難を想起せよ）、聖体拝領のパン（神の恵みのみならずイエス・キリストをも受けよ）、教区教会（日曜や祝日にはミサに出て神の教えを聞くべき）が描かれている。ハートの周囲にはさまざまな誘惑（うぬぼれの孔雀、妬みのヘビ、貪欲の財布やワイン、色欲や怒りを示す剣など）を示したものが信徒の心をとらえようとしている。(18) 続き絵シリーズの最後の「救済」は、最後の審判に基づいて天国と地獄とに分けられ、善き信者は天国へ導かれるという伝統的な図像となっている。信仰をもって教えを守った善人の最期が提示されている。(19)

　このように十二枚の絵を通して時間の経過、信仰心の深化にともなう心の変化が一枚一枚描かれている。心の上にある顔の表情もそれぞれ異なり、人間の強さ、弱さ、賢さ、愚かさが表わされている。また、女性の顔とその内面のハートを組み合わせた女性版もあり、絵解きする際に受け手に対してより身近に感じさせるよう効果を考えて活用されていた。

6　おわりに

誕生から死まで段階的に表現された人生や、年齢を重ねて歩んでゆく道のりの軌跡、さらに心の成長の描写などをみてきたが、人生を階段あるいは道程にたとえることは、古今東西に広く見出されるトポスであろう[20]。また階段を上るといったほかに、敷居をまたぐ、門をくぐる、橋を渡るなどの動作も、ある状態から別の状態への移行を意味するもので、異なるステータスへの変化、異界への移動を示す。

「万物は流転する」という言葉で知られているヘラクレイトスが残した断片に「上り道も下り道も一つの同じものだ」（断片六〇）という表現があるが、まさに「人生の階段」に通じるものである。さらに「生と死、覚醒と睡眠、若年と老年は、いずれも同一のものとしてわれわれのうちにある。このものが転化して、かのものとなり、かのものが転化して、このものとなるからだ」（断片八八）といった表現も見出される[21]。生と死とが同じということはどういう意味なのか。若きも老いも同じなら再生、蘇生もありうるということなのか。まったく異なるものに見えるものが、実は同じ一つのことを違う視点からみたものだとすれば、死でもってすべてが終わるという考え方も放棄されうるのではないだろうか。

ここで思い起こされるのが、ポール・ゴーギャンの『我々はどこから来たのか、我々は何者か、我々はどこへ行くのか』というタイトルの最晩年の作品である（図10、一八九七年、ボストン美術館）。大きな横長の絵画において、右手前の赤ん坊から左端の老婆までの姿は、誕生から老いや死へという時間的経過を暗示しており、刻々と成長、発展してゆく人間の一生の縮図をみてとることができる。さらに右寄りの画面奥で熱帯の未開の地の上を対話し

図10　ポール・ゴーギャン『我々はどこから来たのか，我々は何者か，我々はどこへ行くのか』

ながら歩む二人の着衣の人物を、文明化された近代の知と思索、（懐疑的）精神の象徴とみなすなら、[22] 地球上の人類の起源からその歴史的展開をここに辿ることも可能であろう。ほぼ中央に立ち木の実を取ろうとしている人物のしぐさは、楽園の中央にある善悪を知る木の実を人類の祖が取って食べたという創世記のエピソードを想起させる。エヴァの姿が投影されているようなこの女性は、堂々と裸体を示し、上空を見つめ何か高みを目指すように前景に位置する。両手をあげる動作によって、天と地が結ばれている。文明化、機械化、非人間化が進み疲弊したキリスト教的世界で失われてしまったものを求めて、ヨーロッパの地からタヒチへと渡ったゴーギャンは、エヴァの末裔である女性の存在をかえって肯定的に捉えていたのではなかろうか。画面上でさまざまな年代を示す人物がほとんど女性で占められていることからみても、ここには宇宙の生命の循環に不可欠な女性性が前面に打ち出されていると思われる。さらに左側奥に、両手を広げて立つ神像――ポリネシア神話における月の女神ヒナ、もしくはタヒチの創造神タアロアなどと解釈される――があり、ここにはキリスト教以外の宗教思想も含意されていて、より深く遡る古代の宗教、あるいは西欧文明とは無関係な宗教思想の意義も認められる。

キリスト教の実践のなかで用いられた詩篇や典礼書などの写本挿絵や信仰強化のための修練用絵画では、父なる神が絶対なる支配者で、その全能の神への信仰が表明されていることは、その目的や機能からして明らかである。それに対してゴーギャンの画面からは、一つの宗教の枠を越えた人生観、死生観がうかがえよう。さらに一個人を越えたいのちあるもの全体の生成、発展、盛衰、循環、再生も感じられる。木の実や樹木は朽ちるが春が巡ってくれば再生する。樹木に象徴される自然の営みと人間との関係は、木の実を取ろうとして両手を上げ上を見上げるしぐさの人物の描写にも含意されているようだ。つまり、これら人物像は多義的に解することができるのである。

われわれ人間とは何か、われわれはどのようにしてこの世に生をうけ、生きていくのか、死んだらどうなるのか。[23]ゴーギャンは、大きな画布でもってこの普遍的な問いかけを見る者につきつける。あるいは絵画でこの問いかけに応答したといえるであろうが、この絵のなかに感じられるものこそ、生と死、自然と人間、無垢と文明、個と宇宙といった二項対立を止揚するものではないだろうか。生と死を対極的に捉えるのではなく、さらに、死を人生の最終地点とみなすのでもなく、その後の時空についても考察する可能性が開かれている。古くからさまざまに論じられてきたこの問題は、親から子へとうけつがれてゆくいのちのつながりに一つの答えを見つけることができるだろう。ライフサイクル論なども視野に入れつつ、直線的、円環的、あるいはそれらが交錯するような時間の流れに着目しながら人間存在のゆくえ、人生の歩みについての議論が必要ではないだろうか。

（1）ディオゲネス・ラエルティオス『ギリシア哲学者列伝』（下）、二一〇頁。
（2）オウィディウス『変身物語』（下）、三〇九－三一〇頁。
（3）アリストテレス『アリストテレス全集9』二九九頁。
（4）アリストテレス『アリストテレス全集16』一四三－一四九頁。
（5）Burrow 1986, pp.5–54; Sears 1986, pp.9–53; Wortley 1998, pp.213–220.

（6） Burrow 1986, pp.88-89; Sears 1986, pp.127-132.『事物の属性について』の一部は『中世思想原典集成13 盛期スコラ学』二五七-三一五頁（多井一雄訳、平凡社、一九九三年）。さらに鈴木（二〇一〇）一〇八-一〇九頁、松田（二〇一〇）一二四-一二五頁など参照。

（7） Burrow 1986, pp.5-94; Sears 1986, pp.20-37, 20-37, 54-79, 97-133; *Lexikon der christlichen Ikonographie* 3 (1971), Leben, menschliches, 38-39; アリエス（一九八〇）二一-三四頁、松田（二〇一〇）一二八頁など。

（8） Burrow 1986, pp.18-19; Sears 1986, pp.34-35; Wortley 1998, pp.222-223. このような形態の図は、イングランド西部のラムゼー（Ramsey）修道院の修道僧 Byrhtferth の構想によるものとみなされている。

（9） Sandler 1983, p.40.

（10） *Lexikon der christlichen Ikonographie* 2 (1970), Fortuna, pp.53-54; *Lexikon der christlichen Ikonographie* 3 (1971), Rad, pp.492-494; 黒瀬一九七七、パッチ一九九三、八-三七頁、ギョーム・ド・ロリス／ジャン・ド・マン『薔薇物語』上巻、二一〇-二一四頁など（ボエティウス『哲学の慰め』における運命の女神の論述などについても参照）。目隠しについては黒瀬（一九七七）一三-一四頁ほか、パッチ（一九九三）九-一三頁。

（11） Joerißen/Will eds. 1983; *Lexikon des Mittelalters* 5 (1999), Lebensalter, 1782; *Enzyklopädie der Neuzeit* 9 (2009), Lebenstreppe pp.50-55. アリエス（一九八〇）二六-二七頁、萩原（一九八三）一〇九-一一三頁、網野・大西・佐竹（一九九九）二四〇-二四七頁、林（二〇〇四）、西岡（二〇〇九）一〇六-一一七頁ほか。

（12） 運命の輪の図像において諸時期が時計回りに進むので、その伝承も受け継いだ「人生の階段」図は、左を起点として右へという方向になると考えられるだろう。

（13） 女性の一生の画像の場合、エヴァがアダムのあばら骨から創造された場面が階段の下に描かれているものもあり、女性の系図が強調されている。

（14） アリエス（一九九〇）二一四-二七〇頁など参照。

（15） ルドー・クロワ・ブルディック（一九九六）一一四-一一五頁。

（16） 細田（二〇〇九）四一一-四一三頁、細田（二〇一一）三三五-三三八頁。中世からルネサンスにいたるまで宗教絵画の目的として、文字の読めない人の教化、人びとの心に訴えかけて信仰の念を引き起こす、魂に物事を記憶させるという三点がよく列挙されるが（たとえばバクサンドール 一九八九、七七‐八一頁）、これに対する批判も出されている（ディディ＝ユベルマン 二〇〇一、四〇‐四四頁）。
(17) ルドー・クロワ・ブルディック（一九九六）一一八頁。
(18) 細田（二〇〇九）四一二頁。
(19) ルドー・クロワ・ブルディック（一九九六）一一四‐一五〇頁参照。
(20) 日本の「熊野観心十界図」のなかの「老いの坂」の図像モティーフが、「人生の階段」図と比較されうることはすでに指摘されている。
(21) 『初期ギリシア哲学者断片集』一九五八年、三二頁。『ギリシア思想家集』一九六五年、三七、四〇頁。なお「万物は流転する」という言葉はヘラクレイトス自身によるものではないということについては荻野（一九九九）八三‐一〇一頁。
(22) 湯原（一九九五）二一九頁。
(23) ゴーギャンの絵画のタイトルとなっている問題意識は古くから人口に膾炙しており、筒井（二〇〇四）二八‐三六頁によると、紀元一世紀ころから流布しはじめていたものと考えられる。

参考文献

網野善彦・大西廣・佐竹昭広編『人生の階段』〈いまは昔むかしは今5〉（福音館書店、一九九九年）。

アリエス、フィリップ『〈子供〉の誕生——アンシァン・レジーム期の子供と家族生活』杉山光信・杉山恵美子訳（みすず書房、一九八〇年〔原著一九六〇年〕）。

——『図説死の文化史』福井憲彦訳（日本エディタースクール出版部、一九九〇年〔原著一九八三年〕）。

アリストテレス『アリストテレス全集9』島崎三郎訳（岩波書店、一九六九年）。

——『アリストテレス全集16』山本光雄訳（岩波書店、一九六八年）。

オウィディウス『変身物語』（上・下）中村善也訳（岩波書店、一九八一、一九八四年）。

荻野弘之『哲学の原風景——古代ギリシアの知恵とことば』（日本放送出版協会、一九九九年）。

ギヨーム・ド・ロリス／ジャン・ド・マン『薔薇物語』（上・下）篠田勝英訳（筑摩書房、二〇〇七年）。

『ギリシア思想家集』〈世界文学大系63〉（筑摩書房、一九六五年）。

黒田日出男「熊野観心十界曼荼羅の宇宙」宮田登編『大系仏教と日本8　性と身分』（春秋社、一九八九年）二〇七－二七五頁。

黒瀬保編著『中世ヨーロッパ写本における運命の女神図像集』（三省堂、一九七七年）。

山本光雄訳編『初期ギリシア哲学者断片集』（岩波書店、一九五八年）。

鈴木道也「ヨーロッパにおける中世的自然観の解明に向けて――中世百科全書を手がかりに」（『埼玉大学紀要、教育学部』59（2）、二〇一〇年）一〇三－一一八頁。

筒井賢治『グノーシス――古代キリスト教の〈異端思想〉』（講談社、二〇〇四年）。

ディオゲネス・ラエルティオス『ギリシア哲学者列伝』（上・中・下）加来彰俊訳（岩波書店、一九八四、一九八九、一九九四年）。

ディディ＝ユベルマン、ジョルジュ『フラ・アンジェリコ――神秘神学と絵画表現』寺田光徳・平岡洋子訳（平凡社、二〇〇一年〔原著一九九〇年〕）。

西岡亜紀「いわゆる「人生の階段図」に関する一考察――日本の絵解きとの比較研究の視座を模索する」（『絵解き研究』22、二〇〇九年）一〇六－一一七頁。

萩原龍夫『巫女と仏教史――熊野比丘尼の使命と展開』（吉川弘文館、一九八三年）。

バクサンドール、マイケル『ルネサンス絵画の社会史』篠塚二三男・池上公平・石原宏・豊泉尚美訳（平凡社、一九八九年〔原著一九七二年〕）。

パッチ、ハワード・ロリン『中世文学における運命の女神』黒瀬保・迫和子・轟義昭・蓑田洋子訳（三省堂、一九九三年〔原著一九二七年〕）。

林雅彦「女性による女性のための「人生の階段図」絵解き――「九相図」を視野に入れつつ」（『国文学解釈と鑑賞』69（6）、二〇〇四年）一四〇－一五四頁。

細田あや子「宗教美術研究序説」市川裕・松村一男・渡辺和子編『宗教史とは何か』（下）（リトン、二〇〇九年）三八九

－四二四頁。
――――「宗教における表象と造形――その教育的機能をめぐって」（『宗教研究』三六九号、二〇一一年）三一九－三四六頁。
松田隆美『ヴィジュアル・リーディング――西洋中世におけるテクストとパラテクスト』（ありな書房、二〇一〇年）。
湯原かの子『ゴーギャン――芸術・楽園・イヴ』（講談社、一九九五年）。
ルドー、ファンシュ／クロワ、アラン／ブルディック、ファンシュ『天国への道――民衆文化と司祭たち』原聖訳（日本エディタースクール出版部、一九九六年〔原著一九九八年〕）。
Burrow, J.A., *The Ages of Man. A Study in Medieval Writing and Thought*, Oxford, 1986.
Enzyklopädie der Neuzeit 1-16, Stuttgart 2005-.
Joerißen, P. and Will, Cornelia eds., *Die Lebenstreppe. Bilder der menschlichen Lebensalter. EineAusstellung des LandschaftsverbandesRheinland, RheinischesMuseumsamt, Brauweiler in ZusammenarbeitmitdemStädtischen MuseumHausKoekkoek, Kleve*, Köln, 1983.
Lexikon der christlichen Ikonographie 1-8, Rom/ Freiburg/Basel/ Wien, 1968-1976.
Lexikon des Mittelalters 1-9, München/Zürich, 1980-1998.
Sandler, L. Freeman, *The Psalter of Robert de Lisle in the British Library*, Oxford, 1983.
Sears, E., *The Ages of Man. Medieval Interpretations of the Life Cycle*, Princeton, 1986.
Wortley, J., "Four-Age Systems of Human Development", in *Journal of Aging and Identity*, 3 (4), 1998, pp.213-230.

第九章　「気分」から探る乳児の世界

白井　述

1　はじめに

†「無力」な赤ちゃん？

「赤ちゃんの視覚機能の発達を研究しています」というと、「そもそも赤ちゃんはちゃんとものが見えているのですか」などという質問をされることがしばしばある――赤ちゃんの目を見つめれば赤ちゃんもじっとこちらの目を見つめ返してくるし、こちらから微笑みかければ微笑み返してくれる（大泣きされることもしばしばであるが）。目の前におもちゃを差し出せばそれを目で追いかけ、生まれて半年もたった赤ちゃんであれば手を伸ばしてつかもうとする。ほんの数分、赤ちゃんと遊んでいるだけでもこれだけのことが起こるのに、である――。

それくらいヒトの赤ちゃんというのは、非常に無力な、理解し難い存在であると一般的には考えられているのであろうか。確かに生まれて間もない赤ちゃんを見ると、さまざまな面でわれわれ成人との差異が目につき、その違いの大きさに驚かされることも多い。たとえば、ヒトという種に固有の身体的・心的機能の代表格として、直立した姿勢で二本の脚で歩くこと、言語を用いることがそれぞれ挙げられるが、どちらも生まれたばかりの赤ちゃんにとっては、実行することがまったく不可能な課題であるといってよい。それどころか、立つことも這うこともできず、もっぱら寝て、泣いて、おっぱいを飲んで、排泄して、といったごく限られた行為のレパートリーを繰り返すことしかできないようにさえ思える。あまつさえ同じほ乳類であるウシやウマの赤ちゃんが、生まれた直後に自分の脚で立ちあがり、親のあとを元気について回ることを思えば、比べものにならないくらい無力な存在に見えてもしかたがないのかもしれない。

このような素朴な「無力な赤ちゃん観」は、実はほんの半世紀ほど前まで、発達心理学を専門とする研究者たちのあいだにおいてさえ、深く浸透していた概念であった。たとえば、没後三十年余を経て、いまなお多くの発達心理学者に多大な影響力をもつスイスの発達心理学者ピアジェ（Jean Piaget）は、前時代のアメリカの心理学者ボールドウィンの見解に同意する形で、赤ちゃんの心的世界について次のように述べている。

乳児は、自我意識の徴候も、内界の所与と外界の所与との間の安定した境界の徴候もなんらあらわしていないのであって、この「非二元性」は、その自我の構成が、他人の構成に相応しながら、しかもこれと対立しながら、可能になるときまでつづく。（ピアジェ 一九七二、二〇頁）

すなわちピアジェは、生まれたばかりの赤ちゃんの心的世界は、意識の諸相の境界が不明瞭な、混沌とした様相を呈しており、自己や他者、周囲の環境世界の別が体制化されたわれわれ成人のそれとはまったく異なるものであると考えていたのである。ピアジェは、自らの三人の子どもの成長観察に基づいて独自の発達理論を体系化し、それによって今日の発達心理学の基礎を構築した、いわば「発達心理学の父」とでも称すべき研究者である。そうしたピアジェの見解が、後の発達心理学者たちの（ひいては世間一般の）赤ちゃん観に大きな影響を与えたであろうことは想像に難くない。

また、赤ちゃんの心的世界についての専門家であるはずの発達心理学者でさえ、赤ちゃんの「無力さ」を信じて疑わなかった背景には、西洋文化圏において長らく支配的であった経験主義的な人間観の根強い影響があるものと考えられる。こうした過去の状況について、赤ちゃんの知覚発達についての実験的研究のパイオニアの一人、アメリカの発達心理学者であるバウアー（Tom G.R. Bower）は、以下のように評している。

かなり最近まで、心理学者は赤ん坊の知覚世界はまったく意味のないものだと論じていました。例えば石は硬いということを見てわかるといった種類の意味でさえです。……もしこの議論が正しければ、生後まもない乳児はどういうものが硬く、何が硬くないかを知るよしもないでしょう。多くの心理学者は、あたかも乳児は何の意味もない非現実的絵のような視覚世界の中で、生きているかのように述べてきました。……この種の議論は、いわゆる安楽椅子に腰かけ、思弁的にものごとを考えていた哲学者によりおもにすすめられてきたことに留意すべきです。彼らのデータは赤ん坊の観察にもとづいていません。（バウアー 一九七九、三－五頁、傍点筆者）

バウアーの主張をそのまま受け入れるならば、赤ちゃんの心的世界が過小評価されてきた直接的、間接的要因の一つとして、赤ちゃんの心的世界について理解しようとする学問的な試みが、主に思弁的方法によってなされてきたことを挙げることができよう。ではなぜ、赤ちゃんの心的世界についての考察は実証的な研究によらず、もっぱら机上の思索においてのみ進められてきたのだろうか。そして、その結果として「無力な赤ちゃん像」が形成されるにいたったのであろうか。その背景には、赤ちゃんがこちらの言うことを理解しているようにも思えないし、自らしゃべることもない、つまり赤ちゃんが言語的能力をもたない、という事実があるに違いない。

先に、われわれヒトのもっともユニークな心的機能として言語機能を挙げた。そうした言語機能はわれわれの思考の礎となるだけでなく、他者とのコミュニケーションの強力なツールとなる。他者と互いの主観的経験を共有しようとするとき、（主観的経験を他者と完全に共有することが原理的に可能であるか否かはさておき）なんらかの言語的コミュニケーションの存在によってその作業が大きく進展することは明白である。たとえば一言もしゃべることを許されない状況で、昨晩自分が食べた夕食が何であったか、そしてそれがどんな味がして、自分の好みとどう合致したか、という些細な主観的経験を友人に伝えなければいけない状況を想像してほしい。主観的経験の共有という作業において言語の果たす役割がいかに大きいか、実感せざるをえないだろう。

一般的に赤ちゃんと呼ばれるような子どもたちは、学術的には「乳児」（infant）と呼ばれ、「乳児期」（infancy）として定義される発達段階にある（こうした学術的慣例にしたがって、以後、一般的な「赤ちゃん」という呼称に対応させて「乳児」という用語を使用することにする）。研究者によって多少の意見の相違があるかもしれないが、われわれヒトが成人するまでにたどる発達段階を順にあげると、乳児期、幼児期、児童期、青年期となる。そのうち乳児期とは、生まれてから初歩的な言語能力を獲得するまでの期間を指し、より具体的には誕生からおよそ生後一歳半くらいまでの時期に相当する。

「言語機能の獲得前の発達段階」という乳児期の定義からも明らかであるように、乳児のもっとも顕著な心的特徴は「われわれ成人のような言語的な能力をもたないこと」である。われわれ成人が他者との日常的コミュニケーションの主要な道具として使用している言語的能力を乳児はもたないのだから、当然、乳児がどのように世界を認識しているかを言語的コミュニケーションによって乳児本人に直接問いただすことなどは不可能である。こうした事実が、乳児が見て、聞いて、感じている世界がどのような様相を呈しているのか、また乳児自身がそうした世界の諸相をどのように認識しているのか、ということについて、われわれ成人が理解することを困難にしている。

しかしながら、このような言語的コミュニケーションの欠如という困難を乗り越えて、近年の科学的研究の成果は乳児の心的世界が驚くほど豊かであることを裏付ける証拠を次々に提供している。単に目が見える、見えないといった枠組みをはるかに超えて、三次元的広がりをもった周囲の環境や、そのなかに存在するさまざまなヒト、モノの特徴、そして場合によっては、それらの事物間の複雑な関係性までも認識可能であることが報告されているのである。では、いったいどのような方法を用いれば、言語機能をもたない乳児の心的世界について科学的に検証することができるのだろうか。多くの実験心理学者や発達心理学者の創意工夫によって生み出されたその方法とは、乳児が世界をみるときの「気分」を巧妙に利用したものであった。

2　目は口ほどにものを言う

† 選好注視法の誕生

乳児の心的世界を実証的に探索するために開発された手法のうち、現在にいたるまでもっとも一般的、かつ有効なものの一つに「選好注視法」(preferential looking method)と呼ばれる手法(及び、その派生的手法)がある。これは目の前の対象を乳児が見ている時間を、乳児の視線を分析することによって測定する手法である。「たったそれだけ?」と思うかもしれない。しかし、このきわめてシンプルかつ強力な実験手法の登場によって、長らく支配的だった「無力な赤ちゃん像」が根本的に覆ることになったのである。

選好注視法は、アメリカの発達心理学者ファンツ（Robert L. Fantz）によって開発された手法である。基本的な手続きとしては、複数（通常二つ）の対象を同時あるいは系列的に乳児に提示し、それぞれの対象を乳児がどれくらい長く注視するかを測定する。一般的に、乳児は目の前に何かを提示されるとその対象をじっくりと観察する傾向があるが、その注視の持続時間や頻度は、提示された対象の特性によってさまざまに変化する。ある特性をもつ対象に対してはそれを熱心に長時間、何度も繰り返して観察することもあるし、別の特性をもつ対象に対してはそれほど長いこと見ること無く、すぐにそっぽを向いてしまうこともある。

そのような、乳児が示す対象への注視時間の長さや注視頻度の大きさを相対的な強さの値として表わしたものを、視覚選好（visual preference）、あるいは単に選好（preference）とよぶ。たとえば対象Aと対象Bが乳児の目の前に同時に（あるいは系列的に）提示される場合に、乳児がBよりもAの方を統計的に有意なかたちでより長く、あるいは頻繁に注視するならば、乳児はAに対してBを上回る視覚選好を生じた、というように記述される。

このような視覚選好はさまざまな対象の組み合わせに応じて生じる。実際ファンツらによる実験から、一般的に「非顔図形よりも顔のように見えるもの」「小さいものよりも大きいもの」、「数が少ないものよりも多いもの」、「単純なものよりも複雑なもの」、「明暗のコントラストが小さいものよりも大きいもの」などに対して乳児は視覚選好を生じることが明らかにされている（詳細についてはFantz（1958）、Fantz（1963）、Fantz and Yeh（1979）を参照のこと）。つまり、さまざまな視覚パターンに対して乳児がそれを見たいと思うかどうか、それらのパターンによって生じる「気分」のようなものが、あらかじめ決まっており、もしその視覚パターンを乳児が認識できる状況にあれば、乳児はそのパターンを非常によく見るということになる。したがって、こうした基本的な視覚選好の傾向をあらかじめ知っておけば、乳児が目の前の諸対象を弁別可能であるか否かをある程度調べることができるのである。

選好注視法は「注視行動」という、われわれヒトが生まれつき制御することが可能な行動を測定指標として採用した点で画期的な手法である。それまでの発達心理学的研究における実験、観察の手法は、手や脚、身体全体の動きといった、生まれたばかりの乳児にとっては制御がきわめて困難な身体運動の表出を観察することによって主に行なわれてきた（前出のピアジェによる観察もそうである）。したがって、それらの身体運動自体が未発達な乳児の心的世界が過小評価されがちであったのだ。

では、選好注視法の開発によって、具体的にどのような成果が挙げられてきたのだろうか。以下、そうした成果の代表例として、乳児の視力を測定した研究の例を挙げながら、選好注視法の具体的手続きや適用方法について詳しく紹介していこう。

† 選好注視法の適用例――視力検査

選好注視法の開発によって、もっとも理解が進んだ乳児期の視覚特性として「視力」（acuity）が挙げられる。視力とは視覚の空間解像度、より分かりやすい言葉で説明すれば、視覚的にどれくらい細かいパターンを認識できるかどうか、を表わす指標である。乳児の視力が十分に高ければ、目の前の世界は細部まではっきりとした像を結び、われわれ成人と同様に細かい視覚的変化も敏感に感じ取ることができるだろう。一方視力がそれほど高くなければ、乳児の見る世界はぼんやりとぼやけたものになるので、われわれ成人ほどは視野上の細かい情報に気を払うことができないかもしれない。したがって、乳児が発達の各段階でどれくらいの視力をもつかを明らかにすることは、乳児から見た世界を想像するにあたって非常に重要な作業であったといえよう。多くの選好注視法による実験の結果、一般的な乳児の視力は、出生直後で〇・〇一－〇・〇二ほど、生後半年くらいで〇・一－〇・二ほどであるといわれている（アトキンソン 二〇〇五、Dobson and Teller 1978）。では、こうした具体的な値はどのようにして測定されたのだろうか。

乳児の視力の測定方法について詳しく述べる前に、「視力」の専門的な定義について簡単に説明しておこう。現在の日本においては、視力は通常一・〇や一・五、あるいは〇・五などといった数値で表わされることが多い。そうした数値は、われわれ各々が検出できるもっとも小さな視覚パターンの大きさを視角分（網膜像上での距離を表わす単位で、一視角度〔°〕＝六〇視角分〔′〕は、一センチメートルの長さのものを五七・三センチメートル離れて観察した場合に生じるその網膜像の長さにほぼ等しい）という距離単位に換算し、その値の逆数をとったものとなる。たとえば視力が一・〇であれば、最小で一視角分の幅のパターンを検出することが可能であることを指し、視力が二・〇であれば〇・五視角分の、〇・五であれば二視角分の幅までそれぞれ視覚的に弁別可能であることを示す。通常成人の視力を測る際には、それ専用にデザインされた図形の系列を順番に提示し、被測定者にそれらの特徴について回答させることによってどれくらい細かいパターンを弁別可能であるかを調べる。

たとえば日本でおなじみのランドルト環を用いた視力測定では、さまざまな大きさのアルファベットの「C」と類似した形状の図形が提示される。被測定者は、それらの図形の切り欠きの部分が上下左右、斜め方向など、図形内のどの向きに位置するのかを口頭あるいはジェスチャーなどで答える。ランドルト環は、線分の幅と切り欠きの開口部の幅が等しくなるようにデザインされているので、小さなランドルト環ほど細い線で描かれており、またその切り欠き部分は狭くなっている。そのためランドルト環のサイズが小さくなればなるほど、切り欠き部分がどこにあるのか回答することが難しくなる。こうした状況において、被測定者が切り欠きの方向を正しく答えるために必要な、最小限の切り欠きの幅を視角分の単位で表わしたものの逆数が視力として記録されるのである。

このように成人の視力を測る場合には、被測定者に特定の視覚パターンを提示するとともに言語的な教示を与えて回答を促し、その結果を分析することによって視力を測定できる。では乳児の視力を測る場合はどうであろうか。前節での議論を引くまでもなく、乳児に言語的な教示を与えることは不可能である。したがって乳児の視力を測定するためには、被測定者の言語的能力に依存しない手続きが必要となる。そこで用いられたのが選好注視法を利用した測定手続きである（正確には選好注視法の改良版である強制選択選好注視法 Forced-choice preferential looking method〔Teller 1979〕である場合が多いが、その詳細については本章では省略する。なお選好注視法と強制選択選好注視法の違いについては、金沢〔二〇一〇〕が詳しい）。

　これらの手続きでは、水平方向に細長い一様な灰色の板の左右いずれかの領域に、白黒の縞模様を貼付けたような視覚パターンが用いられる（**図1**）。パターンの中心部には非常に小さな「覗き穴」が設けられており、測定者が視覚パターンの背後に隠れて、被測定者の注視行動を観察できるようになっている。パターンの灰色部分と縞模様の平均輝度は等質になるように設定されており、通常は縞の細かさが異なる複数のパターンが用意される。パターン中の縞模様の幅が、観察者の視力で十分に見極めることができるほど大きければ、観察者は板の左右いずれかに縞模様がつ

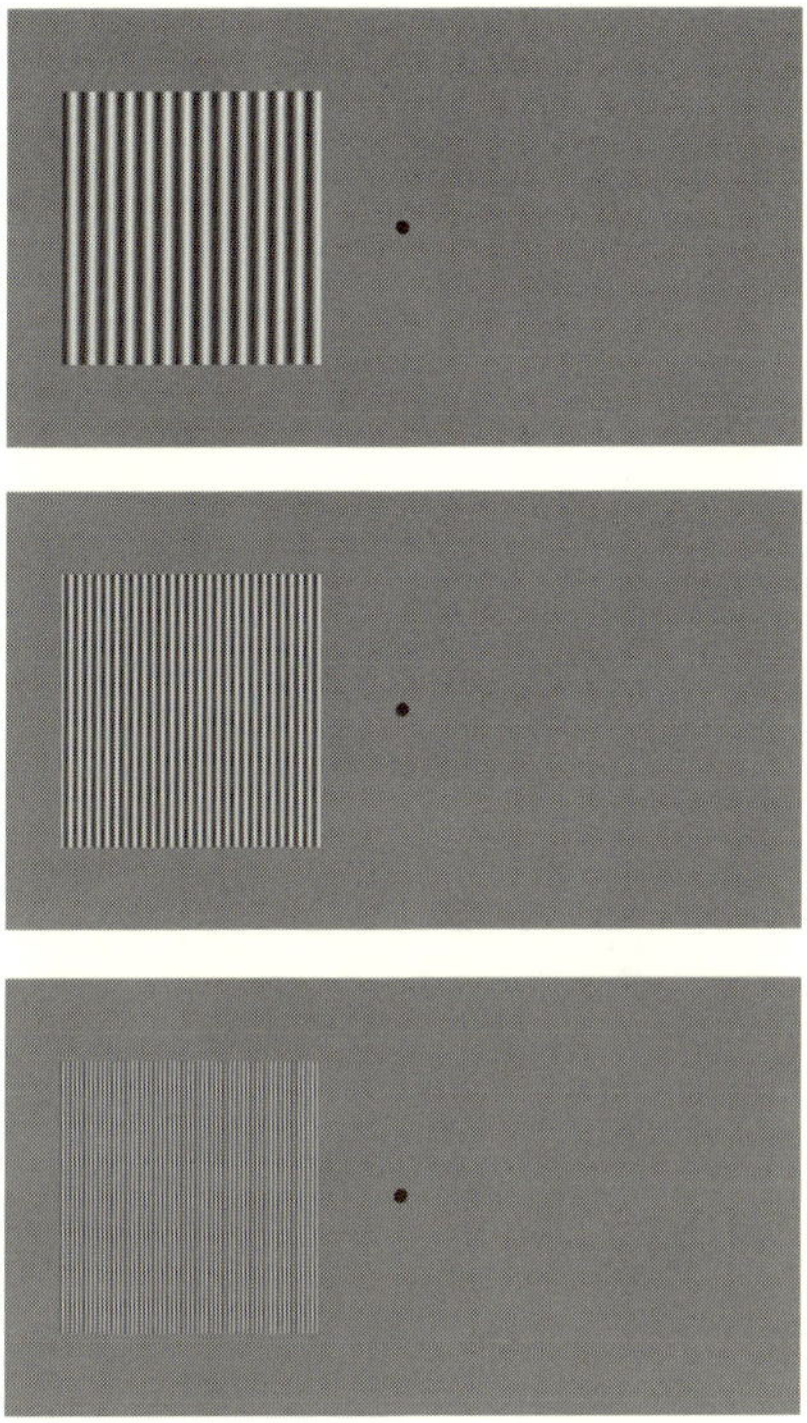

図1　縞視力を測定する際に用いられる視覚パターンの模式図

いていることを容易に認識できる（たとえば図1上段）。しかし、縞模様が観察者の視力では見分けることが難しいくらい細かい場合には、縞模様がつぶれて周囲の灰色の背景部分との違いが分からなくなってしまう（たとえば図1下段）。このようなパターンを乳児に提示して、「縞が無い領域」に対する「縞がある領域」への視覚選好を調べることによって、乳児の視力を測定することができるのである。

ここで、一般的に乳児が「より複雑な対象」に対する視覚選好を示すことを思い出してほしい。もし乳児の視力が、それらのパターン中の縞模様を認識するに十分なほど発達していればどうなるだろうか。おそらく縞という比較的複雑な構造をもった部分を、単調な灰色の領域よりも選好する、すなわちより高い頻度で注視するに違いない。では、パターン中の縞が、乳児の視力では認識できないほど細かい場合にはどうなるだろうか。乳児から見て、縞部分と灰色の領域は区別がつかないのだから、縞のある領域とその反対側の縞の無い領域をほぼ同じくらいの割合で注視するだろう。

こうした予測に基づき、さまざまな細かさの縞模様をもつ視覚パターンが何度も繰り返し乳児に提示された。視覚パターンが提示されるたびに、測定者が視覚パターンの背後から乳児の注視行動を観察し、その都度、乳児がパターンの左右の領域のどちらをより頻繁に注視したかを判断するのである（測定者自身は、パターンの左右のどちらに縞模様がついているかを知らない）。このとき、観察者の記録と、実際に縞模様が提示されていた位置が一致した場合には、その回の提示で乳児が縞を選好したと判断される。こうした作業を特定の細かさの縞をもつパターンごとに何十回と繰り返し、縞領域を乳児が選好した割合（選好率）を求める。そして、その値がチャンスレベル（この場合は五〇パーセント）と統計的に有意に異なる場合に「乳児がその細かさの縞を認識できていた」と解釈されるのである。

このような方法によって調べられた視力は縞視力とよばれ、サイクル毎度（cycle/degree）という単位で表わされる。サイクル毎度は縞の細かさを表わす単位で、一視角度あたり何組の白黒の帯がおさまるかということを基準にしたものである。たとえば、一サイクル毎度の縞は、一視角度の範囲に白と黒の帯がちょうど一組、一本ずつおさまるような縞となる。同様に二サイクル毎度の縞は白黒の帯が二組、三サイクル毎度の縞ならば白黒の帯が三組、一視角度の幅におさまることになり、数値が大きいほど縞が細かくなる。乳児が有意な選好を生じた縞のうち、もっとも細かい縞についてサイクル毎度の単位として表わすことによって、その乳児の縞視力とするのである。こうした縞視力は、われわれが通常用いる視力の単位に容易に換算できる。縞視力に一致する縞の白黒の帯、それぞれの幅を視角分に換算し、その逆数を求めればよいのである。たとえば、一サイクル毎度の縞視力の場合を考えてみよう。一サイクル毎度の縞では白黒の帯の幅はそれぞれ〇・五視角度となる。〇・五視角度は三〇視角分に換算でき、その逆数はおよそ〇・〇三となる。すなわち一サイクル毎度の縞視力は〇・〇三の視力と等しいのである。

このような例からも分かるように、選好注視法を用いることによって、比較的短時間のうちに、きわめて容易に乳児の視覚機能を測定することができる。その適用範囲は非常に広く、視力の他に、色、形、奥行き、動きの認識など、乳児期のおよそありとあらゆる視覚機能を調べるのに用いられ、それぞれ大きな成果を挙げている（本章ではそうした研究の詳細については言及しないが、乳児期のさまざまな視覚機能の発達については、アトキンソン（二〇〇五）、山口・金沢編（二〇〇八）などを参照されたい）。

3　乳児の「気分」を操作する

† 選好注視法の弱点

このように、非常に単純かつ強力な研究手法である選好注視法だが、いかなる場面においても有効に機能する訳ではなく、それ相応のデメリットももち合わせている。もっとも大きなデメリットとして挙げられるのは、乳児が特定の対象間の弁別が可能であることを示すことはできるが、それらを弁別できないことを示すことは不可能な点であろう。

たとえば、A、B、二つの対象を乳児に対提示した場合に、どちらか一方の対象への有意な視覚選好が生じるならば、乳児が両者を弁別していたと解釈することに何の問題もないだろう。では、乳児が二つの対象のいずれにも明確な視覚選好を生じない場合はどうであろうか。有意な選好がないのだから、乳児は両者を区別できていなかったと結論づけるべきであろうか。答えは否である。この場合、乳児は二つの対象を弁別する能力をもち合わせていたにもかかわらず、どちらの対象にも選好を生じなかった可能性がある。少々踏み込んだ表現をすれば、乳児はAとBを見分けることはできていたが、単に「AもBも同じくらい見ていたかった」あるいは「AもBも同じくらい見たくなかった」のかもしれない。

このような「選好の無さ」についての解釈の難しさは、選好注視法による実験を運用するにあたって常につきまとうやっかいな問題である。前節で紹介したような「無地の領域中に存在する縞パターン」のように、それを乳児が認識できる限りは強力な視覚選好を引き起こす対象であれば、そうした問題はある程度無視できる。しかしながら、そのような強力な視覚選好が生じるのは、比較されるべき対象間の差異が大きさや、明るさのコントラスト、複雑さ、といった特定の特徴にそって定量的に操作できるような場合に限られる。残念ながら世のなかのほとんどの事象は、その特徴を単純に定量化することができないし、それを妥当な方法で操作することも非常に難しい。したがって、特定の対象間の比較において、乳児が強い視覚選好を生じるようなケースはそれほど多くないのである。

では、われわれは乳児の世界について、ごく一部の、定量的に操作可能な一側面だけしか知ることができないのだろうか。実は、こうした選好注視法の弱点は、乳児が世界を見るときの「気分」をちょっとした工夫によって操作してやることによって補うことができる。次項以降そうした工夫について具体的な例とともに紹介していこう。

† 見えないものが見える

日常的にわれわれは、任意の視点からある物体を見た場合に、その一部がより手前にある物体に遮蔽されて見えない、といった状況を経験している。そのような状況では被遮蔽物の全体的な形態は多義的になり、その形態について完全に正しく推定することは理論上不可能であるが、多くの場合、われわれはそうしたことに何の疑問ももたずに日常生活を送ることができる。そうした背景には、物理的には見ることのできない被遮蔽物の全体的形態を自動的に補って、安定した知覚世界を構築する心的機能の存在がある。

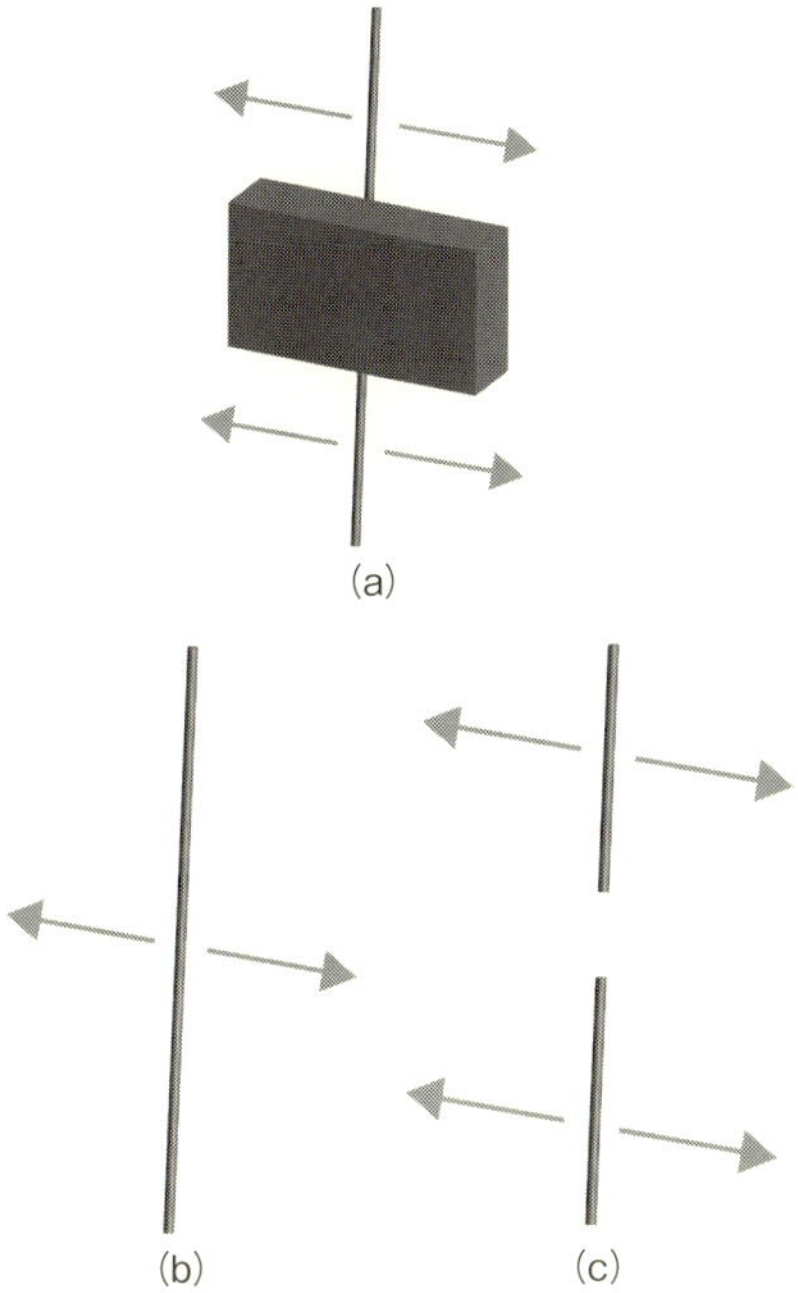

図2　Kellman and Spelke（1984）による実験の概念図（著者作成）

図2(a)は、一本の動く棒が観察者からみてより手前にある箱によって遮蔽され、その一部を直接見ることができないような状況を表わしている。われわれ成人は、こうした状況に出くわしても、棒が箱の向こう側で**図2**(b)のような連続した形態を保ちな

がら運動しているのだと自動的に知覚し、実は箱の向こうで**図2**(c)のように二つに分断された短い棒が縦に並んで同期して運動しているのだと知覚することはほとんどない(純粋に視野上に映った像だけから判断すれば、どちらも同じくらいありえそうな解釈であるのにもかかわらず)。これは、われわれが箱に遮られた棒の全体的な形態を多義的に解釈することなく、われわれの生活環境においてもっともありえそうなものへと自動的に補完していることを意味する。こうした形態の補完機能がなければ、われわれは一貫した形態をもった環境世界を知覚することができず、身の回りは形が多義的に変化する物体で溢れかえり、安定した行為の遂行が不可能となるに違いない。それでは乳児はこうした状況をどのように知覚するのであろうか。われわれ成人と同じように、視野上の見えない部分をもっともありそうな形態に補完して知覚しているのだろうか。それとも、ただ網膜に映る光の像としてそれらを認識し、多義的な解釈に満ちた不安定な世界で日常を過ごしているのであろうか――経験主義者やピアジェがそう嘯いたように。

被遮蔽物の形態知覚が乳児にも可能かどうか、アメリカの発達心理学者ケルマン(Paul J. Kellman)とスペルキ(Elizabeth S. Spelke)は、「馴化‐脱馴化法」(habituation-dishabituation method)と呼ばれる手続きを利用した実験によって検討を行なった(Kellman and Spelke 1983)。ちなみに、こうしたテーマを選好注視法によって調べるのは非常に困難であるといえる。仮に選好注視法を用いて、**図2**のような対象の形態知覚を調べるならば、乳児が「一本の繋がった棒に見える対象」と「二本の分断された棒に見える対象」のいずれかに有意な視覚選好を生ずることを前提として、**図2**(a)、(b)、(c)間のすべての組み合わせで視覚選好を検討し、その傾向を比較することが必要となる(そのためにはきわめて複雑な論理的解釈が必要となるが、解説が非常に煩雑になるのでここでは省略する)。しかしながら、乳児が一本の長い棒と、二本の短い棒のどちらを選好するのか、アプリオリに決定することは難しい。たとえば「一本の長い棒」は「大きさ」という特徴においては「二本の短い棒」よりも乳児の気をひきそうだし、二本の短い棒は「数の多さ」という特徴において「一本の長い棒」よりも魅力的かもしれない（実際に、ケルマンらは、それらのどちらにも乳児が視覚選好を生じないことを予備的な実験で確かめている）。そこで登場するのが馴化‐脱馴化法となる。この方法のもっとも大きな特徴は、もともと視覚選好の生じない対象間に、「馴化（＝飽き）」の操作を加えることによって半ば強制的に視覚選好を生み出すことができる点にある。一般的に乳児は、特定の対象に馴化した後には、その対象と類似した対象よりも、より異なる対象を選好する（脱馴化する）という傾向をもつ。こうした傾向を利用して、乳児を特定の対象に「飽きさせる」ことによって、その対象（に類似した対象）よりも、新しい（ように見える）対象を見たい「気分」にさせるのである。乳児は「新しい物好き」といえよう。

ケルマンらの実験では、まず**図2**(a)のようなパターンを乳児に何度も繰り返し提示し、その注視時間を計測することが行なわれた（こうした手続きを馴化試行と呼ぶ）。そうすると、はじめのうち乳児は提示されたパターンをじっと観察するが、そのうち同じパターンの繰り返しに飽きてきて（馴化して）、だんだんとそのパターンを注視する時間が短くなってくる。そうした傾向が顕著になり、当初定めた基準（彼らの例では、直近の三回の提示における平均注視時間が、最初の三回の提示の平均注視時間の半分を下回ったら、というものであった）を下回ったところでテスト試行が開始され、**図2**(b)と**図2**(c)のパターンが順番に乳児に提示された。なおテスト試行では、パターンの提示順がそれぞれに対する乳児の注視時間に影響しないように、どちらのパターンが先に提示されるかは乳児ごとにバランスがとられた。もし乳児が馴化試行で提示された**図2**(a)のパターンを、「箱に遮蔽された一本の長い棒」として認識していたならば、**図2**(b)は乳児にとって見飽きたパターンとなるので、**図2**(c)に対してより強い視覚選好を示すと考えられる。一方、乳児が馴化試行におけるパターンを「箱の背景で分断された二本の短い棒」と解釈していたならば**図2**(b)の方が乳児にとっては目新しく、強い選好を生じるかもしれない。あるいは馴化試行のパターンを図2(b)とも図2(c)ともつかない別の事象として知覚していたのならば、脱馴化試行において両者のいずれにも視覚選好を生じないかもしれない。

実験の結果から、生後四か月の乳児が、図2(c)のパターンに対して有意な視覚選好を生じることが明らかになった。すなわち、少なくとも生後四か月の乳児が、図2(a)のようなパターンをわれわれ成人と同じように、「箱に遮蔽された一本の長い棒」として認識していた可能性が示されたのである。

† 算数ができる赤ちゃん

さらに選好注視法に別の方法でひと手間加えることによっても、乳児の高度な心的機能の形跡について調べることが可能である。その一例として、アメリカの心理学者、ウィンによって実施された、生後五か月の乳児が簡単な足し算、引き算を理解できるかどうかを検討した実験（Wynn 1992）を紹介しよう。この実験では、乳児の期待背反（violation of expectation）事象に対する視覚選好を測定するという手続きが取られた。期待背反事象への選好注視とは、予想を裏切るような事象に対して生じる視覚選好で、前後の文脈から推定して起こりそうもないことや、もともとわれわれが生活している世界において日常的にありえなそうな事象を乳児が観察した場合に生じる視覚選好である（要するに、乳児は「変なもの」が好きなのだ）。

実験では、小さな舞台のような装置が用意され、乳児はその前に保護者とともに座り、その舞台上で起こるイベントを観察した（図3、図4）。乳児が足し算を理解できるかどうか調べる実験（図3(a)左）では、まずはじめに乳児が見ている前で、舞台袖から実験者の腕が出てきて舞台の中央に人形を一体置いていく。その後、舞台前方から衝立が上がってきて、乳児からは人形が見えなくなってしまう。そうすると、また実験者の手が舞台袖から出てきて、新たに人形を一体、衝立の奥に置いて去っていく。ここで注意すべきは、衝立が上がった後は舞台上

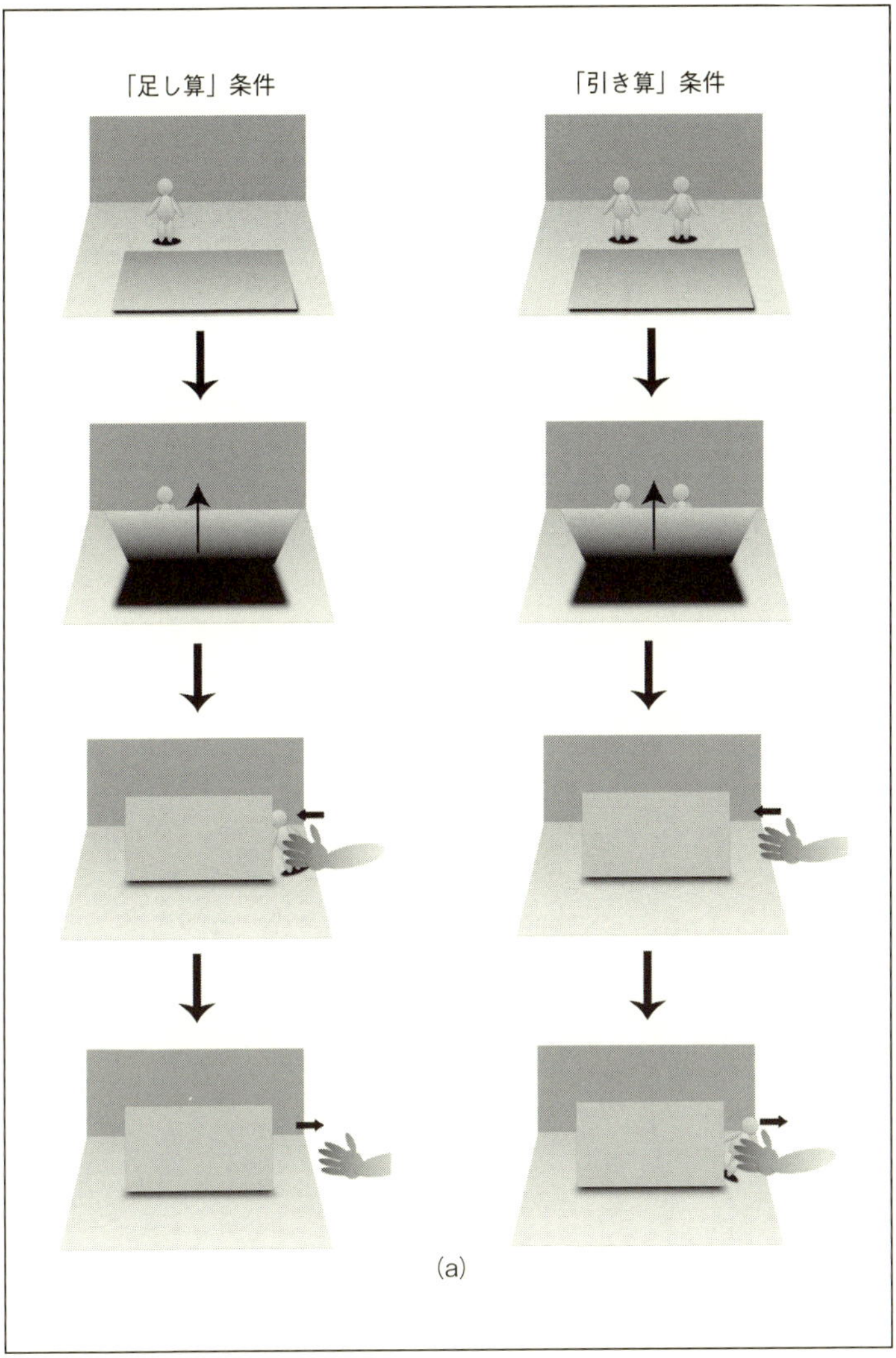

図 3　Wynn (1992) による実験の概念図①（著者作成）

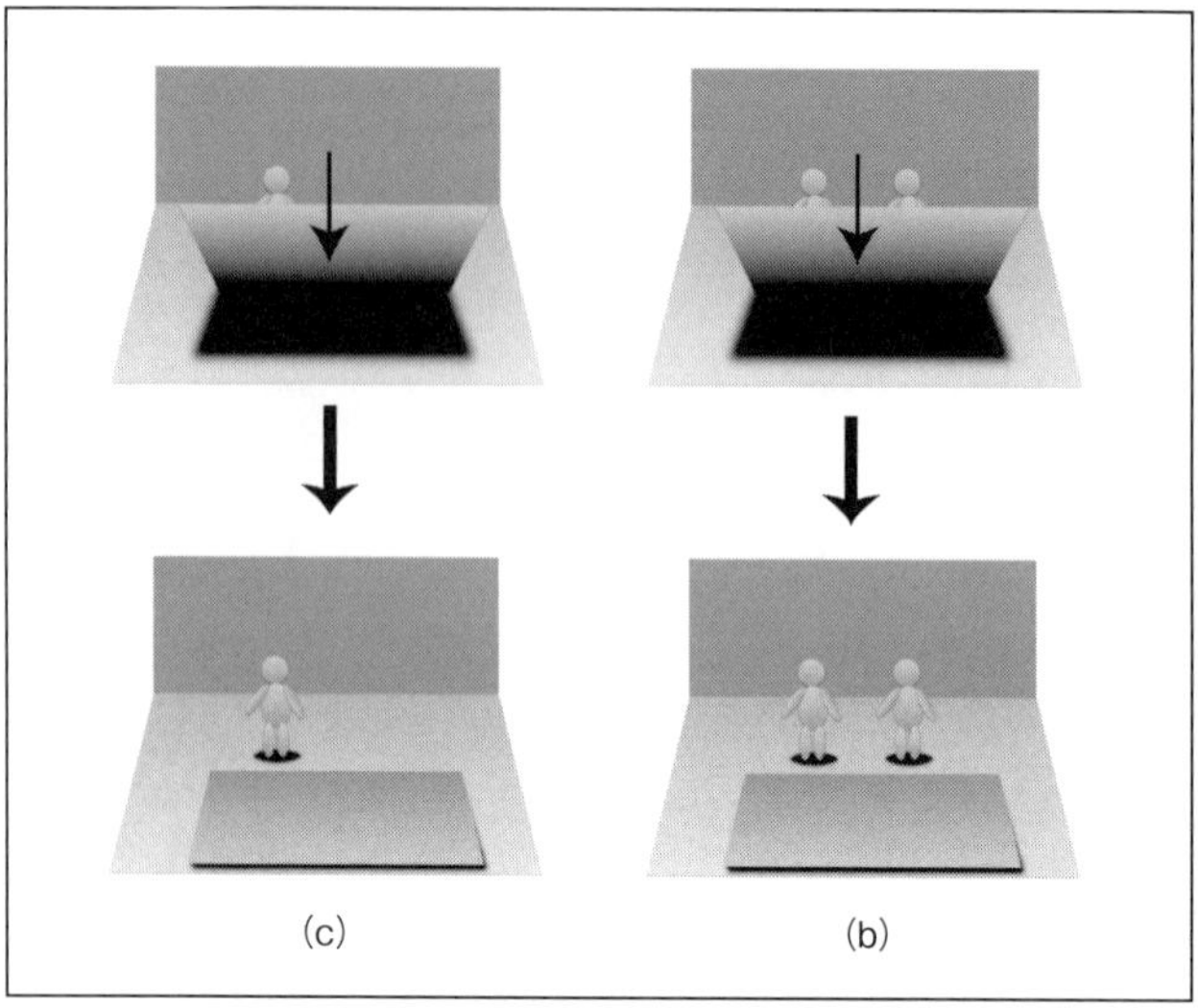

図 4　Wynn (1992) による実験の概念図②（著者作成）

にある人形の様子は乳児からは直接見えないようになっている点である。したがって、衝立の奥で実験者の手によって人形にどのような操作が加えられているかは推論するよりほかない。われわれ成人がこのような状況に遭遇すれば、衝立が上がる前に一体の人形がそこに存在し、衝立が上がった後にさらにもう一体の人形が追加される様子を見ていたわけであるから、直接衝立の奥を見ることができないとしても、現状ではそこに二体の人形が置かれていることを容易に理解できる。

しかしながら乳児はどうであろうか。自身の視点からは直接見えない事象についての数的処理を、頭のなかでわれわれ成人と同じようにこなすことができるのであろうか。ここでいよいよ、乳児の期待背反事象への視覚選好を測定するための手続きに入る。上述のような状況が乳児の前で一通り繰り広げられた後、今度は舞台上の衝立が下がり始める。その際、舞台上では次の二通りのうちどちらか一方の出来事が起こる。一つは、舞台上に二つの人形が置かれている場合（図 4 ⓑ）、二つ目は舞台上に一つの人形しかない場合（図 4 ⓒ）である。前者のように人形が二つ現われる状況については、もともと置かれていた人形は一つで、その後からもう一つ人形が足されたのであるから、前後の文脈から判断すればきわめて自然な結果であるといえる。しかし後者の状況はどうであろうか。もともと人形が一つ置かれていたところに、もう一つ人形が加えられたはずであるのに、いざ衝立が下がると一つしか人形が現われないという不自然な状況といえる。もし乳児が物体の数について簡単な「足し算」が可能であるならば、後者の状況は非常に奇妙なもの、すなわち乳児の期待に反した出来事に映るだろう。そしておそらく、そうした出来事は強力な視覚選好を誘発にするに違いない。実験の結果、人形が二つあるという自然な結果を提示された乳児よりも、人形が一つしかないという不自然な結果を提示された乳児の方が、舞台で起こっていることをより長く注視するということが明らかになった。これは乳児が舞台上での一連の人形に対する操作を理解し、たとえその様子を直接見ることができなくとも、その数の増減を予測できることを示唆する。

ただ、ここで一つ問題となるのは、最後に人形が一つしか現われない条件の方を乳児がよく注視したのは、もともと乳児が、人形が二つあるよりも、一つしかないような状況に対して視覚選好をもつかもしれない、という点である（一般的に乳児はより数の多いものを選好するので〔2を参照のこと〕、あまりありえそうにはないが）。もしそうだとすれば、この実験の結果は、乳児が「足し算」ができるがゆえの期待背反の選好注視を反映したものではなく、単にもともと乳児が、人形が一体しかいない状況を好んで見る傾向があることを反映しただけ、ということになってしまう。こうした可能性を排除するために、事前の文脈情報がまったくない状態で、それぞれ一つ、あるいは二つの人形が舞台上にある状況を乳児に提示し、どちらか一方の状況に対して乳児が視覚選好を生じるかが検討された。その結果、乳児はどちらの状況にも有意な視覚選好を示さないことが示された。したがって、ウィンの実験によって生じた乳児の選好注視が、前後の文脈による期待背反によるものであることが確認されたのである。

ウィンは同様の方法で、乳児の引き算の能力についても検討している（図3(a)右）。この場合には、最初に二体の人形が提示され、衝立が上がった後、そこから一体が取り除かれる。その後、衝立が下がったときに、人形が二体現われる場合と、人形が一体しか現われない場合で乳児の注視行動を比較した。もし乳児が「引き算」ができるのであれば、もともと二体あった人形から一体取り除かれたのに二体の人形が現われるという前者の状況に、期待背反の選好注視を示すだろう。そしてその結果は、やはり乳児が前者の状況をより長く注視すること、すなわち人形の数の「引き算」ができることを示すものであった。

†使い分けが肝心

このように、提示する事象の前後の文脈を操作してやることによって、もともと乳児が視覚選好を生じないような対象間の弁別能力や、きわめて複雑な状況を乳児がどう認識しているのかを検討することが可能になる。その点で馴化‐脱馴化法や期待背反の選好注視法は、通常の選好注視法よりも強力な手法であるといえる。

ただし、こうした手法を用いることがどのような実験場面においても常に最適な選択という訳ではない。一般的に、馴化‐脱馴化法や期待背反の選好注視法による実験は、通常の選好注視法による実験よりも時間がかかることが多い。馴化試行で提示された事象に乳児が飽きるのを待ったり、後に提示する事象が乳児の期待に反するような状況を作り出すための前操作を行なったりするのには、少なく見積もって数分以上の時間がかかる。一方、通常の選好注視法では、特定の対象間の選好を調べるのにかかる時間は、せいぜい数十秒から一分足らずである。馴化‐脱馴化法の前提となっているように、乳児は特定の状況に非常に飽きやすい。一旦実験自体に飽きてしまえば、いくら休憩を挟んでご機嫌を取っても、その後の実験を継続することは至難の業だ。したがって、不必要に時間を消費するような実験計画は極力避ける必要がある。

一般的に、視力のような基礎的な視覚機能の測定のように、多数の対象間で乳児の弁別能力を繰り返し調べる必要がある場合には（そしてそれらの対象を弁別できる場合に、乳児が一定の視覚選好を示すことが自明である場合には）、選好注視法を利用する方が得策である。つまり、通常の選好注視法や、馴化‐脱馴化法や期待背反の選好注視法、それぞれの特性をよく理解し、乳児の心的機能のどのような側面について調査するのか、目的に応じて使い分けることが重要であると言えよう。

4　結びに

本章では、いかにして心理学者が、言語的能力をもたない乳児の認識世界を探求してきたのか、主に乳児の注視行動を分析する手法を取り上げながら、いくつかの具体例とともに解説してきた。こうした手法が登場して以来半世紀近くたつが、いまだに乳児期の心の働きを調べるための、主要な、そして強力なツールとして世界中で利用され続けている。

その一方で、科学技術の進歩によって、乳児の心的世界を探るための新しい実験手法も次々と登場している。特に、健常な乳児を対象とした非侵襲的な脳活動の測定技術の発展は目覚ましく（たとえば Taga et al. 2003）、乳児の脳活動をさまざまな心的機能と対応付けて理解しようとする試みが近年盛んになされている。そうした最新の技術を用いた研究が、乳児期の「こころ」の有り様について、新たな知の地平を開きつつあることは否定しようのない事実である。

しかしながら、そのような時代にあっても、選好注視法に代表される行動実験の手法が時代遅れの産物に成り下がったわけでは決してない、と筆者は考える。（乳児研究に限ったことではないが）多くの心的機能について、行動実験の結果と脳活動の測定実験からの示唆が著しく乖離する場面は多々あるし、行動実験で確認された頑健な現象が脳活動の測定ではどうしても掴めないこともしばしばある（もちろんその逆のケースもあろう）。ある現象について検討するときには、その手段は多様な方がよい。さまざまな手段を用いた結果、得られた結果が食い違うこともあるだろう。そうした食い違いがなぜ起こるのか、その一つ一つについて丁寧に検証していく作業こそが、その現象の根底にあるメカニズムの理解につながる。したがって、現状において、選好注視法に代表される行動実験の手法は、脳科学的手法と並んで乳児の心を科学的に理解するために必要不可欠な手段であるし、これからもずっとそうであるに違いない。

参考文献

アトキンソン、J、山口真美・金沢創監訳『視覚脳が生まれる——乳児の視覚と脳科学』（北大路書房、二〇〇五年）（Atkinson, J., *The Developing Visual Brain*, Oxford University Press, 2000）

金沢創「乳児の知覚：研究法」（『日本色彩学会誌』二〇一〇年）一五二 - 一五六頁。

バウアー、T、古崎愛子訳『乳幼児の知覚世界——そのすばらしき能力』（サイエンス社、一九七九年）（Bower, T., *The Perceptual World of the Child*, Harvard University Press, 1977）

ピアジェ、J、滝沢武久訳『発生的認識論』〈文庫クセジュ〉（白水社、一九七二年）（Piaget, J. I., *Épistémologie génétique*, Universitaires de France, 1970）

山口真美・金沢創編著『知覚・認知の発達心理学入門——実験で探る乳児の認識世界』（北大路書房、二〇〇八年）。

Dobson, V. & Teller, D.Y., "Visual acuity in human infants: A review and comparison of behavioral and electrophysiological studies," *Vision Research*, 18, 1978, pp.1469-1483.

Fantz, R. L., "Pattern vision in young infants," *Psychological Record*, 8, 1958, pp.43-47.

———, "Pattern vision in newborn infants," *Science*, 140, 1963, pp.296-297.

Fantz, R., and Yeh, J., "Configurational selectivities: Critical for development of visual perception and attention," *Canadian Journal of Psychology/Revue canadienne de psychologie*, 33, 1979, pp.277-287.
Kellman, P. J., and Spelke, E. S., "Perception of pertly occluded objects in infancy," *Cognitive Psychology*, 15, 1983, pp. 483-524.
Taga, G., Asakawa, K., Maki, A., Konishi, Y., & Koizumi, H., "Brain imaging in awake infants by near-infrared optical topography," *Proceedings of the National Academy of Sciences of the United States of America*, 2003, 100, pp.10722-10727.
Teller, D.Y., "The forced-choice preferential looking procedure: A psychophysical technique for use with human infants," *Infant Behavior and Development*, 2, 1979, pp.135-153.
Wynn, K., "Addition and subtraction by human infants," *Nature*, 358, 1992, pp.749-750.

Ⅳ　世界の感覚

第十章　酒宴の表象

——ゼーバルト・ベーハム『ケルミス大版画』の分析——

元木幸一

ドイツ・ルネサンスの大画家デューラーの弟子の一人ゼーバルト・ベーハムの『ケルミス大版画』（図1）は、一五三五年に出版された、三六七×一一五八ミリの横長の大版画である。左奥、教会前での結婚式から順に、露店、歯医者、賭け事、中央に酒場、右手前に踊り、中景に雄鶏合戦、喧嘩、九柱戯、刃渡り、流鏑馬《やぶさめ》などが目一杯詰め込まれて展開している。「ケルミス」とは、元来、教会開基祭だったが、徐々に都市と村の秋祭り、つまり収穫祭の中心的な存在へと変貌を遂げた。民衆にとっては謝肉祭と並ぶ、もう一つの憂さ晴らしの祭りとなったのである。したがって、これら雑多な出来事が目の前に展開しているのは、まさにケルミスの典型なのである。これらのモティーフはそれぞれ同時代の世俗版画に馴染みのものだが、本章ではそのなかで酒場の場面を考察しよう。なぜなら、同種の農民祝祭版画のなかで、この版画はとくに酒場を中央に置き、もっとも主要な光景として扱っているように思われるからである。

まずはドイツ人にとって飲酒の意味はどのようなものだったかを考えてみよう。

図1　ゼーバルト・ベーハム『ケルミス大版画』

1　大酒呑みのゲルマン人

†デューラーの飲酒

デューラーの『ネーデルラント旅日記』(1)には興味深い記述がある。デューラーがニュルンベルクを出立した七月十二日からアントウェルペンに着く八月二日までの三週間の旅行中に、デューラーは日記のなかに少なくとも十四回も葡萄酒（wein）という言葉を記している。まず、七月十三日には「ラウクス・ベネディクト親方と画家のハンスが私に葡萄酒をくれた」とあり、七月十七日には「葡萄酒と蟹に一〇ペニッヒ払った」とあるように、必ずしも飲んだとは記されておらず、土地土地で頂戴したり、購入したりとあることが多いのだが、みずから買うことがあったことからすれば、大半はデューラー自身と同伴者たる妻が飲んだものと考えてよかろう。この記録には葡萄酒の量まで記載されている箇所もあるので、おおよその量も推測できる。記録上、量が判明しているのは合計五回でトータル六瓶と十二マースということになる。量の記されていない九回分も一、二瓶（平均一・五瓶）とすると十三・五瓶となる。合計すると十九・五瓶と十二マースということになる。前川誠郎の一マース＝一～二リットルという推定をもとにすれば(2)、一二～二四リットルということになる。つまり約三週間でデューラー夫婦はおよそ二十瓶と一二～二四リットルを飲み干したということになるかもしれない。概数を類推すれば、デューラー夫妻は葡萄酒を一日に二、三瓶は飲んでいたということになりそうである。もっともこの当時、水よりは酒類の方が飲み物としては安全だったという事情があることを勘案しなければならないのだが。

†『ゲルマーニア』における飲酒

ドイツ人には大酒呑みの汚名（？）が古くからつきまとっていたようだ。古代ローマの歴史家タキトゥスは、古代ゲルマン人について記した『ゲルマーニア』で次のように書いている。

しばしば宴席に、彼らは武装して出かける。昼夜を飲みつづけても、誰ひとり、非難をうけるものはない。酔ったものの常として、たびたび起こる喧嘩は、悪罵、争論に終わることは稀に、多くは殺傷にいたってやむ。しかしまた仇敵をたがいに和睦せしめ、婚姻を結び、首領たちを選立し、さらに平和につき、戦争について議するのも、また多く宴席においてである(3)。

この頃のゲルマン人はすでにビールや葡萄酒を飲んでいたらしく、タキトゥスは別の箇所で記している。

飲料には、大麦または小麦より醸造《つく》られ、いくらか葡萄酒に似て品位の下がる液がある。〔レーヌスおよびダーヌウィウスの〕河岸に近いものたちは、葡萄酒をさえ購っている。……しかし彼らは渇き（飲酒）に対してこの節制がない。もしそれ、彼らの欲するだけを給することによって、その酒癖を欲しいままにせしめるなら、彼らは武器によるより、はるかに容易に、その悪癖によって征服されるであろう(4)。

民族を滅ぼすほどの悪癖とされているのだから、その飲酒の様はよほどのものだったのだろう。そして大飲のみならず、酒癖もまた悪かったらしく、飲酒から喧嘩へと、さらに殺傷沙汰に達することもしばしばだったとタキトゥスは呆れ顔で記しているのである。

†『ゲルマーニア』の発見

興味深いのは、この『ゲルマーニア』が再発見されたのが一四五五年ということで、それはドイツ人の人文主義と民族意識の発展に大きく寄与することになったのである[5]。再発見したイタリア人も、ドイツ人も、そこに描写されたゲルマン人をドイツ人の祖先とみなす。つまり『ゲルマーニア』の再発見は、ドイツ人にとっては、祖先の「発見」でもあったのである。ところが、記述されたゲルマン人に対する考え方は、イタリア人とドイツ人では大きく異なるようになっていく。ヘルスファルトまたはフルダの修道院で『ゲルマーニア』を発見したのは、イタリア人アスコリのエノッホだが、彼はそのテキストをイタリアに持ち込んだ。彼の親友エネア・シルヴィオ・ピッコローミニは、いち早くそのテキストを閲読し、ゲルマン人たちがいかに野蛮な人びとであったかを強調し、その野蛮なゲルマン人を現在のドイツ人のように進歩せしめたのは、キリスト教＝教皇庁であると論述した。

これに対し、一五〇〇年頃になってライプツィヒで出版された『ゲルマーニア』を読み始めたドイツ人人文主義者たちは、まったく別の反応をする。たとえば、「大人文主義者」と呼ばれたコンラート・ツェルティスは、ゲルマン人たちを素朴ではあるが、節度を守って暮らす信心深く敬虔な人びとと述べている。また、アルザスの人文主義者ヤーコプ・ヴィンプフェーリングは、この書からゲルマン人の起源がローマ人に劣らず古く、由緒正しいということを引き出し、「ゲルマン人はローマ人にけっして劣っていたわけではない。なぜなら、ゲルマン人はつねに忠誠、純血、正義、気前の良さ、誠実さを絶やさなかったからである」(6)と書くのである。

このような『ゲルマーニア』への肯定的な見方は、飲酒癖に関しても同様だったと推測できるのではなかろうか。タキトゥスのような厳しい見方は、必ずしも、当時のドイツ人には当てはまらないように思う。酒が人びとをつなぐとしたら、それもまた肯定的に捉えることだって可能だろう。せっかく「発見」した祖先を悪く捉えるはずがないとすれば、飲酒癖でも、肯定的な側面を強調したのではあるまいか。

この様子は近世になってもさほど変わらない。

一六一七年、ドイツを旅行したイギリス人モリスンですらこう書いている。

大酒飲みの集いがドイツ人にとってかくも魅力的であるのはなぜか、わたしには理解できない。しかしほかならぬ飲酒ほど多くの友を与えてくれる技能はほかにない。テーブルについて杯を傾けているとき、だれか部屋にはいってくる者があると……、テーブルの者はめいめい杯を掲げて迎えてくれるので、自分も一座に加えてもらおうと思えば、それらを全部飲み干さねばならない。(7)

あたかも一気一気の学生の酒宴のようだ。もちろんここでは飲酒が友を作る技術だと良い方向で評価しているのだが、それはタキトゥスの「仇敵をたがいに和睦せしめ、婚姻を結び、首領たちを選立し、さらに平和につき、戦争について議するのも、また多く宴席においてである」という記述と同じようなものだろう。酒好きのドイツ人という常套句がこうして形成されていく。ただ、これらの記述は必ずしも飲酒に否定的ではないという点に注目しておきたい。

2 『ケルミス大版画』の酒場光景

† 酒盛りの場面

さて『ケルミス大版画』に目を移して、酒盛りの場面を観察しよう。中央の二階建てが宿屋＝酒場であることは、二階のアーチ型小窓から出ている棹の旗の下にジョッキあるいはデカンターがぶら下がっていることから分かる。ジョッキは飲み物を指し、とくに棒／棹はワイン販売の広告であり、ぶら下がっている布は、食物を供することを意味している（図2）。

図2　ゼーバルト・ベーハム『ケルミス大版画』(部分)

屋外の大テーブルには、左端からランツクネヒト（傭兵）と農民二人のグループ、次に接吻している男女とその後ろでジョッキをもつ男、手前には長椅子に腹這いになって吐く男と吐瀉物を舐める犬、机の上にはワイン瓶とチーズらしき食物が入っている皿とデカンターのような容器、皿の向こうには聖職者らしき人物を挟んでジョッキを差し出している農民ともう一人のランツクネヒト、右側手前には女とその腰を抱く男、右端には剣を腰に差す男と彼の手に手をのせている女、男の椅子に足をかけ、荷を背負っている剣を差している行商人らしき男、総計十五人と一匹がいる（図3）。アーチ形入り口から見える薄暗い宿屋の中では男女が抱擁し合っている。また二階の窓から下を覗いている男の顔が見え

図3　ゼーバルト・ベーハム『ケルミス大版画』（部分）

る。覗く先はおそらく抱擁する男女だろう。テーブル左手で接吻する男女の後ろには葡萄棚に蔓をからませている葡萄が実を付けている。もちろん酒場のワインを暗示し、季節を指示するモティーフでもあろう。

† 祝祭版画の諸解釈

酒場の場面は、この版画の中心に位置することから意味的にも重要なことはいうまでもなかろう。しかしそれがどのような意味を有するかについては多様な議論がある。まずは酒場に限らず、農民祝祭版画自体の意味に関する主要な議論を挙げてみよう。

S・アルパースはこれらの喜劇的場面が娯楽的な意味をもつとする肯定的な見地に立つ[8]。それに対し、H・ミーデマやK・モクシーは同時代都市民が農民を軽蔑し、これら版画を堕落の証拠や避けるべき行為のカタログとして見たと論じた[9]。またM・D・キャロルは同時代の人文主義者による、祖先ゲルマン人の文化を当時の農民文化と同一視し、共感を寄せる見方を反映したものとする[10]。キャロルは農民祝祭版画が宿屋や売春宿の主人や顧客などのサークルを購買層と推定することで、美術市場の観点からも迫ろうとしている。また政治的にも農民称揚にはゲルマン民族回帰というナショナリスティックな意味があるというのである。このような美術市場の観点をさらに強調するのは、近年、ゼーバルト・ベーハムに関する大部のモノグラフを公刊したA・スチュアートである[11]。スチュアートはニュルンベルクをそれら版画の中心的美術市場と考えて、ニュルンベルクの諸状況との関連でこれら農民祝祭版画を捉えていくのである。その諸状況とは、ニュルンベルクの一五二五年のルター信仰採用、それにともなう市民諸階層の関係の変化などである。

続いて、酒場あるいは飲酒場面に絞った議論をざっとみてみよう。B・トゥルスティによれば、宗教改革期の飲酒に対する見方は一様ではない(12)。概観すれば、宗教改革の理念と印刷術の発展により、飲酒癖への反対運動は十六世紀中に頂点に達する。激しい宗派対立の最中で、敵方の信者への攻撃に飲酒癖が持ち出された。とくにルターの飲酒癖は、カトリック側から彼の不道徳性を示すものとされた。浪費や罪の象徴とすらされるのである。さらには、ラブレーやティル・オイレンシュピーゲルの世界も不道徳を示すものとなる。ただし、見方を変えれば、飲酒癖は怠け者の天国というユートピアを指すことにもなる。祝祭と関連した場合には、酔っ払いは自由の象徴ともなる。また過剰な飲酒の結果もたらされる嘔吐も、その文脈ではけっして非難されるべきものとは限らない。医学的には吐瀉は効果のある治療法の一つだった。吐くことで、とくに粘液質の人は、余剰の粘液を体外に出すことが可能なのである。さらに当時の文学で、女性の飲酒はほとんど常に性的快楽と結びつけられる。そしてまたキリスト教的には、ワインは葡萄の木で磔刑に処されたキリストと関連して、さらにキリストの血として肯定される。この連想は版画を見る人にとっても常に存在していたというのである。トゥルスティによれば、こうしてワインは、肯定的側面と否定的側面が、多様に交錯しながら複雑な意味を担っていくのである。

もともと修道院では飲酒が肯定的に考えられていた。それは新約聖書『テモテへの手紙』一章五－二三節に由来するとされた。

これからは水ばかり飲まないで、胃のために、また、度々起こる病気のために、ぶどう酒を少し用いなさい。

修道院で、ぶどう酒やビールの生産が盛んになる根拠が聖書の中にあるのである。とはいえ、厳格なクレルヴォーのベルナルドゥスは次のように注意する。

確かにわれわれは皆修道士であるために胃の病を患っていて、使徒が葡萄酒の摂取について正当な根拠をもって述べた勧告を顧みないわけではないが、使徒が前置きした〈少し〉という言葉を見落としているのではないか。なぜなのだろう。……あなたはたった一回の食事に半分ほど葡萄酒の入った杯が三、四種類出されているのを見かけるだろう。そしてあなたはさまざまな葡萄酒を飲むというよりも香りを堪能し、するというより舌で味わい……大祝日に多くの修道院では蜂蜜を混ぜたり香料の粉末がふりかけられた葡萄酒を飲む慣習が見られるのは何と言ったらよいものか。これも胃の病のためだというのだろうか。これらの慣習は皆、私が見ている限りでは葡萄酒をできる限りたくさん、おいしく飲むためのものである。(13)

飲酒が健康のためだったり、聖書に基づいた行為であるというような理由でもって、修道士たちが快楽を味わっているということを同僚修道士たちの姿を間近で見ているだけに認識しているのである。

スチュアートは、『ケルミス大版画』における酔いのイメージを三つのレベルで機能しているものと推定する。(14)三つのレベルとは、ワインの第三効果つまり嘔吐と、大食の罪の象徴、そして格言の視覚化というレベルである。詳しく述べると、ワインの第三効果とは、ニュルンベルクの詩人ハンス・ザックスが述べている嘔吐のことで、大食のレベルを示すのは嘔吐物を舐めている犬がもっとも端的であり、格言とは、「酔っぱらった朝課」(die trunken Metten) という言葉で、大酒を飲み、翌朝、教会で聖歌を歌いながら吐いてしまう行為を指しているというのである。それら三つがベンチ上の酔っ払いと犬で描かれているのである。

では、同時代版画で飲酒がどのようなイメージとして表わされたか、農民祝祭版画以外のいくつかの例を観察することで、この版画の特徴を抽出したい。

3 同時代版画の飲酒イメージ

† マイスターESとデューラーの飲酒イメージ

ドイツ美術における飲酒イメージは、やはり版画の分野で多彩である。ドイツ銅版画史のなかで、ショーンガウアー以前に画家を兼ねる版画家として大きな一歩を印したマイスターESは、愛欲の世界を描くときしばしば飲酒モティーフあるいは酒瓶を登場させる。たとえば、『愛の園大版画』[15]（図4）では、テーブルで二組の男女が酒を飲みながら愛を語らい、右のカップルの男はすでに女の乳を手で揉み始めている。さらに左手前では女が男の上着の裾をまくり、男根を露出させているのである。右方の井戸には、ワイン瓶が冷やしてある。飲酒は肉欲を刺激するものとされるのである。大食（＝大飲）の大罪は、淫欲の大罪と結びついている。

図4　マイスター E.S.『愛の園大版画』

図5　アルブレヒト・デューラー『マクシミリアン時禱書』（部分）

マイスターESの後では、やや時間があいて、デューラーが『マクシミリアン時禱書』で周縁部に描き加えた農民祝祭モティーフの素描が注目に値する（図5）。下方で農民男女が手をつないで踊っている姿が描かれているのだが、男の頭上にはグラスがのせられている。ギブソンは、これを『詩篇』九九章一－三節の「全地よ、主に向かって喜びの叫びをあげよ。喜び祝い、主に仕え、喜び歌って御前に進み出よ。知れ、主こそ神であると。主はわたしたちを造られた。わたしたちは主のもの、その民、主に養われる羊の群れ」の挿絵という[16]。そして羊飼いは農民の一種とすれば、神の御降誕をまっさきに知らされるのも羊飼いだったことを思い出させようとしているのである。ただしV・ステュムペルは、さまざまな例を探究した結果、大食の擬人化としての例を挙げる[17]。

デューラーは早い時期から飲酒モティーフをさまざまな主題に導入したが、その有名な作品の一つに木版画『男性浴図』（図6、一四九七年頃）がある。右手では肥満体の老人が、大きなジョッキでワインを飲んでいる。彼は四気質中の粘液質の人物、また五感中の味覚とされる人物である。四大では水に相当する。そのジョッキの形からワインを飲んでいるものと推定できる。『大受難木版画』シリーズの『最後の晩餐』（図7、一五一〇年）と比較することで、ここでもワインであることが判明する[18]。左手前の使徒がグラスに注いでいる容器が、この『男性

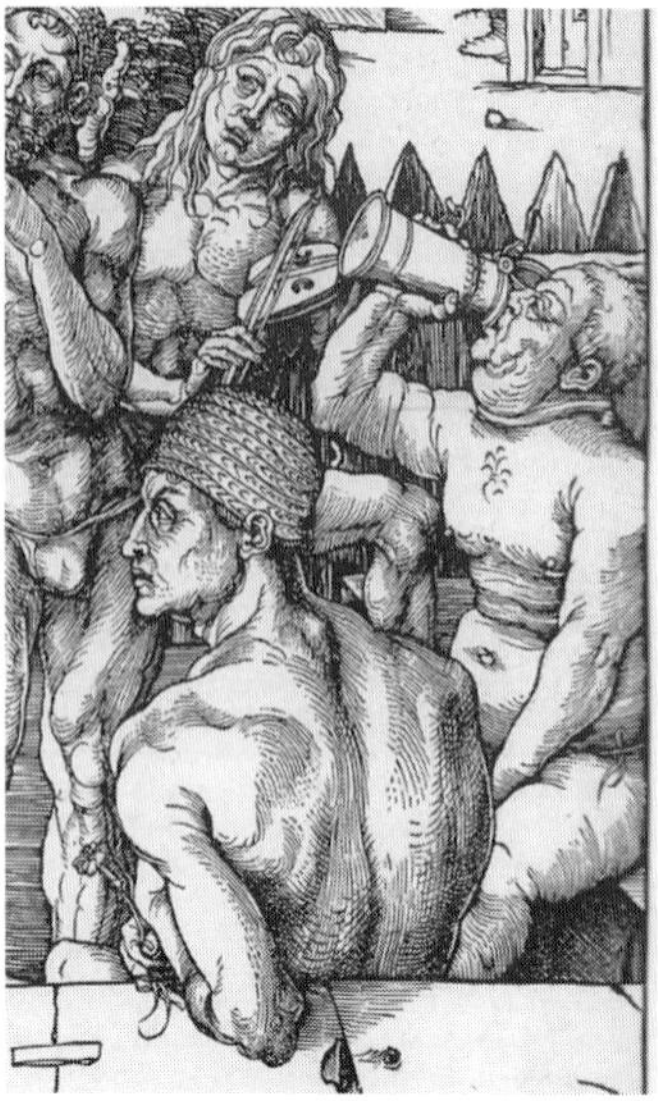

図6　アルブレヒト・デューラー『男性浴図』(部分)

図7　アルブレヒト・デューラー『最後の晩餐』(大受難木版画より)(部分)

浴図』で老人が飲んでいる容器ときわめて良く似ているのである。最後の晩餐の場面での飲み物であるから、ワインにほかならないだろう。さらに他の宗教画でも飲酒モティーフは登場する。一五一一年の『洗礼者ヨハネの首を受け取るヘロディア』（図8）では、机上にグラスが置かれ、画面手前には、マイスターＥＳやハウスブーフ・マイスターの愛人たちの図のように、ワインがクーラーで冷やされている。[19]これらの飲酒は主題上あるいは物語上必然的な酒である。とはいえ、容器などが、明らかに当時のドイツの現実を写しており、このような版画を見る人びとは、自分たちの飲酒の様子を思い浮かべる仕掛けとなっている。

図8　アルブレヒト・デューラー『洗礼者ヨハネの首を受け取るヘロディア』（部分）

† ヴァイディッツの飲酒イメージ

デューラーとは異なり、明らかにカリカチュア的な飲酒図像をもっぱら描いた画家に、ハンス・ヴァイディッツがいる。デューラー『マクシミリアン時禱書』に似た男女の踊りを描いた木版画『グロテスクな踊るカップル』（図9）を見てみよう。[20]男女は逆転しているが、片方が頭上にグラスをのせている。女が腰にのせているタマネギのような形の容器は、ワイン入れである。そして男は大きなお腹を前に突き出している。ヴァイディッツは、この男だけを抽出して描いたような版画をも制作している。一五二一年の『ワイン大酒飲み』（図10）である。[21]とてつもない太鼓腹は自分だけで支えることができずに、台車にのせて運ばないと無理な状態である。この男が腰にワイン容器をのせているという点から判断すると、ビール腹ではなく、ワイン腹なのである。常に目一杯酒を体に入れているので、口からワインがウプッと噴出している。大飲大食の罪の成れの果てであろうか。さらにヴァイディッツは酒がもう一つの罪へと進むことを暗示する。『酒飲みとその妻』（図11、一五二一年）では、机を挟んで向かい合った夫婦が思わせぶりに見つめ合っている。机上にはやはりタマネギ状のワイン入れがある。妻は夫の肩に手をのせている。そして男は右手で財布を握っている。ラウプの解釈によれば、これは男の性的不能と女の欲求不満を戯画的に描いたものということになるが、はたしてそうだろうか。[22] 男が握っている財布は明らかに男根の形状で表わされている。女が財布を握っているなら、ラウプのいうとおりだろうが、ここでは逆ではあるまいか。むしろ男は欲望を募らせているように思われる。それゆえに二人は熱い視線を交わしている。そして欲望をかき立てた触媒はワイ

図９　ハンス・ヴァイディッツ『グロテスクな踊るカップル』

図10　ハンス・ヴァイディッツ『ワイン大酒飲み』

ンなのだ。つまりヴァイディッツの描く飲酒は、大食の罪へと進むだけではなく、肉欲の罪へも導くというのである。

このように、みてくるとヴァイディッツの版画が、道具立てはもっとも『ケルミス大版画』に近いことが分かる。とすると『ケルミス大版画』の飲酒場面は大食と肉欲の罪と関係するかもしれない。

だが、『ケルミス大版画』には、これらの版画と決定的に異なる点がある。それは、居酒屋の左手に描かれたとぐろを巻く糞とセックスをする雌鶏、雄鶏である。これらは明らかにカーニヴァルなど当時の祝祭において主役を務めたスカトロジー的モティーフと性的モティーフである。ラブレーや『ティル・オイレンシュピーゲル』などの同時代文学における主役でもある。つまり、この『ケルミス大版画』は、カーニヴァル劇や文学などと同じ文脈に位置づけられるものなのである。

図11　ハンス・ヴァイディッツ『酒飲みとその妻』

では『ケルミス大版画』が主に販売されたニュルンベルクの状況のなかで飲酒がどのようにみなされていたかを簡単に振り返ってみよう。

4　ニュルンベルクの飲酒習慣と批判

† 飲酒批判

十五世紀以来、ニュルンベルク市参事会は飲み過ぎを禁止する法を制定していた。そこでは乾杯後の飲酒が禁じられた。

このような飲酒の抑制は、たとえばセバスティアン・ブラント著『阿呆船』のような文学でも語られる。

一六　暴飲暴食のこと

大酒呑の阿呆者、／飲むよりほかに能はなく、／朝から晩まで休まずに／たら腹いっぱいがぶ飲みし、／ぐでんぐでんの酒袋、／酒を腐らすのんだくれ、／よどんで濁ってだめになる。／阿呆船に乗るがよい。／勘も感じもにぶくなり、／年をとって気がつけば、／手足はがたがたよいよいで／冥途の使いも早く来る。／酒は百害一利なく、／酒に楽しみ求めては、／とても賢くなれはせぬ。／酔ったご仁は誰も彼も／見境つかず節度なし。／みだらなことも禍いも／多くは酒がもとになる。／一糸みだれぬ知者の酒。／ノアは畑にぶどう植え、／ぶどうの酒に耐えられず、／ロトは再度の罪おかす。／ヨハネの斬首も酒のため、／酒は賢者も狂わせて、／阿呆の帽子をあぶらせる。／豊かに富んだイスラエル、／人々存分飲んでから、／腰を打ち据えばくちうち、／さては踊りに打ち興ず。／神はアーロンの息子らに／かたく飲酒を禁じたが、／きちがい水と知りながら、／坊主も忠告しなかった……[23]。

ニュルンベルクではワインは大いに好まれ、どの階級でもしばしば大量に飲むことができるほど安価だったという[24]。たとえば市参事会の法律顧問クリストフ・ショイルルが一五二五年に人文学者フィリップ・メランヒトンを讃えて、食事会を開催した時、客一人当りのワイン量は、二・五リットルだったと伝えられている。してみると冒頭に引用したネーデルラント旅行中のデューラーの飲酒量は当時としてみると、決して多い量ではなかったということになろう。フランスやフランドルでは、ワインはビールより高級な飲料だった。パリの大衆はビールしか飲めなかったらしい[25]。ワインの高級化は一般的傾向で、フランドルでは十四世紀以来、ワインの消費量が落ち込んでいったという。ところがドイツでその傾向が顕著になるのは、ずいぶん時代を下るのである。ワイン優勢の状態は三十年戦争まで続いた。ニュルンベルクでは、フランケン、ライン、ネッカー、タウバー、近郊からワインを購入した。とはいえ、もちろんビールの方がワインより安価であることは間違いがない。ニュルンベルクではビールはたいてい黒ビールだった。今日もっとも普通に飲まれるヘレス（淡色）ビールがニュルンベルクで最初に作られたのは、やっと一五三三年のことだった。いずれにせよ、この時期のニュルンベルクでは、安価なビールよりもワインの方が大量に消費されたのである。それだけニュルンベルク市民は比較的裕福な生活を営んでいたと言えるのかもしれない。

宗教改革者ルターは、自身が酒好きだったにもかかわらず[26]、一五三九年、次のように、飲み過ぎをたしなめていた。

それは今や、国中共通の習慣になってしまった。粗野で、その辺にいる教育のない暴徒たち、村の農民たち、大衆酒場だけではなく、どの都市でも、ほとんどどの家でも、そして貴族の間でも、王の宮廷でも、それは行われるようになった[27]。

もちろん「それ」とは飲酒のことである。彼はドイツ人が豚のように酔っているという。外国人が、ドイツ人を「酔っ払いドイツ人」と呼ぶほどにそうなのだ、と。当時の版画で酔い過ぎた人の吐瀉物を舐めているのは、犬か豚である。当時の人びとのあいだでは、豚はさように意地汚いのである。『メーゲルドルフのケルミス』（図12）で、豚が舐めているのは吐瀉物ですらなく、糞なのである。したがって「豚のように」というのは、それほど軽蔑しているということである。ルターの言うところでは、酩酊しないドイツ人は、子ども、娘、女だけだという。皇帝カール五世がレーゲンスブルクでの帝国議会に出席する諸公のために用意したワインはバケツ三千杯

図12　ゼーバルト・ベーハム『メーゲルドルフのケルミス』（部分）

分だったという。一五四六年の帝国議会でそれほど酒好きではなかったカール五世はドイツ諸公を大酒呑みの浪費者どもと非難したという。あまりにも激しい飲酒習慣なので、ニュルンベルクの宗教家セバスティアン・フランクは、このように警告した。「剣よりも、食べ過ぎ、飲み過ぎで多くの人が命を失っている。[28]」これは『ゲルマニア』でタキトゥスが「酒癖を欲しいままにせしめるなら、彼らは武器によるより、はるかに容易に、その悪癖によって征服されるであろう」と述べたのと何と似ていることであろうか。ドイツ人は古代から近世まで、そしてひょっとしたら現代に至るまで、変わることなく酒を飲みつづけているというわけだ。

† 祝日規制

もっとも規模の大きな飲酒の機会はなんといっても祝日である。一五二五年三月のルター派公認以後、ニュルンベルク市参事会はルターの教説に基づいて祝日を大幅に規制していく。ニュルンベルク市政府は、祝日を規制することで、飲酒による乱暴狼藉の機会を減少させようとする。とくに市内で二つ、周辺の農村部で七つ開催され、多くの人びとを集めていたケルミスは、翌年にかけて全面的に禁止されることになる。

とはいっても市《いち》の開催は容認されたので、結局二つのケルミスは市の開催という口実で今後も存続することになる。その一つがメーゲルドルフの市（ケルミス）である。これはもともとニュルンベルク周辺部でもっとも大規模なケルミスだった。この『ケルミス大版画』はメーゲルドルフのケルミスを描いているのではないか思う。[29]

5　おわりに

さて、このように、宗教改革期のニュルンベルクでは飲酒への批判が高まっていたわけだが、そのような状況のなかで、この版画がどのように機能したかを最後に考察しよう。

その際、中央の居酒屋の左脇の興味深い糞尿とセックスのモティーフがヒントとなる。さきほども述べたように、糞尿とセックスは、カーニヴァルなど祝祭に典型的な無礼講的モティーフである。したがって、この二つのモティーフがここに挿入されることによって画面は祝祭的なものへと転換するのだ。つまり、この場は日常の価値観が転倒する場となったのである。ここでは普段なら否定されることも許される。つまり、普段なら非難される大酒呑みも性的放縦も大目にみられるのである。

それゆえにこそ、市参事会は祝日を規制しようとする訳だが、さすがの市政府も徹底して祝日を禁止できなかった。市を口実にして見逃さざるを得なかったわけである。とすると、この大便と鶏のセックスは、居酒屋の脇にそっと書き込むことで、大酒呑みの場面、さらに男女が抱き合い、接吻する場面を容認するスイッチとなったのではないだろうか。

版画家ゼーバルト・ベーハムは、宗教改革のなかで過激な思想に組みしたり、師デューラーの大事な原稿を盗んで出版したり、度重なる不埒な行為によって、ニュルンベルクを追放された。とすると、この版画の下絵は追放先のフランクフルトで描かれたものだろう。ただし、出版元はニュルンベルクの印刷屋アルブレヒト・グロッケンドンと思われる。つまり、ゼーバルト・ベーハムはニュルンベルク市参事会のさまざまな規制に対し、それを遠くから見て揶揄するに適した場所にいて思う存分描くことができたといえよう。

（1）デューラー『ネーデルラント旅日記』前川誠郎訳（岩波文庫、二〇〇七年）三二‐四八頁。
（2）同、四五頁。
（3）タキトゥス『ゲルマーニア』泉井久之助訳（岩波文庫、一九七九年）一〇五‐一〇六頁。
（4）同、一〇八頁。ちなみにレーヌスはライン、ダーヌウィウスはドナウを指す。略は筆者による。
（5）『ゲルマーニア』の再発見に関しては以下の論文を参照した。佐々木博光「ラテン語とドイツの語のはざまで――生存闘争のなかの人文主義者」前川和也編著『コミュニケーションの社会史』（ミネルヴァ書房、二〇〇一年）三五一‐三七八頁。
（6）K. von See, *Deutsche Germanen-Ideologie. Vom Humanismus bis zur Gegenwart*, Frankfurt a.M., 1970, p.14ff. 佐々木、前掲論文、三五八頁。
（7）R・v・デュルメン『近世の文化と日常生活2』佐藤正樹訳（鳥影社、一九九五年）一七二頁。
（8）S. Alpers, "Realism as a Cosmic Mode. Low-Life Painting seen through Bredero's Eyes," *Simiolus*, vol.8, 1975/76, pp. 115-44.
（9）H. Miedema, "Realism and Comic Mode: the Peasant," *Simiolus*, 9, 1977, pp.205-219; K. Moxey, "Sebald Beham's Church Anniversary Holidays: Festive Peasants as Instruments of Repressive Humor," *Simiolus*, 12, 1981-82, pp. 107-130; idem., "The Social Function of Woodcuts in Sixteenth-Century Nuremberg," *New Perspectives on the Art of Renaissance Nuremberg*, ed. J. C. Smith, Austin, Texas, 1985, pp. 63-81.
（10）M. Carroll, "Peasant Festivity and Political Identity in the Sixteenth Century," *Art History*, 10, 1987, pp. 289-314. 森洋子は、わが国で唯一、これらニュルンベルクの農民祝祭に関する論文を発表しているが、森の場合は、共感とは言っても民族的な共感ではなく、農民への共感と解釈するのである。これは森のピーテル・ブリューゲルの農民画の解釈におけるブリューゲル像をベーハムへも当てはめたものである。森洋子「ピーテル・ブリューゲルの絵画的源泉としてのドイツ版画――農民の主題について」（『東京工芸大学紀要　人文・社会編』第一号、一九八一年）七七‐一一四頁。

（11） A. G. Stewart, *Before Bruegel. Sebald Beham and the Origins of Peasant Festival Imagery*, Hampshire, 2008.

（12） B.A. Tlusty, "Trinken und Trinker auf illustrierten Flugblättern," *Das illustrierte Flugblatt in der Kultur der Frühen Neuzeit*, W. Harmus und M. Schilling（Hrsg.）, Frankfurt a. M., 1997, pp 177-203.

（13） クレルヴォーのベルナルドゥス「ギョーム修道院長への弁明」杉崎泰一郎訳『中世思想原典集成10　修道院神学』（平凡社、一九九七年）四七六－四七七頁。

（14） A.G. Stewart, "Expelling from Top and Bottom: The Changing Role of Scatology in Images of Peasant Festivals from Albrecht Dürer to Pieter Bruegel," *Fecal Matters in Early Modern Literature and Art. Studies in Scatology*, J. Persels and R. Ganim（eds.）, Hampshire, 2004, pp. 118-137.

（15） マイスターE S『愛の園大版画』は、一四六〇年頃の作品。Lehrs 215 and Bartsch90（35）.

（16） W. Gibson, "Festive Peasants before Bruegel: Three Case Studies and their Implications," *Simiolus*, 31, 2004-2005, pp.295-296.

（17） V. Stumpel, "Dance and Distinction: Spotting a Motif in Weiditz, Dürer and Van Meckenem," *Simiolus*, 32, 2006, pp. 4-16.

（18） R. Schoch, M. Mende, u. A. Scherbaum, *Albrecht Dürer. Das druckgraphische Werk, Bd. II, Holzschnitt und Holzschnittfolgen*, München, 2002.『男性浴図』はNr.107, pp.52-55.『最後の晩餐』は、Nr.155, pp.183-185.

（19） *Ibid.*, Nr. 153, pp. 174-175.

（20） 一五二一年頃、ゴータ城博物館所蔵。J. Stumpel, *op.cit.*, pp.5-7; W. Gibson, *op.cit.*, pp.296-297.

（21） B.A.Tlusty, *op.cit.*, p.185, Abb.37.

（22） H. -J. Raupp, *Bauernsatiren. Entstehung und Entwicklung des bäuerlichen Genres in der deutschen und niederländischen Kunst ca. 1470-1570*, Niederzier, 1986, p.82.

（23） セバスティアン・ブラント『阿呆船』（上）、尾崎盛景訳（現代思潮社、一九六八年）六五－六六頁。

（24） A.G. Stewart, *op. cit.*, p.93.

（25） エーリック・アールツ『中世南ネーデルラント経済の軌跡――ワイン・ビールの歴史からアントウェルペン国際

市場へ』藤井美男監訳（九州大学出版会、二〇〇五年）一–一七頁。
（26）ルターは、晩年の旅先から妻への書簡で、自分はドイツ人のように飲んでいるが、飲み過ぎてはいませんなどと、見え透いた言い訳を書き送っている。
（27）A.G. Stewart, *op. cit.*, p.94.
（28）*Ibid.*, pp.95–96.
（29）詳しくは以下の拙論を参照されたい。元木幸一「宗教改革期ニュルンベルクの農民祝祭版画の研究——デューラーとその弟子たち」『鹿島美術研究』二八号、二〇一一年、二一–三〇頁。なお、本論文は二〇一〇年度に鹿島美術財団から授与された「美術に関する調査研究の助成」による研究成果の一部である。同財団に厚く御礼申し上げる。

第十一章　自己と他者の曖昧な境界

福島　治

環境世界のなかでは、人はみな等しく存在し、相互に関係しあっている。世界の側からみれば無数の個体の関連性がそこにあるだけで、自己と他者の区別は存在しない。しかし、個体の内部では、感覚・知覚や認知といった心理学的過程の作用により、自他の区別が獲得される。人びとは、自己と他者という対象を環境から切り出しながら、諸経験を通して、優劣の評価を与え、外向的か否かといった特性的な意味を与え、対象としての存在感や現実感のもてる確かな形式へ塑造してゆく。その結果、自己と他者は経験的には異なる存在として人びとの意識の前に立ち現われるようになる。

確かに、自己と他者は区別されているように感じられる。あの人と私とは異なる身体をもつ異なる存在である。しかし、他者と歓喜をともにし、他者の辛苦を我が身のように感じることがなぜ可能なのであろうか。認識の対象として、自己と他者がまったく切り離された状態でそうした共感が成り立つものだろうか。自己も他者も知覚の産物であるとすれば、自他を峻別する確たる境界などないのではないだろうか。表象の境界が曖昧だからこそ、共感が成り立つのではないだろうか。また、その曖昧さゆえに動機づけのような別の力が働くことによって表象の結合や融合すら起こりうるのではないだろうか。

本章では、このような心理学的な可能性を追及していくために、認知される対象として自己や他者がどのように扱われてきたのか、またそこに個人の社会的動機づけがどのように関与するのかを検討したい。

1　認知される自己と他者

† 自己知覚理論

人は、自分自身の内的状態に関して、強い感情や強い意図などの強力な手がかりがある場合には、それらをみずからの行動の原因として理解することができる。たとえば激しい怒りによる叱責や酩酊による失態などは、その行為の原因を内的状態と対応させて理解することが容易である。しかし、そうした強い内的手がかりは常に存在するわけではない。ダリル・ベム(1)は、内的手がかりが弱く不確かな場合には、人はちょうど他者を観察してその内的状態を推測するときと同じように、自分自身の行動や自分の置かれた状況からその内的状態を推測すると考え、自己知覚理論を提唱した。自己も他者と同じように推測の対象なのだとして、自他を同じ場所に置いたといえる。

この理論を知るための実験例を紹介したい(2)。心理学実験で用いる電気ショック強度の決定に協力するために十二名の大学生が実験に参加した。彼らは、三色のランプを備えた箱を前にして座り、実験室で左手に電極を貼付けられた。参加者は、赤いランプが点灯したときには左手のボタンを押してすぐにショックを停止し、緑のランプが点灯したときは、ボタンを押さずにショックを引き受けるように要請された。黄色のランプが点灯したときは、ボタン押しの反応時間をみるために、ランプが点灯したらただちにボタンを押すように求められが、ショックが停止されるか否かは五分五分の割合であると付言された。どのランプの場合もショック強度は同じであったが、参加者はショックを受けるたびに、すべてその不快度を評定した。

このとき、自己知覚のプロセスが働くとすると次のように予想できる。通常、ショックを回避するのはそれが不快だからである。自分自身の行動から自分の内的経験について推測するのならば、自分がショックを回避したときは、回避しなかったときに比べて、それが不快だったからだと推測するはずである。実験の結果、参加者がショックを不快に感じた程度は、赤ランプの回避条件下では五・一四で、緑ランプの非回避条件下の四・七二よりも有意に高かった。参加者たちは赤ランプで回避し、緑ランプで回避しなかったので、赤ランプの回避条件は一回当たりのショック時間が短く、物理的な総刺激強度は弱かったにもかかわらず、不快さは予想通り高く評定された。ショックが短いとかえって刺激を強く感じるのではないかという疑問もあるが、黄色ランプ条件でショックが停止された場合（結果的に赤ランプと同じく短いショック時間となる）の平均不快度が四・五二であり、停止されなかった場合（結果的に緑ランプと同じく長いショック時間となる）の平均不快度が四・八〇と、むしろ高めであったことを考えるとこの疑問は払拭できるとされた。それでもなお、赤ランプの回避条件と緑ランプの非回避条件との不快度の差は、それぞれの条件で利用できる参加者自身の内的手がかりに依拠しているという見方もできる。たとえば赤ランプでは緑ランプよりも不快さを感じさせる心理生理的な内的手がかりが強かったかもしれない。もし参加者の身体内で不快度評定の手がかりとできるような心理生理的な喚起が生じていればGSR（皮膚電位反応）に反映されるはずである。しかし、右手に貼った電極で実験と並行して測定されていたGSRの値には条件間に差がみられず、少なくとも不快さにかかわる心理生理的な内的手がかりの相違によるものでもないとみなされた。

実際には一回あたりのショックは同じ強度であり、全体的な強度はむしろ低かったにもかかわらず、実験参加者たちは、自ら回避したときのショックの不快度を他よりも高く評定した。このことから、彼らが「ショックを避けた」という自己の行動に基づいて「不快である」という内的状態の程度を推測したとみてもよさそうである。しかし、この実験は、自己の行動から自己の内的状態を推測したことを示しただけである。自己が推測の対象であることは分かったが、それが、他者を推測する場合と同じプロセスであるのかは示されていない。

だがベムは、別の実験で、他者の行動観察をした人は、その他者の反応について、他者本人と同じ結果を推測できることも示している[3]。この実験は、対人シミュレーションと呼ばれる手続きを用いており、そのシミュレーションの対象となったのは、当時の社会心理学界で影響を誇っていたフェスティンガーの認知的不協和理論に関する実験[4]であった。その実験では、参加者は誰もが退屈と感じるような課題を遂行した後に、実験者から、次の参加者に課題が面白かったと告げてくれという主旨の依頼を受け、それを承諾、実行する。このような状況について、認知的不協和理論の予測はこうである。退屈でつまらない課題をした後、他の参加者にそれが「面白かった」と言うことによって、態度と行動の不一致が生じる。不協和理論では、態度と行動の不一致は、認知的不協和と呼ばれる緊張を伴う心的状態を発生させるので、その低減が動機付けられ、行動が理由付けられなければ、態度が行動方向へ、つまり課題が面白かったという発言に合わせる方向へ変化すると考える。そして、実験の謝礼として参加者が二十ドルを得るときには、態度と異なる言動をとった理由になるほど多額なので態度は変化せず、謝礼が一ドルと少額であったときには、態度と異なる言動をとった理由としては不十分なため、不協和の低減を動機付けられ、言動に合わせて態度を変化させるであろうと予想する。一方、自己知覚理論では、自己についても他者についても、人は同じようにその行動から内的状態を推測すると考える。したがって、ある実験の参加者が面白くない課題を行なったこと、実験者に頼まれて他の参加者に「面白かった」と告げたこと、一ドルまたは二十ドルの報酬があったことなど、実験が行なわれた状況について十分な情報が与えられれば、それらの情報から他者が示す反応を予測できるはずだというわけである。そうだとすれば不協和といった仮説構成概念を使う必要はない。

ベムはこの考えを実証するために、フェスティンガーらの実験状況の細部にわたる説明をテープに録音して参加者に聞かせたあとで、この状況に置かれた参加者がどのような態度を表明するかを予測させた。その結果、条件間の平均値はフェスティンガーらの実験とほとんど同じ差異パターンを示した。他者の行為を観察して（どのような状況でどのように行動したかを聞いて）その行為者の態度を推測する対人シミュレーションによって、よく似た結果が得られたことは、フェスティンガーらのオリジナルの研究でも参加者が自分自身の行為から自己の態度を推測したかもしれないこと、つまり、自己も他者も同じ観察対象であり、同じ推測過程が働いたかもしれないことを示唆する。

さらに、ベムは対人シミュレーションとは異なるやり方で別の実験を行ない、不協和実験の参加者の態度表明には内的手がかりが利用されていないことを示して、自己知覚による説明の適用可能性について検証を試みた[5]。この実験は、あるテーマ（たとえば学費の値上げ）について一週間前に参加者たちの態度を評価しておき、その態度に反するエッセイをぜひ書いてほしいと告げて強制的に書かせる条件と、書いてほしいが無理強いはしないと告げて選択権を与えてから書かせる条件と、何も書かないコントロール条件から成っていた。これらの条件操作の後、同じテーマについて再度、態度表明を求め、一週間前とどのように違うかを検討するのである。

このデザイン自体は不協和研究者が考案したもので、選択条件の参加者は、書いたエッセイが初期態度と異なり、また強制されたために書いたといった理由付けもできないので、不協和を経験し、その低減が動機付けられると仮定される。実際、選択条件では書いたエッセイの方向へ態度がシフトするのだが、不協和理論ではそれはもちろん不協和低減のための反応であると解釈される。一方、自己知覚理論では、態度は内的手がかりとして弱く利用できないので、そのときの行動（この場合は書いたエッセイの内容）からそのときの態度を推測するために、結果的に態度がシフトすると考える。内的手がかりが利用できない状態にあることを示すには、最後の態度を表明するときに、エッセイを書いたテーマについての自分の初期態度の情報が利用できないことを示せばよい。そこで、ベムは通常の不協和実験の手続きと、エッセイを書いた後の態度表明の代わりに初期態度の再生を求める手続きとを比較する計画を立てた。つまり、実験の参加者が態度を表明したときには、個人内部に利用できる態度の手がかり（この場合は記憶情報）がないことを、初期態度を再生させる手続きによって明らかにしようとしたのである。自分の初期態度を正しく再生できないならば、最後の態度表明の時点で、態度という内的手がかりは不確かで、手がかりとしての機能を果たしておらず、自己知覚過程が作用する条件を満たす証拠とみなせる。一方、初期態度が正しく再生されるならば、強い内的手がかりとして記憶痕跡が残っていることを表わし、自己知覚理論の予測と一致しないことを意味する。

実験の結果、通常の不協和実験の手続きでは、選択条件で態度変容が観察された一方、ベムが新たに設けた初期態度再生の手続きでは、初期態度の再生が非常に不正確であった。自己知覚が生じる条件は整っていたことになる。初期態度と異なる行動をとった参加者は、確かに行動した方向へ態度変容しており、同一の手続きをとった後、一週間前の態度の再生を求めた場合には、正しく再生できず、初期態度の情報が失われたようであった。つまり、態度変容は初期態度の情報を利用できないために、書いたエッセイの内容に合わせて推測されたものだという見方に支持的であった。このように、一見すると内的手がかりが顕在的でなくなったとみるベムに有利な結果であった。しかし、再生された初期態度の値は、不協和手続きでみられた態度変容後の値とほとんど同一であった。そのため、不協和低減に動機づけられて初期態度に関する記憶が行動方向に歪められたのだという解釈を許した。[6] 結局、内的手がかりが利用できないために行動から態度を推測したという解釈と、不協和低減に動機づけられたために態度が変容したという解釈と双方が可能になってしまった。

このように態度変容に関する自己知覚理論の実証は完全に成功したとはいえないが、自己の内的手がかりの利用可能性への注目は、自他の関係性を考えるときの一つの基準を与えてくれる。内的手がかりと自他に関する判断の関連をもう一度みておこう。(1)自己の内部状態に関する手がかりがあるときには、自己に関する判断は、他者に関する判断とは違った情報に基づいてなされうる。(2)自己の内部状態に関する手がかりがないときには、自己と他者に関する判断について、必ずしも違った種類の情報が利用されているとは言えない。ここから、自己に関しては、ある種の情報を特権的に利用できる場合があり、その限りにおいては自己と他者は異なった認知過程で扱われるが、そうした情報の利用が困難な場合には、両者は同一の処理過程をたどるという考えを引き出せそうである。

† 行為者‐観察者効果

自己と他者に関する判断に利用できる情報の違いということであれば、自己の内部状態に関する手がかりの有無だけでなく、対象をみる視点も違った情報を提供する。行為者‐観察者効果[7]と呼ばれる認知バイアスがそれを示している。人は、観察者として他者の行為を考えるときには、その原因を他者の内的・個人的要因(性格など)に求めがちなのに対して、行為者として自分の行為を考えるときには、その原因を状況要因に求めがちになる。たとえば、万引きを他者がやったときには「あいつはそういう悪い癖のあるやつよ」などとその人物の特徴で理解しようとする。しかし、自分がやったときには「誰もみていなかったからつい……」などと状況がその行動を促したかのように理解しようとする。あるいは、タクシーの運転手がイライラしていて荒っぽい運転をすると「なんて乱暴な人だ」と思うかもしれない。しかし、自分が運転しているときにイライラしていて同じように荒っぽい運転をしても決して自分が乱暴な人だとは思わない。自分がそのような運転をしてしまったことはイライラの原因を作った事情に帰せられるに違いない。

このような帰属パターンに関する有力な説明の一つが、視点の相違である。これは人が原因推論をする際には、知覚的に目立つ事象を考慮に入れやすいという前提の上に成立している。観察者は状況にかかわる諸要素全般を眼にすることができるが、そのなかで行為する人物自体がもっとも目立つものとなる。一方、行為者は行為している自分の姿を外側から見ることができず、目立つのはもっぱら自分を取り巻く状況的諸要素の方である。このように、視点の違いが目立つ事象の違いをもたらすために行為の原因帰属が違ってくると考えるのである。しかし、原因帰属の違いが、視点の違いによって用いる情報が異なることによるならば、同じ情報が与えられるときには、自己の行為も他者の行為も同じように帰属されると考えられる。事実、ビデオテープに映った自分の行為映像を観察者の視点でみた人は、自分の行動の原因を内的・個人的要因に帰属する傾向が高まり、行為者の視点から映像を見た人は、行為者の行動を状況に帰属する程度が高まったのである[8]。

結局のところ、自他理解の差があるとすれば、それは処理プロセスの根本的相違などではなく、利用できる情報の差に起因しており、得られる情報の性質に差がないときには、自己と他者は同じ処理過程におかれるといえそうである。

† 自己ステレオタイプ化

他の例をみよう。周知のように他者にはステレオタイプが適用されるが、自己に関するステレオタイプ化という現象も知られている。ステレオタイプとは人物の属性に関してある程度社会的に共有されている既存知識の一種で、たとえば、銀行員は誠実で信頼できるといった内容で構成される。それが他者と同じように自己にも適用されるのである。自己も他者も等しくステレオタイプの適用対象であるといえる。これは社会的アイデンティティ理論[9]の文脈から派生してきたアイデアで、初期の研究では、同性のみの集団よりも異性を含む集団において、自らの性別カテゴリーと関連の深い属性にそって自己評価がなされやすくなるといった知見が見出されてきた[10]。認知的なアクセシビリティの観点でみると、この自己ステレオタイプ化は、集団のメンバーシップあるいは自己に適用可能なステレオタイプのうち、その状況でもっともアクセスしやすいものが、自分の属性をどうみるかの処理に影響する。

最近では、このような処理は、自己と相対する他者が同様のステレオタイプを保持しているときに一層影響が大きくなることが示されている[11]。つまり、相互作用を行なう自己と他者が該当のステレオタイプを共有しているときに、そのアクセス可能性が高まり、自己ステレオタイプ化が促されるのである。この種の研究によれば、自己に対して適用可能なステレオタイプ的知識をもつと考えられる他者が存在するときには、自分に対して適用できる別の属性知識があったとしても、他者と共有されるステレオタイプ的知識のほうを利用して、その方向に沿って自己が把握されていくことになる。いわば他者は特定方向に自己理解を推し進める触媒の役割を果たしている。

†　認知神経科学

認知神経科学の分野に眼を転じると、自己と他者に関する情報が処理される脳領域についての研究が進められてきている。大きな関心事は、自他の処理領域に重なりがあるのか否かである。これまでの知見からすると、重なりはあるとみるのが妥当なようだ。たとえば、二〇〇五年に「自己は特殊か？」と題された論文が現われた[12]。副題に「実験心理学と認知神経科学による証拠の批判的レビュー」とある。この論文では、ある対象が特別な処理対象であるのかは、解剖学的にみて脳領域にその対象を処理するための占有部分があるか、あるシステム内でその対象が処理される仕方に独自の特徴があるか、その対象の処理が他の処理もするシステムに依存していないか、その対象について言語などのように特定の種に固有の処理がなされるかの四つの基準に照らして検討できるとしている。結論のみを紹介すると、身体部分や行為が自分自身のものであると感じるような自己の感覚は、自己についての特別なシステムといってもよさそうだが、自己の性格特性や自伝的記憶に関しては、自己の処理と他者の処理が別だといえるほどそれらの基準を満足しているとみなせる証拠は少ないとされた。つまり、動作や行為が自分のものである、自分が起こしたものであるという感覚は自己の動作や行為に伴って生じる。しかし、意味的に捉えられる対象としてみるならば、自己は単に一番よく知っていて、一番気になる「人物」にすぎないのだとされた。

さて、対象としての人物の情報を処理する際に活性化する脳領域として、もっともよく言及されるのは内側前頭前野（medial prefrontal cortex）である。この領域は、実験参加者が自己や他者についての特性判断課題（「やさしい」のような特性語が自己や他者にあてはまるか否かを判断する）や、感情状態の判断などを遂行したときに活性化する。判断の対象が自己の場合と他者の場合とでは活性化のレベルが異なることもあるが、この内側前頭前野で自己を含む人物の特性や心的状態に関する情報が処理されているという見方は定着しつつある。[13]とくに、人物の相互作用を観察するときや人物の行為の帰属を行なうときに、この領域が活性化することは、[14]対象としての自己と他者の情報処理が同軸にあるとする見方と一致する。

自己知覚も、行為者-観察者効果も、自己ステレオタイプ化も自己と他者の状態についての判断を求めている。そこで自他の判断に違いがあるとすれば、それは内的手がかりや視点の相違あるいは既存知識の適用可能性など、判断に利用できる情報の種類が異なるだけである。そのうえ、理論的にはそうした情報の統制が可能で、利用できる情報の種類を等しくすることもできる。実際に帰属研究ではその試みもなされた。自他の判断に同じ種類の情報が使えるのだとすると、自己も他者も認識の対象としての位置に大きな相違はないのではないだろうか。対象として同じように位置づけられるならば、他の対象がそうであるように、対象に関する情報の整理・統合さえもできるのではないだろうか。次節では、自尊心維持・高揚の動機づけによって自己表象が拡張される過程をみた上で、他者表象がそこでどのような位置を占めることが可能なのかをみていきたい。

2　動機づけられた自己の拡張

W・ジェームズは、かつて個人の願望のうちどの程度が成功するかという形式で自尊心を定義した[15]。獲得したい財産や関係を結びたい相手、学問、芸術、スポーツなどにおける達成など人はさまざまな願望をもつ。その願望のうち、いかほどが目論見どおりに成功したか、その程度が自尊心を規定するという操作的な定義であった。今日、自尊心とは、人が自分自身に抱く肯定的感情のことであるとする概念的定義が広く採用されている。

ところが、その測定に関しては懸念されている問題がある。自尊心の測定には、いくつかの質問項目（たとえば「自分にはたくさんの長所があると思う」）への反応を得点化する自己報告式の尺度がよく用いられているのだが、この方法は社会的望ましさの影響を強く受けるので反応の妥当性が疑われるのである。近年は、自己と感情価をもつ概念（たとえば「成功」はプラスの、「失敗」はマイナスの感情価をもつ）との潜在的な認知連合強度を測定することで自尊心の程度を知ろうとする方法が用いられることも多くなった[16]。しかし、そうした新しい測定法と既存の尺度得点との関連がそれほど高くないことが自尊心概念をめぐる未解決の問題として残っている。このように測定に関する議論があるものの、自尊心の概念自体は心理学、ことさらに社会心理学の文献内では、非常に頻繁に登場する。自尊心研究は、一九七〇年代から盛んになりいまなおその数が増加しつづけている主要トピックの一つなのである。

とくに注目されてきたのが、自尊心を維持・高揚させる動機である。この視点から、自己と他者の関係をみるとき、多くの研究者によって検討されてきた一つの事象が、自己という境界をひろげて、他者や集団をその内に取り込む試みである。これは他の存在の力を借りながら、自尊心を維持しようとする心理学的戦略である。この傾向は、他者や集団にとどまらず、さまざまな自然物、人工物をも取り込む対象とする。この取り込みの原動力となるのが自尊心というわけである。とりわけ自己に関する評価や価値が脅かされるような状況では、自尊心の維持が動機づけられるとみなされている。

物理的な自分自身の身体を超えて自己を捉えようとする最初の心理学的議論は、やはりW・ジェームズが論じた物質的自己の概念であろう。自尊心の維持という文脈ではなかったものの、そこでは身体のみならず、身にまとう衣服、家族や住まう家、財産など諸々の対象が自己の一部を成すとされた。家族の悪事によって恥を感じること、我が家の造りに悪口を言われて怒りを感じること、生涯をかけて収集した昆虫標本が失われれば自分の一部が失われてしまったように感じることなどを例に挙げ、物質的には自己と区別される他の存在のあり方が自己自身の問題として深くかかわってくるところから、心理学的にはそれらが自己の一部になりうると考えたのである。

ここで考えておくべき問題は、どこまで拡張可能であるかというよりも、ある対象が人のどのような反応や心理現象にかかわることによって、その人の拡張された自己の一部だといえるのかである。ジェームズが挙げた例は、対象が自己に引き起こす感情が、自己自身に生じる現象によって自己に引き起こされる感情と酷似している。家族の悪事で感じる恥は自己の失敗時に感じる恥と似ており、自宅の出来栄えに悪口を言われたときの怒りは自己を侮辱されたときに感じる怒りと似ており、生涯をかけて収集した貴重な標本が失われたときの喪失感は自己の身体の一部を失ったときの喪失感と似ている。他の対象への何らかの作用や他の対象自身の所作によって自己内に生じる感情が、その作用や所作を自己自身に置き換えたときにも生じるような感情であるか否か、この点をよりどころにして、敷衍された自己としての物質的自己が述べられているようである。

ここでは、そうした感情の範囲を自己への肯定的感情というように限定して、自尊心や自己評価の内実に影響を及ぼすような対象が自己拡張の対象となりうるとしておきたい。ジェームズの例示でも、恥や侮辱の感情は、自尊心と密接に関連しており、自己の拡張が自尊心の維持とかかわることがそこですでに暗示されている。自尊心とかかわる自己の拡張については、現在でも研究報告がある。たとえば消費者心理の研究では、自分の好みのブランドについての否定的情報は、自尊心を低める作用があり、それは自己とブランドを結びつけて考える傾向の強い人に顕著であるといった知見が報告されている[17]。

✝ 他者と自尊心

他者が自尊心に影響を及ぼすプロセスについて、よく知られているのは、アブラハム・テッサーが言及した比較過程と反映過程である[18]。比較過程は、他者の優れた成果によって自尊心が低下することを指し、とくに他者と自分が同じ領域で競争関係にあるような場合に生じやすい。しかし、自尊心維持の観点では、こうした他者はむしろ避けるべき回避の対象であり、その他者と自己との関係の形成は促されないとされる。一方、反映過程は、他者の優れた成果によって自尊心が上昇することを指す。親しい知人が素晴らしい成果をあげると、それがあたかも自分のことのように喜ばしく感じられる場合である。極端な話だが、ある人がノーベル賞を受けたなら、本人が受賞したわけでなくとも、その人の親類縁者の自尊心は上昇するであろう。これは他者の栄光に浴することなので栄光欲とも呼ばれることがある。栄光浴は優れた他者と自己とのあいだに関係があることによって起こる。知人の成果を自己と関係があるとみなすことによって自尊心を維持・高揚するような、いわば他人の念仏で極楽参りをする業なのである。(19)

他者を切り離そうとする比較過程と自己の拡大をはかる反映過程とは対比的に扱われることが多い。いずれの過程が生じるかは、他者が優れた力を発揮する当該属性への自我関与が重要な条件であると考えられている。自尊心にとって重要で影響の大きな技能領域つまり自我関与の高い領域においては、優れた他者の存在が自尊心の脅威となるので比較過程が生じやすくなり、自尊心にとって影響の小さな技能領域つまり自我関与の低い領域においては、優れた他者はむしろ積極的に取り込む対象とすべきであり反映過程が生じやすくなるとみなされる。

しかし、現実的には、この二つの過程が同じ他者に作用する状況も少なくないであろう。その典型は、優れた他者が自己と同じ集団に属するときである。たとえば、建築デザインのコンペに応募する際に、まず設計事務所内で競争があるとしよう。設計者たちは各自のアイデアを盛り込み、個人的な設計案を提出する。その事務所には二人の優れた設計者がおり、所員はそのどちらかの案が基本になると予期している。このとき、基本案として選ばれなかった人の方は、設計が自分の主たる仕事であれば通常は自我関与が高く比較過程が生じる状況にある。しかし、所属事務所の案として、もう一人の設計案が他の応募作品と競争し、採用されたとなると、同僚の勝利を自分たちの勝利として受け止めることもあるだろう。たとえ設計という技能属性に対する自我関与が高くとも、ここは反映過程が生じる状況に変わりうる。

このような比較過程から反映過程への切り替えがうまくできるか否かについては個人差もあるはずで、それが精神的健康にも影響するような事態が想像できる。彼我の能力差を見せつけられた後、反映過程への切り替えができずに忸怩《じくじ》たる思いが続く人は、自信を失って労働意欲が減退し集団内で孤独感を強めていくことさえあるかもしれない。自分より相手の優れているところを認めて反映過程へ切り替えられれば、間接的にせよ自尊心が支えられ、その後の意欲にも好影響があるという筋書きが書けそうだ。他者を自己と切り離して独立した対象として保持していくか、他者を自己と結びつけて融合させていくか、その選択は自尊心維持・高揚と深くかかわる戦略的選択でもあるといえそうだ。

† 自己拡張理論

もっと直接的に他者の取り込みを扱った考えもある。アーロンたちの自己拡張理論(20)は、人は自分自身の潜在的な効力の増大を求める動機をもつと仮定し、人が親密関係を形成する（パートナーや友人をもつ）のは主としてその効力の増大に目的があると考えた。親密関係では、他者がもつ資源、他者の視点、他者のアイデンティティなどが、ある程度は、自分自身のものとして経験されるからである。効力を増大させたいということは、物事に影響を及ぼす力や対処する力を高めたいということである。要するに、他者と協力して事にあたるという単純な話なのだが、彼らの理論の特徴は、親密関係にある他者は認知的には自己に取り込まれる形で表象されているとする点にある。アーロンたちは、それを他者の自己への包含という言い方をする。それはちょうど対象としての自己と他者は同一の認知処理を受けるという議論と同じ方向にあり、その考えに動機付けの視点を組み込んだものといえるかもしれない。

その包含の論拠となる実証研究がいくつかある。一つは、自己関連付け効果と同様の効果が、親密な他者との関連付けによっても得られることである。自己関連付け効果とは、いく種類かの形式で性格特性を表わす単語を処理したときに、後の単語の偶発再生や再認の成績が処理形式によって異なるというものである。とくに、その単語が自己に当てはまるか否かを考えて答える条件のときに再生・再認の成績が最大となることから自己関連付け効果と呼ばれている[21]。他の処理形式としては、たとえば単語が文字列として長いかを考えて答える条件や単語の意味的定義が容易か否かを考えて答える条件などがある。これらの処理形式に比べて、単語が親密な他者にあてはまるかを考えた場合にも、自己へのあてはまりを考えた場合と同程度の高い成績が得られている[22]。また、同じように性格特性語を使った研究で、自己と他者へのあてはまり判断が一致する場合（自己と他者の双方にあてはまるか、いずれにもあてはまらない）は不一致な場合（自己か他者の一方に当てはまり他方にあてはまらない）よりも、自分へのあてはまり判断が速いことが知られている[23]。この効果は、親密な他者に限られ、親密ではない他者についてはこのような反応促進はみられない。

仮に、認知的に自己と親密関係にある他者が同じ一つの表象として一体化していると考えると、自己の行為ばかりでなくその他者の行為もその同じ表象が遂行したものとして認識されることになる。つまり、親密な他者が行なったことはすべて自分自身が行なったことと認知的、感情的に同じインパクトをもつというわけである。このような仮定は、自己と他者の表象が独立であると仮定したときとは異なる予測を引き出す。たとえば配偶者が一人で自動車を運転中に交通事故を起こして相手を死なせてしまった場合を考えよう。事故の責任は客観的には配偶者だけにある。そして、表象として自他が完全に区別されているとするならば、認識の対象としての配偶者に原因が帰属される。自分は事故には客観的に関係がなく、認識の対象としての自己にも責任がない。しかし、自他の表象が一体化して認識されるとなると、客観的に自分が事故に関係ない点は同じだが、主観的には大きな相違がある。この場合、事故を起こしたのは配偶者であると同時にそれと一体化している自分自身でもあると認識されるはずである。事故という出来事と配偶者の表象が結び付けられることは、その出来事と自己の表象が結び付けられることでもあるからだ。もしそうしたことがあるとするならば、配偶者との認知的一体化の程度に応じて、あたかも自分が事故を引き起こしたときと同じような経験（罪悪感、後悔ほかさまざまな感情など）をすることになる。このような問題は、配偶者に対する共感の強弱に帰着させることもできるであろう。しかし、自他表象の一体化という立場では、その共感をこそ認知表象の構造に帰着させて説明することになる。

3　不明瞭な自己の特権的情報

これまでみたように、社会的認知や認知神経科学の研究は、自己と他者が認識の対象として同じ範疇に組み入れられる可能性を示唆している。経験される対象として、自己と他者はもちろん別存在として主体の内に表象されるのであるが、条件が整えば、対象が自分自身であっても他者と特別に異なった処理過程を通して表象されるわけではないと考えられそうである。これをさらに進めたのが自他表象の一体化という見方であるといえよう。本章でみてきた証拠は限られたものではあるが、自己に関する特権的な情報がない限り、自他は同じ認知過程で扱われ、親密な他者との境界は限りなく曖昧になるのかもしれない。

そこで、問題となるのが、自己に関する特権的情報の、日常的な利用可能性である。それが非常に高いのであれば、なるほど理論的には対象としての自己と他者は等しい処理を受けられるかもしれないが、実質的には常に別処理を受けるものとみて差し支えないことになる。しかし、自己の特権的情報がどのようなものであるのかは、明確にされてきていない。感情のような内的手がかりは自己に特権的であるといえようが、感情は常に喚起されているわけではない。また特権的情報の内容を明確に特定できなければ、利用できる情報や手がかりを弁別するのも難しいと思われる。こうした事情が変わらなければ、経験される対象としての自他の境界は曖昧なままである。

そのうえ、自己の特権的情報や内的手がかりのような自己内部で生じる事象を利用することは相当に困難であることが、次のような議論から示唆される。ニスベットとウィルソンは、そもそも人は自分自身の心理過程についてどれほど分かっているのかを問題にした[24]。ある刺激が、知覚や認知過程を経て、個人の反応にいたるとしたとき、刺激と反応のあいだに介在する内部プロセスの働きを正確にモニターできるだろうかというわけである。

たとえば次のような例から、彼らは人が自己の意思決定や内部状態に影響する要因について無自覚であることを示した。大型ディスカウントショップのテーブルに四つのストッキングを横一列に並べて買い物客に一つを選んでもらう状況では、一番右側の商品が選択されやすかった。この場合、選択に偏りがありそれは明らかにストッキングの位置の効果であった。しかし、選んだ理由を尋ねると自分が気に入ったからであるとか、編み目の透けている程度や伸縮性などが報告された。さらに、位置の影響があったのではと水を向けると、否定する人ばかりであった。つまり、人は自分の選択が何に影響されたのかをまったく理解していなかったのである。そればかりか、独自の解釈を付け加えてしまっている。要するに、人は自分自身がどのような要因の影響を受けて反応しているのかを理解していない。一方、日々経験する気分状態に影響する要因を調べた研究[25]でも同様であった。天候や睡眠時間など、気分の予測因子と毎日の気分について五週間にわたり記録してもらった。予測因子と気分のあいだにどの程度の相関があると思うかを、回答者本人と本人を知らない他者が予想した（たとえば、天候がどの程度自分のあるいはその人の気分に影響したか）。本人は、自分の気分について特権的な情報をもつはずだが、実際の相関との一致度においては自己による予測が他者による予測よりも正確であるという証拠は得られなかった。つまり、気分のような内的状態にどのような要因が影響するかについて、他人以上に正確に把握しているわけではなかったといえる。

自他を異なる処理対象とするには、自己に関する特権的な情報を要するが、実は人びとがそうした情報をほとんど利用できなかったり、情報の掌握において正確さに欠けたりするとなれば、もはや自他の認知処理を区別する強固な拠り所はなくなってしまう。自己という対象は、限りなく他者という対象に近いものかもしれない。

（1） Bem, D. J., "Self-perception: An alternative interpretation of cognitive dissonance phenomena," *Psychological Review*, 74, 1967, pp.183-200.

（2） Bandler, Jr., R. J., Madaras, G. R., and Bem, D. J., "Self-observation as a source of pain perception," *Journal of Personality and Social Psychology*, 9, 1968, pp.205-209.

（3） Bem, D. J., *op. cit.* 注1参照。

（4） Festinger, L. and Carlsmith, J. M., "Cognitive dissonances of forced compliance," *Journal of Abnormal and Social Psychology*, 58, 1959, pp.203-210.

（5） Bem, D. J. and McConnell, K., "Testing the self-perception explanation of dissonance phenomena: On the salience of premanipulation attitudes," *Journal of Personality and Social Psychology*, 14, 1970, pp.23-31.

（6） Wicklund, R. A. and Brehm, J. W., *Perspectives on cognitive dissonance*, Hilldale, NJ: LawrenceErlbaum, 1976.

（7） Jones, E. E. and Nisbett, R. E., *The actor and the observer: Divergent perceptions of the causes of behavior*, New York: General Learning Press, 1971.

（8） Storms, M. D., "Videotape and the attribution process: Reversing actors' and observers' points of view," *Journal of Personality and Social Psychology*, 27, 1973, pp.165-175.

（9） 社会的アイデンティティとは、特定の社会集団への自己の所属性を表わす概念で、この保護や維持という観点から、社会集団の間に起こる対立や差別などを説明する理論。Tajfel, H. & Turner, J., "The social identity theory of intergroup behaviour," in S. Worchel and W. G. Austin eds., *Psychology of intergroup relations*, Chicago: Nelson-Hall, 1986, pp.7-24.

（10） J・C・ターナー『社会集団の再発見：自己カテゴリー化理論』誠信書房、一九九五年（John C. Turner, *Rediscovering the social group: A self-categorization theory*. New York: Blackwell, 1987.）の一四六－一四九頁を参照。

（11） Sinclair, S., Hardin, C. D., & Lowery, B. S., "Self-stereotyping in the context of multiple social identities," *Journal of*

Personality and Social Psychology, 90, 2006, pp.529–542.

(12) Gillihan, S. J. and Farah, M. J., "Is self special? A critical review of evidence from experimental psychology and cognitive neuroscience," *Psychological Bulletin*, 131, 2005, pp.76–97.

(13) Decety, J. and Sommerville, J. A., "Shared representations between self and other: A social cognitive neuroscience view," *Trends in Cognitive Sciences*, 7, 2003, pp.527–533. 中尾敬・武澤友広・宮谷真人「内側前頭前皮質の機能――行動選択基準仮説」『心理学評論』四九、五九二－六一三頁。

(14) Amodio, D. M. and Frith, C. D., "Meeting of minds: The medial frontal cortex and social cognition," *Nature Reviews: Neuroscience*, 7, 2006, pp.268–277を参照。

(15) ウィリアム・ジェームズ『心理学』（上）、今田寛訳、岩波文庫、一九九二年（William James, *Psychology: Briefer course*, 1982.）

(16) Greenwald, A. G. and Farnham, S. D., "Using the implicit association test to measure self-esteem and self-concept," *Journal of Personality and Social Psychology*, 79, 2000, pp.1022–1038.

(17) Cheng, S. Y., White, T. B., and Chaplin, L. N., "The effects of self-brand connections on responses to brand failure: A new look at the consumer-brand relationship," *Journal of Consumer Psychology* in press.

(18) Abraham Tesser, "Toward a self-evaluation maintenance model of social behavior," in L. Berkowitz ed., *Advances in experimental social psychology*, vol.21, San Diego: Academic Press, 1988, pp.181–227.

(19) 英語ではbasked in reflected gloryを短くしてBIRGingと呼ばれる。『影響力の武器』（誠信書房、一九九一年）の著者で知られるチャルディーニの命名。

(20) Aron, A., Aron, E., and Norman, C., "The self-expansion model of motivation and cognition in close relationships and beyond," in M Clark & G. Fletcher eds., *Blackwell handbook of social psychology, vol.2: Interpersonal processes*, Oxford: Blackwell, 2001, pp.478–501.

(21) Rogers, T. B., Kuiper, N. A., and Kirker, W. S., "Self-reference and the encoding of personal information," *Journal of Personality and Social Psychology*, 35, 1977, pp.677–688.

(22) Symons, C. S. and Johnson, B. T., "The self-reference effect in memory: A meta-analysis," *Psychological Bulletin*, 121, 1997, pp.371-394.
(23) Aron, A., Aron, E.N., Tudor, M., & Nelson, G., "Inclusion of other in the self scale and the structure of interpersonal closeness," *Journal of Personality and Social Psychology*, 60, 1991, pp.241-253.
(24) Nisbett, R. E. and Wilson, T. D., "Telling more than we can know: Verbal reports on mental processes," *Psychological Review*, 84, 1977, pp.231-259.
(25) Wilosn, T. D., Laser, P. S., & Stone, J. I., "Judging the predictors of one's own mood: Accuracy and the use of shared theories," *Journal of Experimental Social Psychology*, 18, 1982, pp.537-556.

第十二章　美的情動のアンビヴァレンス

——カント、シラー、美学イデオロギー批判——

宮﨑裕助

1　なぜ「情感的なもの」が問題なのか

感情や情動、感覚的なものは、これまで非常に幅広い観点から見出され名指され、また多様な仕方で探究されてきた。そうした感情や感覚の種類を少し思いつくままに挙げてみても、喜怒哀楽に恐怖、愛憎といった基本的な感情から、そもそも世界の認識の基盤となる知覚経験としての感覚・感受性、さらには道徳的な価値を帯びた幸福や同情、罪悪感、正義感等々にいたるまで、枚挙に暇がない。その多種多様さは、それらを前にしてどこからどのように手を付ければよいか、途方に暮れてしまうほどである。

そうしたもののなかに、しかしながら、とりわけ注意を惹くものとして、われわれ人間に特有の仕方で問題含みのものとなる感情が存在しているように思われる。それは、哲学思想の歴史のなかで、しばしば「情感的なもの」として問い返されてきた感情ないし情動のことである。さしあたり「情感的なもの」と呼んだものは、西洋の言語では「エステティック（[英] the aesthetic／[独] das Ästhetische／[仏] l'esthétique）」に当たる言葉であり、古代ギリシア語の「アイステーシス（αἴσθησις：感覚・感情・知覚）」に由来する言葉である。

「情感的なもの」についての問いは、通常は「美学（エステティクス）」として知られており、美や芸術、ないし趣味に関する探究として十八世紀ドイツの哲学者バウムガルテンが確立した学問にさかのぼる。「感性的認識の学」とバウムガルテンも述べていたように、「アイステーシス」という語の原義からすれば、この言葉は、もともとは「感じること」そのものに意味の重点があったことに注意しよう（したがって「エステティック」は「美的なもの」とも「情感的なもの」とも訳せるし、他にも「感性的」「直感的」「審美的」「美学的」「耽美的」など、広義の感覚にまつわるさまざまな訳語を当てることができる）。この「情感的なもの」という言葉が、以下でみるような重要な意味でとりわけ問題含みのものとなったのは、十八世紀末ドイツのカント哲学以降のことだと言うことができる。

人間にとって探究すべき価値の総体が「真・善・美」、また人間に特有の能力が「知・情・意」という三幅対によってしばしば語られるように、「情感的なもの」は、「真」と「善」の価値以外のもうひとつの価値である「美」にかかわるものであり、また「知ること」（知性）と「為すこと」（行為の意志）とは別に想定された「感じること」という能力にかかわっている。この三区分をひとつの批判哲学の体系として打ち出したのが、よく知られているように、カント（による『純粋理性批判』『実践理性批判』『判断力批判』の三批判書）であり、この「情感的なもの」は、最後の批判書である『判断力批判』によってはじめて、批判的に吟味・検討され、ひとつの重要なカテゴリー（範疇）として練り上げられることになった。

それゆえカントにおいても、先ほど示した三区分のなかで「感じること」が、とりわけ美や芸術、趣味をめぐる感覚として問われていることには変わりはない。だからこそ「エステティック」は「情感的なもの」というより、とくに美学の基礎を担う感覚として「美的なもの」と訳されることになるのだが、この「美的＝情感的なもの」――以下、慣例に照らして〈美的なもの〉と訳すが、単に「美」に関するのみならず、つねに「情感的なもの」そのものの含みがあることに注意されたい――の感情は、『判断力批判』にあって、真偽が問われる認識の領域における知覚的経験でも、善悪が問われる行為の領域における道徳感情でもなく、あくまでそれらから厳格に峻別された第三のカテゴリーとして提示されている。では〈美的なもの〉がなぜ、どのような意味で問題含みの、重要なカテゴリーとなるのだろうか。

われわれは、文学や芸術作品に接したときに、各々にさまざまな感情を抱く。素晴らしい作品に接したときの「私の感じ」をありきたりの概念や言葉を用いて説明しようとすると、たちまちその「感じ」はどこかへとすり抜けて消えてしまうだろう。だからといって、その「感じ」を、たとえば身体の知覚として神経に伝わる刺激の束や、脳細胞のシナプスで測定しうる信号へと変換して「精密に」記述したところで、それらのデータをあらためて解釈する過程が必要になってしまう以上、それらをその「感じ」の説明とみなすことはできない。いったいそうした唯一無二の「私の感じ」をどのように扱えばいいのだろうか。〈美的なもの〉のカテゴリーは、まさにこうした純粋に主観的な感性の経験を捉えようとして要請されたものだと考えてよいだろう。

このことをカントの『判断力批判』に即して言い換えてみる。たとえば「この花は美しい」と感じるさい、カントは、美を美とみなす判断が、概念から客観的に規定しうるものではなく、純粋に主観的なものだということを強調していた。「純粋に主観的」と言っても、個人的な興味や嗜好に依存するものでもなければ、気まぐれに感じたことを表わす恣意性を意味するものでもない。カントが〈美的なもの〉を「純粋に主観的」とみなすことで言おうとしているのは、それが一切の関心を欠いた快だということである。

「この花」はしかじかの種類に属する花だから――たとえば「桜」だと分かっているから――美しいわけでも、

たまたま私が気に入っている花だから美しいわけでも、ましてや他人が美しいと言っている花だから美しいわけでもない。美を美として感じる判断は、どこまでも不偏にして無私な主観が、この花に、一回的ないま・ここにおいて直接に対峙することでしか下すことはできない。いかなる予備知識も先入見も排し、ただそのものを美しいと感ずるさいの「関心なき快」(『判断力批判』第二節)こそが、美を美たらしめる根拠になるのである。

　このような没関心性において美を美として感じ、ひとつの判断として呈示しうる能力が「趣味」と呼ばれる。趣味判断は単に恣意的で私的な判断にとどまるのではなく、万人にそう感ぜられるような普遍性をそなえていなければならない。というのもそうでなければ、美は、美に値するものではなくなり——美は好き嫌いにかかわらず共有可能なものでなければならない——、趣味は、趣味と呼べなくなってしまうだろう——個人の嗜好にのみ基づく「趣味」は単なる性向であって伝達可能な判断ではない——からである。

　カントが〈美的なもの〉に与えたもっとも重要な規定は、このように美を美とみなす判断が、まさによるべなき、純粋に主観的な判断であればこそ、万人の共有する普遍的な賛同を得ることができるのだという点である。論理的に言えば、主観的かつ普遍的であることは矛盾である。しかしカントによれば、純粋に主観的であるのにもかかわらず普遍的な妥当性を要求できるということ、この「主観的な普遍妥当性」(第八節)の要求こそ、まさに〈美的なもの〉のみが発揮しうる能力なのである。

　繰り返すが、このような感覚が、事物の認識に必要な経験的知覚(カント用語では「直観」)でもなければ、善悪を判断する正義感や他者への共感であるような道徳感情でもないということに注意しよう。〈美的なもの〉は、すでに述べたように、徹頭徹尾主観的なもの、一回的なもの、特異な個物にかかわる感覚なのだが、にもかかわらず普遍性を要求しうるという点で、あたかも矛盾や逆説を解消できるかのような力が想定された感覚、そのような意味で他のどのような種類の感覚とも区別された第三の感覚なのである。

この〈美的なもの〉は、カントにおいては、みずからの哲学体系を最終的に閉じる結節点として見出されている。すなわち、理論哲学としての第一批判（『純粋理性批判』）と、実践哲学としての第二批判（『実践理性批判』）とに分裂するかに見えたカントの批判哲学は、第三の〈美的なもの〉をふたつの批判を架橋する移行点として発見するのであり、かくしてカント美学（『判断力批判』）は、認識原理と実践原理の最終的な総合を達成すべきものとしてこのカテゴリーを打ち立てたのである。

だが、このことは、カントが〈美的なもの〉のカテゴリーを、実際にそうした両極や矛盾を最終的に総合したり解消したりするものとして基礎づけることに成功した、ということを意味するわけではない。実のところ、カントが練り上げた〈美的なもの〉のカテゴリーは、ひとつの体系の全体を形成するよう総合的かつ構成的に働くと同時に、そこに内在する本質的な分裂ゆえにまさにその総合の達成をみずから破壊するようにも作用するのである。この自己破壊的な作用については後ほど触れようと思うが、カント以後の美学の主要な伝統は、〈美的なもの〉のアンビヴァレンス（両面価値性）にもかかわらず、このカテゴリーをまさに人間理解にとっての全体化と体系化とを達成する総合のモデルへと一面的に還元してしまったのである。それもとりわけ〈美的なもの〉がもつ政治的な意味において、である。

2　美的国家論の成立

カント『判断力批判』が公刊された三年後、シラーは、本書の〈美的なもの〉の射程をいち早く見抜き、それが社会（社交）にとってもつ政治的な意味を次のような例を用いて鮮やかに説明している。

私は、美しい社会の理想として、多くの複雑なターンで形づくられながら、巧みに踊られた英国式ダンス以上にふさわしいイメージを知りません。バルコニーの観客は、交錯する無限に多様な動きを目にするのですが、その動きは、決定的に、しかし気ままに方向を変えながら、けっして互いに衝突することがないのです。すべてがこのように整えられているために、各々の踊り手は、他の人が来るときにはもうその場を空け渡しています。すべてが互いにとても巧みに、しかしわざとらしくなく適合しているために、誰もが思うがままにしているように見えるのに、けっして他の人を遮ることがないのです。そうしたダンスは、個人的に主張される自己自身の自由と、尊重された他者の自由との、完全な象徴なのです。（一七九三年二月二十三日ケルナー宛書簡。傍点は原文による強調、以下同）

ここでは、先に述べた〈美的なもの〉のはらむ、純粋な主観性（個別性）と普遍的な妥当性要求とのあいだの分裂が、社会における個人と全体の対立へと再解釈されている。そのうえで、文字通り社交ダンスの実現する「美」が、そうした対立をひとつの調和へともたらすという社会的理想の象徴とみなされている。一方には個人が思い思いに追求する自由、他方には一社会が法の名のもとに個人に要求する服従――社会契約論に典型的にみられるように、どんな社会でもその成立構造を問うていくと必ず直面する、こうした自由と支配、自律と他律との古典的な対立が、美という「情感的な」経験を介して、ひとつの調和的秩序へと総合されるのである。ダンスという高度に訓練された身体の動きは、洗練されればされるほど技巧性は退き、あたかも自然が織りなす無垢な戯れのように、優美さを帯び始める。かくしてシラーは、この優美さのうちに、単なる個々人の身体の総和以上のものとして、個の自由と全体の秩序とを両立可能にする調和――美しい社会の理想――のモデルを認めるのである。

シラーのカント解釈の明快さは、『判断力批判』の叙述がはらむ謎めいた複雑さを解消し、そこに何が賭けられていたのかをはっきりと示してくれる。同時期にシラーが執筆した一連の書簡『人間の美的教育について』を参照しよう。そこでは、先の美しい社会の理想が、より直接に「美的国家」（第二十七書簡）として主題化されている。

シラーは「国家」をなんらかの具体的な政治体制というより、「多様な主体がそのなかで合一しようとしている客観的で規準的な形式」（第四書簡）というかなり抽象的な意味合いにおいて持ち出しているが、国家を三つの理念型に区分しており、それが意図するところは明確である。それによれば、一方で「自然国家」ないし「力学的国家」、他方で「道徳国家」ないし「倫理的国家」が区別され、第三の国家として「美的国家」が呈示される。第一の「自然国家」ないし「力学的国家」は、人間の自然本性、動物的欲求の必然性にしたがって組織された社会形式のことであり、そこでは人間同士の関係は、物理的な力（実力行使）によって支配されている。それに対して、第二の「道徳国家」ないし「倫理的国家」は、人間の理性がみずからの人格性に基づいた普遍的な法によって人間関係を律する社会形式を指している。

シラーによれば、第二の「道徳国家」は理想的なものだが、それ自体としては現実性をもたない可能的な存在でしかない。いかに高邁な至高の法に基づいて道徳的な社会を構想しようと、人間は他方で自然の実在性（動物性）に根ざして存在している。もし理性に基づいてのみ国家を構想し、「自然国家を廃棄してしまうなら、理性は未規定な道徳的人間のために、自然で現実の人間を危険にさらすことになってしまう」（第三書簡）。

人間はあくまで血の通った生命をもった現実存在である。人間社会としての国家もまた、そのような自然の条件のもとでのみ追求されなければならない。シラーは、時計を扱う職人の例を引き合いに出し、国家を単なる機械とみなすことなく、「生きた時計」とみなす必要を説いている。すなわち「職人が時計を修繕するとき、彼は歯車の動きを止めます。しかし国家という生きた時計は、動かしながら修繕しなければなりません。ここでは、動く歯車は回転中に取り替えられることが肝心です」（同所）。

それぞれの自然本性に根ざした個々の人間たちが、国家という全体が課す道徳的な法則のもとで相互の関係を律するには、第三の国家を媒介として、二つの国家のあいだを架橋しなければならない。そこに持ち出されるのが、「美的国家である美しい社会の領域」（第二十七書簡）なのである。シラーはこう述べている。

力学的国家は、自然を自然によって馴致することによってのみ社会を可能にすることができます。倫理的国家は、個人の意志を、普遍的な意志に従わせることによってのみ社会を（道徳的に）必然的なものにすることができます。美的国家だけが、全体の意志を個人の自然によって実行するために、社会を現実的なものにすることができます……。趣味は個人のなかに調和をつくるからこそ、これだけが社会に調和をもたらすのです。他のすべての表象の形式は、人間存在の感覚的部分か精神的部分かのいずれか一方に基づいているために、人間をばらばらにしてしまいます。美しい表象だけが、人間のこれら二つの性質を調和しなくてはならないがために、人間を全体へと形づくるのです。（同所）

各人がそれぞれにそなえている自然の多様性がそのものとして解き放たれたとき、社会はカオスに陥るほかはないだろう。結局のところそれは自然状態において物理的な力が支配する弱肉強食の世界である。他方で、各々の個人に、普遍的な法則を否応なく課すばかりの支配は、法が目指していた自由を実現する以前に、個人の自然本性（個性）を圧殺することになってしまうだろう。すでにダンスのイメージにおいてみたように、身体の自由な戯れが醸し出す優美さ、そうした美的なものの経験こそ、個人の感情を普遍的に伝達し共有可能にするのであり、かくして個人の自由と全体の秩序とが両立するように両者を媒介することで調和をもたらし、理想的な社会を実現することができるのである。美的国家とは、シラーがそのように構想した理想的社会のあり方を述べたものである。

　絵空事のように聞こえるだろうか。「しかしこのような美しい仮象の国家が存在するのでしょうか。どこにそれを見つけたらよいのでしょうか」と最後にシラーは自問し、そして結論している。「必要上から言えば、それはすべての美しく響き合う魂のなかにある」（同所）。

　〈美的なもの〉がもたらす調和の根拠を、個人の内面――「麗しき魂」（ゲーテ）――のうちに想定するということは、カントが美的判断の契機を個々の純粋な主観的経験に置いていたことからすれば、なんら突飛な結論ではない。そしてこうしたことは、ある意味で現代にも引き継がれている考え方の前提をもたらしている。シラーはこのような魂の涵養のためにこそ「人間の美的教育」の必要性を説いたが、そうした教育は、われわれの社会にあっても「情操教育」と呼ばれ、子どもたちにとってその必要性が顧みられないことはなかった。

　情を操ると記す「情操教育」に必ずしも一意的な定義はないが、一般には、子どもの感性や情緒を豊かにすることで、想像力を高めたり、個性を伸ばしたり、あるいはみずからものを考えたりする力を養う教育を指し、かつそうした活動が道徳的な意識や価値観を培うのに不可欠と考えられている教育のことである。この教育が想定しているのは、五感を駆使して参加する身体活動、具体的には、海や山の自然に触れたり、動物を飼ったり植物を育てたりすること、あるいは、絵を描いたり音楽に親しんだり、スポーツをして自由に身体を使って運動することなど、さまざまである。

　こうした仕方で子どもたちの感受性を高め、情感豊かにすることは、幼児教育にたずさわるどんな学校も活動内容に掲げている方針だろう。これは、子どもたちの感性を自由に働かせて個性を伸ばすと称しつつ、実のところ、まさに美を美として共有できる感覚――いわゆる「共通感覚」――を、自由と支配の実践が両立可能になるよう、みずからの共同体を形成する基盤として育成しようとする企てなのである。カント＝シラーの体系的な枠組みから考えて、この感性的な基盤は、ひとつの民族ないし国家にとって、理論的な認識にも道徳的な規矩にも先立つ、人間同士の交流可能性そのものを形成するような、もっとも根本的な共同体的実践として、いまもなお要請されているのである。

3　美学イデオロギーの問い

芸術や美的な模倣ないし幻影が人びとの判断を惑わす悪徳であるという議論は、古代ギリシアにおけるプラトンの詩人追放論（『国家』第十巻参照）以来広く知られてきた。そのような伝統にもかかわらず、近代に入り、人びとがみずからをみずからの主権で自己支配すること――人民主権――を、市民社会形成の根本原則として以来、〈美的なもの〉のカテゴリーは、多かれ少なかれ、あらゆる国家や共同体が基礎に据えるべき、社会統合の原理へと押し上げられる。要するに、美への感受性を育てることが、道徳の教化に役立つのであり、自己を律して社会活動を営む、ありうべき人格そのものの陶冶を可能にするとされるのである。

晩年のハンナ・アーレントの思想において力説されていたように、『判断力批判』は、その見かけに反し、美学の書というより、政治的判断力の書とみなすことができる（「文化の危機」および『カント政治哲学の講義』参照）。というのも〈美的なもの〉についての主観的判断は、普遍的妥当性を要求するものであるかぎりで、市民同士がそれを共有するべく討議しうる公共的な場を切り開くからである。その意味で〈美的なもの〉の感受性は、市民がみずから自律的に判断し討議するために不可欠な試金石なのであり、そのようなものとして、市民が共有すべき共通感覚の形成を促進し、共同体の統合のための礎石となるのである。
シラーに由来する「美的教育」ないし「美的国家」論は、しかし、二十世紀に入って、ひとつの帰結を招来せざるをえなかった。それは、〈美的なもの〉の作用をいっそう直接に国家形成に役立てるべく、国家そのものを芸術作品とみなし、政治家をそのような作品を創造する芸術家と見立てる企図へと道を開いたのであった。

芸術とは感情の表現である。芸術家が芸術家でない者と区別されるのは、彼が自分の感じていることを表現することもできるという事実によってである。芸術家は多種多様な形態においてそうすることができる。ある者はイメージによって。またある者は音によって。さらに別の者は大理石によって――あるいはまた別のさまざまな歴史的な形態において。政治家はまたひとりの芸術家でもある。彼にとっての人民は、彫刻家にとっての石と同じ関係にある。指導者と大衆が互いにとってひとつの問題に属しているという関係は、色彩が画家にとって問題であるという関係とほとんど違わない。政治とは、絵画が色彩の造形芸術であるのと同様に、国家の造形芸術である。それゆえ、人民なき政治や人民に抗する政治は無意味である。大衆をひとつの人民へと、そして人民をひとつの国家へと変形すること――これは最深の意味で、つねに真の政治的な課題であり続けてきた。

ここに引かれた一節が、「プロパガンダの天才」と呼ばれたナチス・ドイツの宣伝相ヨーゼフ・ゲッベルスの小説（『ミヒャエル』）からのものであるということは、われわれがこれまでみてきた議論の経緯にとってけっして偶然ではない。というのも、ナチスこそ、アーリア民族という神話的形象を大がかりなスペクタクルとして上演する「祭典」（レニ・リーフェンシュタール）によって、ゲルマン民族のアイデンティティと統一感を高揚させ、そのような美的政治の演出を最大限活用することを通じて国家建設を企てたからである（現代で言えば、北朝鮮のマスゲームにそのわかりやすい例をみてとることができよう）。

ファシズムの美的政治にあっては、かつてヴァルター・ベンヤミンが「複製技術時代の芸術作品」の末尾で批判していたように、国民はみずからの命運を握る戦争という現実を、美的スペクタクルの上演として享受するのであり、そのことで、国民にとって必要な政治的判断の諸局面が、美的な仮象によって覆い隠されてしまうことになる。周知のように、これをベンヤミンは「政治の美学化」と呼び、次のように記していた――ファシズムが「政治の美学化」を推し進めているのだとすれば「ファシズム」に対してコミュニズムは「芸術の政治化」をもって応答するのだ」。

〈美的なもの〉の感受性の涵養が、市民の政治的判断力の自律性を培い、人びとの道徳性を高めるはずであったにもかかわらず、あたかもプラトンの詩人追放論以来の懸念が的中してしまったかのように、ここでは〈美的なもの〉は、人びとの判断を惑わせ、麻痺させるものへと反転させられてしまっている。政治の核心において根本的な役割を果たすはずの〈美的なもの（aesthetic）〉が、その効果において「麻酔＝没美的な（anesthetic）」状態を招いてしまうのである。政治の美学化とは、政治的判断の麻痺化ということになるだろう。いったいなぜこうなってしまったのだろうか。

ここで、問題となっている〈美的なもの〉の作用の由来をなすカントのテクストそのものに戻ろう。すでにみたように『判断力批判』において〈美的なもの〉のカテゴリーは、認識原理と実践原理――『純粋理性批判』と『実践理性批判』――の最終的な総合を達成すべきものとして要請されていた。〈美的なもの〉は、こうしてカントの哲学体系を統合する全体化作用を担うのだが、このことを社会統合の原理としたシラーの美的国家論は、まさに美と政治、芸術と国家との結合において、ファシズムの全体主義体制にまでいたる帰結（政治の美学化）を招いたのであった。

このような理路の問題点は、何よりも〈美的なもの〉のアンビヴァレンスを、社会の統合原理として構成的にのみ捉えたことにある。ポール・ド・マンはかつて、このように〈美的なもの〉の力を統合作用へと還元しこのカテゴリーの安定性を恒久化するような意識を「美学イデオロギー」と呼んだ。このイデオロギーは〈美的なもの〉そのものに内在する批判的な力を捉え損なうことで、結果的に〈美的なもの〉自体を「没美的なもの＝麻痺的なもの」へと反転させてしまうのである。

『判断力批判』は〈美的なもの〉のうちに見出される本質的な矛盾――主観性と普遍性の分裂――を、けっして解決したわけでも止揚したわけでもなかった。かつてヘーゲルは、カントの哲学が、主観性と普遍性のこうした分裂を解決できる合一点（Vereinigungspunkt）の必要性を認識していたにもかかわらず、それが単なる主観的な解決にとどまり、真の現実的な解決にはなっていないことを批判していた（『美学講義』参照）。ヘーゲルによれば、カント哲学の問題は、この解決が結局は「無限に繰り延べられた当為」以上のものではない、という点にある。

しかしながら、カントにあってはこの分裂がどこまでも解消不可能なアポリアとして残り続けるということこそが重要である。これは〈美的なもの〉の根本的なアンビヴァレンスを証示しているのであり、すなわち、そのことによって〈美的なもの〉のカテゴリーが、一方で体系の全体化をもたらす統合原理として働くと同時に、他方でその働きにどこまでも留保を付す批判の根拠ともなるのである。どういうことか。ド・マンが美学イデオロギーを問題化するなかで注目していた『判断力批判』の一節を読んでみよう。

大洋の眺めも〔それを崇高と見るときには〕われわれがあらゆる知識（だが知識は直接的な直観のうちには含まれていない）で豊かにされてそれを思考するような具合に眺めてはならない。たとえば、大洋を水棲動物がいる広大な領域であるとか、陸地のために大気を雲で満たす水蒸気を貯えた大貯水池であるとか、あるいはまた、諸大陸を互いに分離させるが、にもかかわらず大陸間のきわめて重要な交通を可能にする要素であるとか思考するような具合に眺めてはならない。なぜなら、これらはただ目的論的な諸判断を与えるだけだからである。そうではなくて、ひとは詩人がするように、大洋をたんに、実際に眼の眺めの示すがままに、たとえば静かな大洋を見るときには、大空によって限られているだけの明るい水鏡として、荒れているときは、すべてを呑み込もうと脅している深淵として、にもかかわらず崇高と認めることができなければならない。（「美的反省的判断の解明にかんする一般的註」）

カントは、広大な海原を「崇高」とみなす場合に、この大洋を眺める純粋に美的な視覚を「詩人がそうするように（wie die Dichter es tun）」それを「実際に眼の眺め（Augenschein）が示すがままに」見なければならないと述べている。この「詩人」の視覚は、まさに純粋に美的＝情感的であるがゆえに、現象的に規定的可能な「対象」――「水棲動物がいる広大な領域」や「大貯水池」といった目的論的判断の対象――を括弧入れし、その規定性を宙づりにしてしまう。「純粋に美的である」とは、カントが述べているように「一切の関心を欠いたままで」、現象のまったき無規定性のもとで、当の「もの」を眺めなければならないということである。したがって、このとき詩人の視覚として与えられた〈美的なもの〉は、現象の全体化をつかさどる目的論的な判断を無効化するように作用する。それは実のところ、現象として有意義な何ものも視ていないのであり、この眼差しは、いわばそのような視覚の現象性を枠づけ裏打ちしている「もの」自体に、つまりこの現象性そのものが不可能になると同時にはじめて可能になるような、それ自体としては不可視の「もの」そのものに向けられているのである。詩人は、そうした不可視の「もの」を純粋に「美的＝情感的な」仕方で眼に映り込むがままにすることのできる特権的な存在である。詩人がそう呼んだ「水鏡」や「深淵」は規定的な現象ではなく、あくまでそのような「もの」を示唆すべく付けられた仮名にすぎない。ド・マンは「美的＝情感的なものの」の脱目的論的な作用を強調すべく、不可視のものをこそ視る、こうした純粋に美的な視覚を、物質的な視覚と呼び、そこにカントの唯物論を指摘したのである（「カントにおける現象性と物質性」参照）。

議論の要点は次の通りである。一方で〈美的なもの〉は全体化をもたらすイデオロギーの源泉であり、美学イデオロギーはこのカテゴリーの安定性を恒久化すること（美学化）に存している。しかし他方〈美的なもの〉の核心に規定不可能な残余として「物質性」が見出されることによって、このカテゴリーはつねに不安定化されうるのであり、そのかぎりで〈美的なもの〉自身が、美学イデオロギーに対する抵抗の場をもたらすのである。〈美的なもの〉は美学イデオロギーの条件であるとともに、その批判自体の根拠でもあるのだ。

ここでは、ド・マンの美学イデオロギー論の詳細に立ち入るつもりはない。だが、少なくとも以下の点を明確にしておこう。たしかに『判断力批判』は（批判の完遂によって）〈美的なもの〉に宿る根本的な分裂を解消することでこのカテゴリーの基礎づけに成功したわけではない。だからといってこれは、ヘーゲルの言うように〈美的なもの〉の批判に（その不完全さゆえに）失敗したということではない。そうではなく、『判断力批判』は、真に批判的であればこそ、〈美的なもの〉の批判的な基礎づけを完璧に達成すればするほど、まさにその批判の一貫した力によって当の基礎づけの企図をかえってみずから破壊するにまでいたる、そうした脱構築的なテクストなのである。

4　結　語
——不可能な情動の政治にむけて——

カントが切り開いた〈美的なもの〉への問いは、純粋に主観的にとどまり続ける感情が、ある逆説的な仕方で普遍性へと通じており、万人に通用すべき普遍的な妥当性を要求しうるものであることを明らかにした。一方で〈美的なもの〉の普遍化作用が、ある共同体の統合原理へと固定化されるとき、当の普遍性を一共同体の全体性と取り違えるという美学イデオロギーに行き着くことになった。しかし他方〈美的なもの〉の普遍性要求が、そもそもどこまでも反省的な、概念化されない特異な主観的判断によってはじめて可能になるかぎりで、〈美的なもの〉は、それ自身によって全体化作用に対する批判的な力を内包している。

ド・マンも強調するように、おそらく〈美的なもの〉のカテゴリーを既存の美学概念へと回収し、共同体の統合原理へと転化させることは、ある意味では避けがたい誘惑だろう。というのもそうしなければ、〈美的なもの〉はそれ自体としては非常に不安定で謎めいたものにとどまってしまうからだ。にもかかわらず、〈美的なもの〉は、認識原理と実践原理とを架橋すべき第三のカテゴリー、それなくしては二つの原理が有効に作動しない根本的なカテゴリーとして見出された以上、われわれはその外部に退却することはできない（実際それは、別の仕方でレヴィナスが考察していたように、まさに始原的《エレマンタル》な次元にあって、それによってはじめてわれわれが生かされるところの「生の喜び」を感ずることのできる享受——これは『判断力批判』の用語でもある——の源泉なのだ。〔『全体性と無限』第二部参照〕）。

したがって問題なのは、〈美的なもの〉の誘惑を最大限受け止めつつ、その誘惑のただなかで、いかにして

〈美的なもの〉を美学化することも統合原理に還元することもなく、当の感情に含まれた主観的な普遍性をそれ自体として——カントがそう述べた文字通りに——救い出すことができるのかということである。各人に特有の、各々の美的感情の契機にとどまり続けるこの単独性＝特異性は、解消不可能な分裂を含み込みつつ、美学的政治に抵抗するような、どこまでも特異な感情の経験として発見し直されることを要求している。

実際〈美的なもの〉のアンビヴァレントな作用がはらむそうした分裂にこそ、シラー流の「美的国家論」とは反対の政治的な射程を見出すことができるだろう。二十世紀の全体主義が遺した負の遺産の後で、今日われわれが担わねばならない課題とは、共同体への欲望を、情動の統合作用によって回復しようとすることではない。というより、われわれの時代のグローバル化の条件のもとでは、そのような回復が決定的に不可能なまでに人びとの関係はすでに拡散し流動的になってしまっている。重要なのはむしろ、さまざまな共同体ないし共同性の関係のなかで、解消不可能な衝突や葛藤の契機そのものを多様なチャンスとして、それらのあいだに新たな「紐帯」をつくり上げること、それも特定の共同体ないし民族の名のもとに統一を要請したり偽装したりすることなく、別のあり方での「紐帯」——共通性なき共同性——をつくり上げることである。

カントが練り上げた〈美的なもの〉のカテゴリーから読み取ることができるように思われるのは、日常のただなかでわれわれが直面するさまざまな感情の契機、どれほど些細で個人的な、自覚すらされていない秘密の感情の経験のうちにさえ、普遍的な妥当性を要請する、いくばくかの伝達可能性が宿っているということである。その可能性に忠実であるためには、それらをけっしてありきたりの概念や言葉へと回収して押し殺すことなく、それぞれに特有の一回的な情動の経験として新たに発見し肯定することによって、単独的ゆえの普遍的な連帯ともいうべき、政治的情動ないし情動の政治の可能性へと引き継いでゆかなければならない。

そのような、このうえなく逆説的にみえる政治的情動の探究は端的に不可能だと思われるかもしれない。この不可能な情動に対してはしかし、すでにひとつの名の系譜が存在している。もっとも遠いものにこそはらまれる近さ、もっとも孤立したものにこそ反響が聴き取れる谺《エコー》、もっとも異質なものにこそ感ぜられる親密さ、そうしたものに応答しうるものの際立った名とは「友愛」である。それは、そうした不可能性ゆえに真に出来事と呼ぶにふさわしい情動の政治を可能にするだろう（逆にあらかじめ予期しうる、単に可能なだけの情動は出来事の名に値しないだろう）。カントからニーチェへ、そしてその先へ（たとえば、おそらくハイデガー、ブランショ、デリダ……）といたる情動の思考の系譜をたどる必要があるように思われる。ここではその作業に着手する余地は残されていないため、最後に、ニーチェが残した次の有名な一節を想起しておくにとどめよう。それはいまもなお、そうした不可能な情動をめぐる思考の在処へと絶えずわれわれを立ち返らせる、永遠のモニュメントであり続けている。

われわれが互いに疎遠となるしかなかったということ、それはわれわれの上に臨む法則なのだ！　まさにこのことによって、われわれはまた互いにいっそう尊敬し合える者となるべきである！　まさにこのことによって、われわれの過ぎし日の友愛の想い出がいっそう聖なるものとなるべきである！　おそらくは、われわれのまことにさまざまな道筋や目標が、ささやかな道程として包みこまれるような、巨大な目に見えぬ曲線と星辰軌道といったものが存在するのだ――こういう思想にまで、われわれは自分を高めようではないか！　だが、あの崇高な可能性の意味での友人以上のものでありうるには、われわれの人生はあまりにも短く、われわれの視力はあまりにも乏しい。――されば、われわれは、互いに地上での敵であらざるをえないにしても、われわれの星の友愛を信じよう。（『悦ばしき知』第二七九節）

参考文献

アーレント、ハンナ「文化の危機」『過去と未来の間』引田隆也・齋藤純一訳（みすず書房、一九九四年）。

――――『カント政治哲学の講義』ロナルド・ベイナー編、浜田義文監訳（法政大学出版局、一九八七年）。

カント、イマヌエル『判断力批判』（上・下）宇都宮芳明訳（以文社、一九九四年）。

ゲッベルス、ヨーゼフ「ミヒャエル――日記が語るあるドイツ的運命」『ドイツ・ナチズム文学集成1――ドイツの運命』池田浩士編訳（柏書房、二〇〇一年）。

シラー、フリードリヒ『美学芸術論集』石原達二訳（冨山房百科文庫、一九七七年）。

ド・マン、ポール「カントにおける現象性と物質性」『美学イデオロギー』上野成利訳（平凡社、二〇〇四年）。

ニーチェ、フリードリヒ『ニーチェ全集8――悦ばしき知識』信太正三訳（ちくま学芸文庫、一九九四年）。

ヘーゲル、G・W・F『ヘーゲル美学講義』（上）長谷川宏訳（作品社、一九九五年）。

ベンヤミン、ヴァルター「複製技術時代の芸術作品」久保哲司訳『ベンヤミン・コレクション1――近代の意味』（ちくま学芸文庫、一九九五年）。

＊引用にあたっては適宜訳文を変更させていただいたことをお断りする。

第十三章　自然の心
――アニミズムは環境危機から世界を救うか――

佐藤　透

1　問題の所在

†「ジューシーな肉」

テレビＣＭで肉を一口頬張ったタレントが、「ジューシー」と歓声を上げる。多くの人は「ジュース」という言葉で「果汁」をイメージするだろうが、もちろんこの場合は「肉汁」のことで、これはかつてその動物が生きていた折、体内を巡っていた血液や体液のことである。われわれは、人間が他の動物の生命を奪って生きているという事実の「痛み」を、心の片隅にではあれ、かつてはかすかにもっていたのではなかろうか。

けれども最近頻繁に見聞きするようになったこの表現は、意図的にか無意識にか、われわれのそうした心の痛みに覆いを被せ、口に運ばれるその塊が、まるでひとかけらの林檎か蜜柑ででもあるかのように思わせて、消費を促進しようとしているかのようにも感じられる。シュヴァイツアー（一八七五－一九六五年）が説いた「生命への畏敬」は、もはや過去のものとなったのだろうか。

† アニミズム復権の要請と日本思想

乱獲によって生物種を絶滅させ、伐採によって森林を消失させ、山を切り開いて自然環境を激変させてきたわれわれの態度には、しかし、今日深い懐疑の目が向けられるようになり、そうしたなかで、「アニミズム」の復権を求める声が複数上がるようになってきた。そうした主張によれば、われわれが自然界を破壊してきたのは、生命を欠き、心も魂もないただの物塊としてのみ自然を見て、人間の欲するままにそれを改変できると考えたところに原因がある。だから自然界に生命が宿り、動植物だけではなく、いたるところに心や魂が存在するとみるアニミズムを復権させるのが、人類の進むべき道なのだ、というのである(1)。

アニミズム復権を求める声がいつ頃から上がったのかは詳らかではないが、一九六八年に出版されたリン・ホワイト・ジュニアの著作ではすでに、キリスト教的な一神論によるアニミズムの放逐と現在の環境危機とが結びつけられている。彼は、「現在の生態学的危機の歴史的根源」と題された文章のなかで次のように述べる。

キリスト教は古代の異教やアジアの宗教(おそらくゾロアスター教は別として)とまったく正反対に、人と自然の二元論をうちたてただけではなく、人が自分のために自然を搾取することが神の意志であると主張したのであった。

(中略)

古代にあっては、すべての木、すべての泉、すべての流れ、すべての丘はそれ自身の〈守護神《ゲニウス・ロキ》〉をもっていた。……木を伐り、山を掘り、小川をせき止める前に、その場所をとくに守っている神をなだめ、なだめたままにしておくことが重要であった。このような異教のアニミズムを破壊することで、キリスト教は自然物の感情を気にしないような仕方で自然を搾取することができるようにしたのであった。

（中略）

以前には人間から自然を守っていた、自然的事物の〈中の〉守護神は蒸発してしまった。この世界における人間の精霊にたいする独占が確認され、そして自然の搾取にたいする古い抑制は外されてしまったのである。(2)

しかし、彼は古代のアニミズムの復活を直接訴えたわけではなく、また当時のヒッピーたちが親しみを感じていた禅仏教やヒンドゥー教を推奨したわけでもなかった。というのもそれらはアジアの歴史に深くかかわっているからであり、彼はむしろ、キリスト教の伝統のなかで、生物も無生物もすべてを一種独特な「汎心説」(3)(pan-psychism)で見る聖フランチェスコを「生態学者の聖者」に押したのであった。

一九九〇年に出たローデリック・F・ナッシュの『自然の権利――環境倫理の文明史』は、奴隷制の廃止や性差別の撤廃を通じて次第に拡大してきた人間の権利概念が、環境危機を契機として、いまや動植物のみではなく、岩石や水などの無生物へ、宇宙全体へと拡大されようとしている様を、とくにアメリカの思想史に即して描写している。そして、そこでもアメリカにおける「宗教の緑化」すなわち宗教における環境主義的思考の拡大に、道教、ジャイナ教、神道、仏教、ヒンドゥー教など、キリスト教とはまったく別の自然観をもつアジアの宗教が、その源泉の一つとなったことが指摘されている。(4)

こうした経緯からして、日本やアジアの思想的伝統と現代の環境危機の双方に関心をもつ著者たちが、両者を結びつけて論じ、その際に神道や仏教に関連付けつつ、アニミズムの復権を主張したとしても、不思議なことではない。

† 主張されるアニミズム概念の曖昧さ

けれども、そうした議論では、環境危機を救う旗手という重要な役割がアニミズムに担わされているにもかかわらず、この概念が明確に規定されないまま用いられているか、あるいは不正確な規定しか与えられずに用いられていることが少なくないように見受けられる。たとえば、「草木国土《そうもくこくど》悉皆成仏《しっかいじょうぶつ》」という仏教語をアニミズムを表わす語として紹介する議論があるが、(5) これはアニミズムの語義を元来のものから大きくずらさなければ成り立たない。すぐ次節でみるように、今日言うアニミズムが思想史のなかで大きな意義をもつようになったのは、それがE・B・タイラー（一八三二―一九一七年）の『原始文化』（一八七一年）によって一定の原始宗教を指す言葉として用いられて以来であり、これは、人にはアニマ（anima ラテン語）すなわち魂があってそれが死後も存続し、木や山や川にも精霊が宿るという思想であった。一方で「草木国土悉皆成仏」はもともと「一仏成道　観見法界　草木国土　悉皆成仏」という文の一部であり、悟りを開いて成道した仏が宇宙を見渡してみると、草も木も国土も仏でないものはなかった、という悟道の表現である。なるほど、この世界全体を一つとする仏は、「仏心」とも表現されるが、これは草や木にも「魂」があるという主張ではない。(6) というのも、仏教は、個我の魂（アニマ）が個人の死を超えて存続するという見解を「常見」の外道として退けるのだから、(7)「仏」ないし「仏心」は個我の魂と同じではなく、仏教の悟道にアニミズムを見るのは釈義上、大いに問題があると言うべきである。(8)

もっとも、筆者は、アニミズムという概念が曖昧な規定しか与えられていないからアニミズム復活論は無意味だと主張したいのではない。というのも、そうした主張は、アニミズムという語を用いずに、自然をある種の心的なものとみて、自然への畏敬を回復しようという、より一般的な主張として理解することができるからである。

†　本章の課題

本章では、自然にある種の心的性格をもたせようとする主張を、本来的な意味でのアニミズムと、われわれが仮に一心論と呼ぶ、世界が全体として一つの心的性質をもつとするものに二分した上で、それらが現在の環境危機を回避するという目的のために機能しうるかどうか、機能しうるとすればどんな形においてであるか、について少々考察を巡らせてみたい。

その際、重要になってくるのは、そうした思想がわれわれの「行動」にどのように影響するかという視点だと思われる。なぜなら、現在の環境危機は人間の行動によってもたらされたものであり、この危機を回避するために必要なのは、単なる情緒的反応ではなく、やはりわれわれの具体的行動だからである。

2　アニミズム（原義）復権の可能性

†　アニミズムとは何であったか

タイラー自身が述べているように「アニミズム」という語は彼が造った語ではないが、彼によって新たな意味を与えられたものである(9)。彼は、宗教の最小限の定義として「霊的存在（Spiritual Beings）への信仰」を挙げ、それをアニミズムと呼ぶことを提案したのであった。その上でまた彼は、アニミズムについて、すぐに以下のように規定を加えている。

アニミズムの理論は、一つの一貫した教説の部分をなす、二つの大きな教義に分かれることがいつも見いだされる。それは第一に、死や肉体の崩壊の後にも継続して存在することが可能な個々の生物の魂（souls）に関するものである。また、第二に、力ある神々にまで至る、他の諸霊（spirits）に関するものである。霊的存在者は、自然界の出来事、現世および死後の人間の生命に影響を与え、支配すると主張される。そしてそれらは、人間と交渉を持ち、人間の行動で快、不快を感じると考えられている。また、それらの存在を信じることは、自然に、そしてほとんど不可避的にとも言い得ようが、遅かれ早かれ積極的な崇敬と慰撫とに至る。このように、その完全に展開されたアニミズムは、魂とその将来の状態、支配する神々と従属的な諸霊への信仰を含み、これらの教説は実践的にはある種の積極的な崇拝に帰結するのである。(10)

また、タイラーは、自然界の諸霊の存在は、人間が自分の魂の存在から類推したものであり、かつまた彼が高級な宗教と考える一神教も、そうした低級な宗教から派生したと考える一種の宗教進化論の立場を採っていた。このようなタイラーのアニミズム論には、すでにいくつかの批判がなされている。まず、アニミズムが宗教のもっとも原初的な形態だとするタイラーに対して、より原初的な形態が存在するという異議が出された。(11)また、宗教がアニミズムから一神教まで進化するという議論は、今日ではほとんど支持されていない。もっとも、こうした批判は、ここでのわれわれの議論とはあまりかかわらない。というのも、アニミズム的な宗教の形が存在したことは確かであろうから、アニミズムを復権させようという主張は、アニミズムがもっとも原初的な宗教形態でなく、また宗教進化が否定されてもなお成り立ち得るからである。けれども、人間の魂だけでなく、何故自然界のなかに霊的存在が認められるのかという点を振り返るなら、このような元来の意味でのアニミズムを復活させる可能性には大きな疑問符が付く。

† 自然のなかのアニマと目的論

人間だけではなく自然界のなかにも霊が認められてゆく過程についてタイラーは次のように言っている。

昔の野蛮人を導いて、自分たちの行き来する場、広大な大地とはるかな天空にそうした希薄な幽霊が一緒にいるものとさせたのは、でまかせの空想ではなく、結果は原因に基づくとする理性的な推論であった。諸霊はたんに人格化された原因である。人間の日常的な生活と行動が魂（souls）によって引き起こされると主張されるのと同様に、人類に影響を及ぼす幸運な、あるいは悲惨な出来事、そして外界の多様な自然的作用も、魂に似た存在である諸霊（spirits）によって引き起こされるものと説明されるのであり、その力と機能との驚くべき多様さを通じて、諸霊の起源が本質的に類似したものであるのは明白である。(12)

というのも、人間の身体が生きて働くのはその内に住まう霊魂（spirit-soul）によると言われるのと同様に、世界の諸作用は別の諸霊によって遂行されるように思われるからである。(13)

ある人が焚火をしていて、周りの気温が上がっている。この変化（気温の上昇）の原因は人間の行為（焚火）にあり、人間がこの行為を行なうのは、たとえば「寒いので温まりたい」という動機があるからである。生きている人間は寒さを感じ、温まりたいという欲求をもち、目的ないし意図をもって焚火という行動を引き起こす。その人が行なった焚火という行為、およびその結果である周囲の気温の上昇の原因は、感じ、欲求し、意図するもの、すなわちその人の魂にある。「人間の日常的な生活と行動が魂によって引き起こされる」というのはそうした事態を指すものであろう。

人間の魂が引き起こした焚火による気温上昇という自然界の変化の構図は、別の自然現象へ拡大される。たとえば、カムチャダル族は、「彼ら自身が冬の家（winter-houses）を温めるのと同様、〈カムリ kamuli〉あるいは山の霊（mountain-spirits）は自分たちが棲む山を温め、その煙突から燃え木を放り出すと言う」[14]。水の流れ、岩の落下、樹木の芽ぶきといった自然界の変化も皆、それらに個々に宿る魂が引き起こすのであり、たとえば湖が漁師に魚をたくさん与えたり与えなかったりするのも、湖の霊の仕業である。人間に対して恩恵も危害も与える自然界の変化に対して、人びとはその原因である霊を崇敬し、怒りを鎮めなければならない。人間が気まぐれから行動することもあるように、自然の諸霊もまたそうであろうが、人の行動の多くは何かしらの目的を目指して行なわれ、人が自然界にもたらす変化は、その意図に沿ったものであるのと同じように、自然界の諸霊は何らかの目的や意図をもって自然現象を引き起こしているはずである。アニミズムはそう考える。

このように見れば、アニミズムが自然現象に関する一種の目的論的説明であることが分かる。気温の上昇という変化をもたらす人間の焚火という行為は、人間が温まるという目的を目指して惹起したものである。それと同様に自然界の変化、さまざまな自然現象も、その内に棲む諸霊が、ときとしてその諸霊の目的は人の目には判然としなくとも、何らかの意図をもち、目的を目指して引き起こしたものに違いないのである。

もっとも、アニミズムはあくまで一種の目的論であって、目的論がすべてアニミズムという形態をとるわけではない。アリストテレス（紀元前三八四－三二二年）は、物事の原因と彼が考えた四つのものに目的因を含め、目的論的世界観をもっていたが、彼が生物と無生物との境界と考える魂の内在を認めたのは植物までで、岩や水や空気には認めなかった[15]。けれどもやはり自然のなかには目的を目指して進むという性質があるのであり、彼は当時すでに存在していた「すべては必然によって生じる」とする説を論駁する必要があった。

自然を、なにかのために動くのでもなく、またそうあるのがより善いからとの理由ででもなくて、あたかも「天」（ゼウス神）が雨を降らせるのは、穀物を成長させようがためにではなしに、かえって雨は必然によって降るのであるというように、そのように必然によって働くのだとしても、それを妨げるなにものもないではないか？（けだし、上昇したもの〔蒸気〕は冷却されざるをえず、冷却されたものは水となって降下せざるをえないではないか？　そして、このこと〔雨降り〕の生じたとき、穀物の成長が、それに付帯するだけなのだから）(16)。

これに対してアリストテレスはいくつかの観点から反論するが、もっとも明白に自然の目的性が認められるものとして、人間以外の動物のあり方を挙げている。燕が巣を作り、蜘蛛が網を張り、植物が果実のために葉を生やしたりすることは、人間が技術や考慮によって行なうのではなく、自然によってであり、しかも何かのためにでもあるのだとすれば、自然によって生成し存在する物事のうちに目的因があるのは明白だというのである(17)。

† アニミズム駆逐の歴史的過程——一神教と機械論

リン・ホワイトが言ったように、キリスト教の一神論によって自然界のなかに棲む神々や諸霊が追放されていったのだとしても、自然現象の目的論的な説明が、それによって消滅したわけではなかった。キリスト教の終末論は、ヤハウェ神が目的をもってこの世界を創造し、人類の歴史がイエスの再臨と救済という終末を目指して進むというやはり一種の目的論的な歴史観をもつし、また十三世紀のトマスは、先のアリストテレスの目的論的自然観を神の存在証明（五種のうちの一つ）に援用してもいる。すなわち、認識能力を欠いている自然的物体がやはり目的的に働いていることは、偶然によってではなく意図的にその目的に達しているのだから、認識的・知性的な何ものかによって方向づけられていなければならず、したがって、「あらゆる自然的なものごとがそれによって目的にまで秩序づけられているごとき、或る知性的なものが、そこに存在しているのでなくてはならないのであって、我々はまさにこうしたものを、神と呼んでいるのである」(18)。

こうした目的論的自然観は、いわゆる機械論哲学が近代を席巻してゆくにつれて排斥されてゆくが、その過程も単純ではない。R・デカルト（一五九六－一六五〇年）が明らかに目的論的思考を退けようとしていたのに対して、R・ボイル（一六二七－一六七一年）やI・ニュートン（一六四二－一七二七年）はそれを部分的に保存しようとした。しかし、にもかかわらず非目的論的自然観は拡大してゆく。その経緯の詳細にここで立ち入ることはできないが、以下では、デカルト自身も目を通した『哲学原理』のフランス語訳（一六四七年）から明確な文言を挙げておくにとどめたい。

> われわれは、神が世界を創造する際に立てた目的を検討することに気をとられることもしないであろう。そして、われわれの哲学から目的因の探求を完全に排除するであろう。なぜなら、われわれは、神がその指針をわれわれに知らせることを望んだと信じるほどわれわれ自身を過信すべきではないからである。しかし、神をあらゆる事物の作者と考えることで、われわれはただ、神がわれわれの内におかれた推論の能力によって、われわれが感覚の仲介によって知覚するものが、いかにして産出されることができたかを見いだそうと努めよう。……(19)

こうして隆盛する機械論哲学は、自然現象の因果関係を書き改め続けた。それはアリストテレスの目的論的自然観を過去のものとしただけではなく、アニミズム的な自然現象の説明をさらに遠い過去へと押しやった。アニミズムは、いわば二重に葬られたのである。

† アニミズム復活の不可能性——行動の原理としての

こうした歴史的経緯を確認したのは、ほかでもなく、もしわれわれが本来の意味におけるアニミズムを復権させようとするなら、一神教に背を向けるだけではなく、近代科学による自然現象の因果的説明にも背を向けねばならないことを明確にするためである。というのも、今日アニミズム復権を叫ぶ議論は、そのことを、奇妙にもほとんど認識していないようにみえるからである。一神教に依らずにアニミズムを採ることは、信念の自由な選択の範囲内と言えるかもしれない。しかし、それが同時に自然科学的な因果連関の認識の否定につながるのであれば、そこからは環境危機の打開につながる有効な行動は何も出てこないだろう。

われわれの行為は、一定の因果関係の認識[20]に基づいて行なわれる。寒さを感じて温まりたい時、火を焚けば（原因）周囲の気温が上昇する（結果）という因果関係の認識を下敷きにして、気温を上昇させるために（目的）われわれは火を焚く。このようにわれわれの行為の下敷きになっている因果関係の認識が正しいものであれば、その行為は有効であろうが、間違った認識に基づく行為は、求める結果を得られないであろう。たとえばその河で急に魚が獲れなくなったのは、河の神の怒りが原因であり、それが人間を苦しめる目的で魚を獲れなくしている、というのが正しい因果関係の認識なら、われわれは河の神の怒りを鎮めるために供え物をするだろう。しかし、科学的調査は、河の側に建っていた工場からの排水によって水が汚染されたことが原因だと報告する。そうした報告には普通、原因としての神や霊の存在も、目的論的説明も含まれない。しかし、その因果関係の認識に基づく、たとえば排水の停止と水質の改善という行為は、期待される結果をもたらすだろう。

アニミズムを生きていた昔の人びとも、河や山や樹木に神霊が棲まうからといって、それらに何もしなかったわけではない。河を渡り、山に入り、樹木を伐った。現代でも同じことで、人は自然に対して働きかけねば生きてゆくことはできない。正しい働きかけとはどんなものか、それは自然現象の正しい因果関係を知ることに基づくほかはないであろう。山や川を愛し、樹木を慈しむことが推奨されるべき態度だとしても、それが同時に自然現象に関する誤った因果的説明を含むのなら、その点において、それはもはや行動の原理たりえない。自然内に棲む神霊を原因とし、自然現象をその意図や目的によって説明するアニミズムが、われわれを正しい行動に導くことは考えられないのである。

こう書けば、それはむしろ自明のことであって、アニミズム復権論を唱える人びとも、何も雨乞いや生贄の儀式を復活させたいのではなく、ただ全体として自然を生命的なものとみて、それへの畏敬を取り戻したいというのが真意なのだ、と言うであろう。それでは自然が全体として一種の心的性格をもつとする立場は、現代の環境危機に対してどんな意義をもつのであろうか。

3　一心論と行為

†　一心論と自然への慈しみ

自然界を構成するさまざまな物事、岩や河や樹木のそれぞれが魂をもち、さまざまな自然現象を引き起こす原因となっているというのではなく、自然界ないし宇宙が、全体として一つの心的性格をもち、その心が世界の隅々まで行き渡り、われわれ人間も自然界の事物も、皆その一部として全体とつながっているという見方を、今、一心論と呼んでおこう。われわれ個々人の心と、この全体的な心がどのようにつながっているのかは、今問わないことにして、ともかく自然界全体が一つの心的な統一体だという主張をそう呼ぶことにしたい。これにはさまざまな形があるだろう。先にリン・ホワイトが汎心論と呼んだ聖フランチェスコの立場や、草木国土悉皆成仏という仏教の立場[21]、またヨーロッパルネサンス期に流行した「世界霊魂（アニマ・ムンディ）」という思想もここに含めることができるかもしれない。「一心」と言ってもその把握のされ方は一通りではなく、ある種の直観知によって観取されるものもあろうし、世界の事象の詳細な観測を通じてその有機体的・生命的一体性が主張されるものもあろう。しかし、今はそうした知られ方の差異も棚上げしておくことにしたい。このような粗雑なカテゴライズは、個々の思想や立場を理解するにはほとんど役に立たず、むしろ性急な一般化として有害でもあろうが、ここでは環境危機との関連を考察するためだけの便法として仮設しておきたい。以下では、この一心論について、主として仏教思想に即しながら検討するが、同様のことは他の形態の一心論についても成り立つものと考えられる。

さて、自然界のすべてとわれわれとが心的なものを通じて一つなのだとすれば、自然界はわれわれにとって見知らぬものではなく、その一部をなすさまざまな事物はわれわれの兄弟であり友であり、自然の全体は父母ともなろう。たとえば、明恵上人（一一七三－一二三二年）の和歌「雲ヲイデテ我ニトモナフ冬ノ月風ヤ身ニシム雪ヤツメタキ[22]」は、おそらくは悟道に基づくそうした自然への慈しみを表わすものとして、しばしば引用されるようになった。

† パラドクスと応答の試み

しかし、この明恵上人の和歌に表わされているような自然観が、今日まで続く日本の伝統的な自然観であり、それが環境問題に対して何か一定の機能を果たし得たはずだとすれば、日本の高度成長期にみられたような公害問題は何故生じたのか、という疑念が起こるのは自然であろう。たとえばオギュスタン・ベルクは次のように指摘する。

……実際、環境問題においては、当事者たる日本人ばかりではなく、彼らの文化を研究したものにとっても明白にパラドクスが存在する。過去の歴史を通じて、そして今日なお人々が自然の美を謳い、風土のちょっとした変化にもきわめて敏感に反応してやまない国日本、その国が六〇年代に地球上でもっとも汚染された国になってしまったとは、いったいどういうことなのだろうか。(23)

こうした歴史に関連してつとに指摘されてきたのが、日本人の自然観のいわば受動的性格である。たとえば、清水幾多郎は、関東大震災の折、家を焼かれた人びとが、都会の家屋よりは一段と無防備で自然の特別な好意にすがってのみ辛くも意味をもち得るようなバラックに身を寄せようとする事を、鴨長明の『方丈記』(一二一二年)になぞらえて理解している。すなわち鴨長明は、火事や地震などの自然災害と人の世の栄枯盛衰を厭いながら、結局は人里離れた所に庵を結び、「ただ糸竹花月を友とせんにはしかじ」と書いて自然の懐に安住の地を見出す。「自然の暴力のために不安になった心を、更に自然の奥へ深く入り込むことによって休めようとする」。つまり日本人は長明の昔も大震災の今も、「荒々しい自然からの救済」を「美しい自然への没入のうちに」見出してきたというのである。(24)

こうした日本人の自然観と環境破壊との関連について、近代における自然科学の導入について考察する科学史家の渡辺正雄は次のように述べる。

日本人にとって自然と人間の関係はまた母親と幼児の関係である。子供が何をしても母親が後始末をしてくれる。川に汚物を流しても自然がすぐに浄化してくれる。昔はそれでよかったかもしれないが、西洋の科学技術を取り入れて工業立国した後にもこの意識は改まらない。有機水銀でもカドミウムでも、「水に流す」ときれいになってしまうかに思われてしまう。近代科学の基本原理である「質量保存の法則」も、頭ではわかっているはずだが身についてはいない。こうして汚染は進み、被害は深刻化していく。そして、気づかぬ間に、人間も自然も伝統文化も、取りかえしのつかぬ破目に陥っていく。(25)

これは確かに正鵠を射た指摘であり、日本人と自然とを幼児と母親に譬える比喩は説得力をもつように思われる。けれども、以下ではいくらか別の視点からも考えてみたい。というのも、日本が歩んできた具体的歴史には、もちろん日本人の自然観だけではなく、経済や内政・外交の政治的状況等もまた複雑に絡み合っているはずであり、そうした歴史的経緯の考察は、一心論と環境問題との関連を検討するわれわれの視点とは、むろん無関係ではないにせよ、完全には重ならないからである。工場を作って当時の経済発展に貢献した企業家は、明恵とはまったく異なる自然観をもっていたかもしれない。それゆえここでは、そうした複雑な歴史の歩みについてではなく、一心論という思想的・哲学的立場と環境問題との関係に絞って検討してみたい。

† 自然保護に対する中世仏教の二面性

この点で、日本の古代・中世の仏教と自然保護との関連を検討し、その二面的性格を指摘する亀山純生の議論は参考になる。たとえば中世の荘園形成の時代、民衆によって旺盛に行なわれる山林自然開発に対し、支配層や寺社が山野河海の開墾・防御のイデオロギーとして不殺生戒を説き、それは時として動物のみならず、植物をも含んだという。このようにやはり当時の政治状況等と切り離すことができないとはいえ、仏教の不殺生思想は確かに一面では山林保護の機能を果たしていた。

しかし、その一方で、とりわけ浄土教思想には、自然開発を正当化し、肯定する論理が含まれていたという。たとえば諸大寺の側では、仏法領形成のための開発によって殺傷された動植物は衆生済度のために現世に現われた阿弥陀仏や諸菩薩であるとか、殺生されて仏の供物とされる生類は殺傷する者の罪を軽くするといった論理が建てられた。また、民衆の側では、悪人こそは阿弥陀仏の浄土に往生するという悪人往生論が、諸大寺の仏国土形成への抵抗論理となり、民衆独自の開発容認の論理となったという。それゆえ亀山は、「仏教的自然観が、観念上の自然中心主義や生命平等主義の原理によって自然保護思想に直結するのでないことは明らかだろう。むしろ同じ原理によって自然開発が肯定され、あるいは悪人往生論という自己解体の論理とセットで仏教的自然観は存在していた」と述べる[26]。また、別の著作では、「伝統的仏教は、タテマエの論理としては生命平等主義・自然中心主義を保持しながら、現実にはそれを空洞化ないし解体する論理を持つという、二重性を内包していた」とも述べて、この二重性をタテマエとホンネの二重性と特徴づけている。また、こうした二重性は現代にも保持され、それが近代化過程での公害や自然破壊に対して伝統的自然観が無力だった理由だとしている[27]。

それにしても、こうした二面性、二重性はどうして出てきたのであろうか。私見によれば、それは何も仏教や東洋思想に特有の現象というわけではなく、またタエマエとホンネを区別する国民性によるのでもない。それは、一心論がわれわれの行為に対してもつ構造的な特性によるのである。

†　一心論と行為

かつてアニミズムが自然破壊を防止する機能を持ち得たのは、それがわれわれの行為の基盤となる自然界の因果関係に関する理論を提供していたからである。獣が獲れなくなったのは山の神の怒りが原因だと考えるから、人びとはその怒りを鎮める儀式を行なった。しかし、自然界全体は一つの心であるという一心論には、そうした個別の現象の因果関係を説明する仕組みが原理的に含まれていない。一心論は、万象を個別的なものに区別し、それらの関係を解き明かそうとするものではなく、むしろ万象は一体であることを告げ知らせようとするのであるから、これは当然とも言えよう。そしてこのことは、一心論は、われわれの個別の行為を抑制したり、逆に推進したりする直接的な根拠を提供しないということを意味する。(28)

たとえば、仏心はしばしば鏡に譬えられるが、道元禅師（一二〇〇－一二五三年）の『正法眼蔵』古鏡の巻には、雪峰禅師の問答が引用されている。それは、「此の事《じ》を会（得）しようと求めるなら、わたしの這裏《ところ》では、一面の古鏡のようなものである。胡（西方の外国人）が来れば胡が現われ、漢（民族の人）が来れば漢（民族の人）が現われる(29)」というものである。「此の事」とか「這裏《しゃり》（ここ、の意）」とかいうのは、禅師の心境そのものを指すと言ってよいと思われるが、その心は鏡の如くであって「胡来胡現、漢来漢現」、何を映そうと嫌うことはない。

映画のスクリーンが風光明媚な山河も、破壊された自然も共に受け容れて映し出し、その内容にストップをかけるということがないようなものであろうか。人はいわばこのスクリーン上で行為する登場人物のようなものである。われわれはそこでさまざまなことを行なうが、何を為すべきか、何を為さざるべきかについて、スクリーンが口をはさむことはない。もちろんこれは比喩であって、事態の一面しか捉えていないのはもちろんだが、一心論がわれわれの個々の行為の是非善悪をいわば超えたところに位置することを了解しやすくしてくれるのではなかろうか。(30)

一心論がわれわれの個別の行為を抑制したり推進したりする直接的な根拠を提供しないということは、「地球を救う」ために為される行為が、時として常軌を逸する事態をも理解させてくれる。というのも、地球環境への愛は、それだけではわれわれの適切な行為の範囲を指し示すことはないので、それが自然現象の因果関係の認識に基づかず、ただ愛情を標榜するだけでは、行き過ぎた行動をもたらす可能性は常にあるのである。たとえば、加藤尚武が次のように指摘するのは、正当である。

> 現代的な自然保護の視点で見て、すぐれた東洋の思想は再評価すべきであろう。しかし、西洋的な思想の限界を克服して、東洋的な天人一体の思想を取り戻すことなしに自然保護はできないという精神主義の主張が正しいとしたら、人類は永遠に自然保護に成功することはないだろう。問題は、自然保護の合理的な基準をどのように見極めるかということである。（強調は筆者）[31]

そして、合理的な基準が準備されないのは、東洋や西洋の個々の思想特徴や社会情勢に固有の事情なのではなく、一心論がわれわれの行為の成立に対してもつ構造的な特性だというのが、本章の主張なのである。

4 結び
——一心論の意義——

しかし、本章は、一心論がまったく何の意義ももたないと主張したいわけでは、もちろんない。というのも、そもそも一心論は、環境問題への対応のために存在しているわけではないからである。おそらく一心論は、そして他の類似の宗教的な立場もまた、人びとが苦難を強いられているとき、それでも人びとの心に救いをもたらすものであろう。人びとを苦難に陥らせないようにするのがその第一義ではなく、苦難のなかでも人生を生き抜く力を与えるのが宗教であろう。仮に環境破壊が進み、地上の人びとや生物が生き辛くなっても、人びとの心に明かりを灯すのが宗教であって、環境破壊を阻止するのが宗教本来の役割ではなかろう。もっとも、だからといって、一心論は環境問題に対してどんな機能も果たさないかというと、そうとも思われない。

環境問題への対応には、自然現象の因果的相関関係をよく知る必要があり、また地球規模の現象ともなれば、その複雑な関連を解きほぐし、理解することには多大の労力が必要とされる。しかし、因果関係の詳細が、あるいはその一部が人に理解されたとしても、それだけで、人が行動を起こすとは限らない。ある人は、自分の日々の暮らしに都合がよければそれで満足で、環境など知らぬ、と言うかもしれない。因果関係に関する知識は、その場合単なる知識に留まってしまう。行為が為されるためには、因果の認識と共に、それを発動する動機もまた必要なのである。別の人は、自分の行動如何によっては、環境が破壊されるだけではなく、それが将来自分の生活をも脅かすので、自分の生活を守るために行動を律することが必要だと考えるかもしれない。けれどもその動機はあくまで自分の生活保護にあるので、惹起される行動は限定的なものに留まる可能性がある。一心論に立つ人は、こうした二種類の人たちとは少し違った行動を取るだろう。

たとえば誰かがある人に愛情を抱いているとしよう。その人が何か困った顔をしている。他人は通り過ぎるが、愛情を抱くその人は、何があったのかを知りたがる。訳を聞き、事の次第を理解しようとする。そして彼／彼女のために行動を起こそうとするだろう。自然の困窮を救おうという愛情は、これに似ているかもしれない。世界がわれわれと本質的に別物ではなく、心においてつながっているのだとすれば、われわれはそれを愛さざるを得ないであろう。そしてその困窮を目にすれば、その因果を探り、手立てを講じようとするのではなかろうか。

われわれの行為の下敷きとなる自然現象の因果系列は、科学が解明してくれるだろう。しかし、自然を保護しようという、広範で、十分な動機は、自然と人とを一心と見る立場が、それを与えてくれるに違いない。そしてわれわれが枯れかかった花に急いで水を与えようとするとき、また人のために命を供される動物たちに、心の片隅で思いを致すとき、そうした自然な共感を通して、われわれはすでに一心論の入り口に立っているようにも思われるのである。

（1）一神教を宗教対立による戦争の原因とみて、戦争抑止の立場からアニミズム復権を求める立場、あるいは戦争抑止と環境危機回避の双方からそれを求める立場も存在するが、ここでは、環境危機との関連でのみ、アニミズム復権の要請について扱う。

（2）Lynn White, Jr. *Machina ex Deo*. MIT Press, 1968, pp.86-87. 訳文は、青木靖三訳『機会と神』（みすず書房、一九九九年）八八－八九頁のものを用いたが、「物活論」と訳されている箇所のみ「アニミズム」と変更した。

（3）*Ibid*., p.92. 同書、九五頁の邦訳では「全心説」となっているが、ここでは「汎心論」の訳語を採用した。

（4）ロデリック・F・ナッシュ『自然の権利――環境倫理の文明史』松野弘訳（ちくま書房、一九九九年）。とくに二七四頁以下。

（5）現代の危機を救うために「アニミズムを復興する必要がある」と述べる梅原猛によると、「この「草木国土悉皆成仏」という言葉は、まさにアニミズムの思想そのままである。それは自然崇拝であり、樹木崇拝である。動物崇拝はそこではっきりと語られていないが、もちろんそこには動物崇拝も含まれる」と言われる（「アニミズム再考」『日本研究』第一巻、国際日本文化センター、一九八九年）。また、『一神教の闇――アニミズムの復権』（ちくま書房、二〇〇六年）を書いた安田喜憲は、アニミズムの世界の説明のなかで「山川草木国土悉皆成仏」という語を挙げている（二四頁）。『アニミズム時代』（宝蔵館、一九九三年）の岩田慶治は、直接この語を出してはいないが、道元禅師の『正法眼蔵』「自証三昧」の巻から口語自由訳として「その新しい経典というのは、尽十方界、つまり宇宙全体、山河大地、つまり世界のすべて、草木であり、自分であり、あなたである」（原文では、「その経巻といふは、尽十方界、山河大地、草木自他なり」）の前後を引いて、「これは道元がホントのアニミズムを解説してくれたのではないだろうか」と述べる（一四六－一四七頁）。

（6）問題なのは、前半の「一仏成道観見法界」が往々にして省略され、後半の「草木国土悉皆成仏」だけが独り歩きした点にあると思われる。このように切り離してしまうと、草や木がそれぞれ成仏するのか、という問題が生じるが、文全体は、成道した仏が法界を観じた様を言うものであろう。近年の研究では、この文言は日本の九世紀の天台僧、安然に由来するのではないかと指摘されているが、当時すでに草や木が発心して修行し、成道するのか否かという論争があったとのことである。安然自身もそうした理解に立っていたらしいが、筆者には空論のように思われる。思想内容としては後にも触れるように、華厳経等に根拠が求められる。末木文美士「安然『斟定草木成佛私記』について」（『東方学』第八輯、平成二年）九七－一一〇頁、参照。

（7）この点で、浄土教系の信仰が、個我の魂が死後存続するという主張を含むのではないかと考える向きもあろう。しかし、そうすると、それは常見および断見（個我の魂が死によって断絶するという見解）を二大外道とする仏教の根本に背くことになろう。この点に関連して筆者は、キリスト教の実存論的終末論と浄土教の平生業成の観念を比較しつつ考察したことがあるので、参照されたい。「時間論からみたキリスト教と浄土教――「実存論的終末論」と「平成業成」」（『ヨーロッパ研究』第六号、二〇〇七年、東北大学大学院国際文化研究科ヨーロッパ文化論講座刊）。

（8）こうした解釈に問題があることは、控え目な形ですでに指摘されている。たとえば、松尾剛次「アニミズムと宗教進化論」（『季刊仏教　特集蘇るアニミズム』法藏館、一九九六年）では、「……しかし、そうしたアニミズム再評価の動きが、アニミズムへのきちんとした省察に基づいて行われているのかどうかということについては疑問なしとはいえない」と述べる（九二頁）。また、久保田力は「アニミズム発生論理再考――「霊魂」の人類学的思想史（1）タイラー」（『東北芸術工科大学紀要』第一五巻、二〇〇八年）において、「宗教研究者のみならず、「アニミズム」ということばは最近の書籍刊行物にも諸処に採用されている。にもかかわらず、その概念や意味が正確に捉えられている場合はむしろ少ない」と指摘している（八一頁）。

（9）タイラーは、「アニミズムは、今では滅多に使われないが、新しい術語ではない」と述べ、フロギストン説を提唱したことで知られるシュタールの学説を指し示すのに用いられていると指摘している。E. B. Taylor, *Primitive Culture*.

London, fifth edition, 1913, vol.1, p.425.
（10） *Ibid.*, pp.426–427.
（11） タイラーのアニミズム論への批判およびそれ以降の理論的展開については、たとえば、デュルケム『宗教形態の原初形態』古野清人訳（岩波書店、一九四一年）が参照できる。
（12） Taylor, *op. cit.* vol. 2, pp.108–109.
（13） *Ibid.*, p.185.
（14） *Ibid.*, p.207.
（15） 「霊魂論」『アリストテレス全集6』山本光雄訳（岩波書店、一九六八年）。
（16） 「自然学」『アリストテレス全集3』出隆・岩崎允胤訳（岩波書店、一九六八年）七三頁。〔 〕は引用元の通り。
（17） 同書、七五頁以下。
（18） トマス・アクィナス『神学大全　第一冊』高田三郎訳（創文社、一九六〇年）四七頁以下。
（19） *Œuvres de Descartes*, publiées par C. Adam & P. Tannery, Paris, 1996, IX, p.37.
（20） この因果関係は、自然科学的な因果関係である必要はなく、もっと広い意味でのそれである。カッシーラーは、近代科学における因果性のように、複合体から一定の契機を抽象化、孤立化させて選び出す作用と無縁とはいえ、神話的思考様式においても因果性の認識が確かに存在するとし、それを「神話的因果性」（die mythische Kausalität）と呼んだ。Ernst Cassirer, *Philosophie der symbolischen Formen, Zweiter Teil, Das Mytischen Denken*,8., unveränderte Auflage, 1987, S. 59.
（21） 同趣旨の別の文言を仏教関連の文書から引用することは容易であろう。華厳経、十地品（ないし十地経）の「三界所有、唯是一心」（三種のまよいの存在〔三界所有〕はすべてただ心のみである〔唯是一心〕）はそれらの典拠の一つであろう（現代語訳は、荒牧典俊訳『十地経』〈大乗仏典8〉中央公論社、一九七四年、による）。ここでは、懇切に言葉が費やされている九世紀の黄檗禅師『伝心法要』から以下のみを引用しておく。「即ち此の本源清浄心は、衆生諸仏、世界山河、有相無相《うそうむそう》、偏十方界《へんじっぽうかい》と、一切平等にして、彼我の相無し。（ほかならぬこの本源清浄の心こそは、生きとし生けるものや、もろもろの仏たち、さては山河大地や、相《かたち》あるもの相なきもの一切とともに十方世界にあまねく、すべて平等であって、彼我の差別の相はない)」。読み下し文、現代語訳とも、入矢義高『伝心法要・宛陵録　禅の語録8』(筑摩書房、昭和四十四年)二〇頁以下、による。

(22) 歌意は、「雲から出て絶えず私に付き従う冬の月よ。風は身にしみないか、雪は冷たくないか」。「明恵上人歌集」『中世和歌集　鎌倉編』〈新日本古典文学大系四六〉(岩波書店、一九九一年)二四六頁。

(23) オギュスタン・ベルク『風土の日本――自然と文化の通態』篠田勝英訳(筑摩書房、一九八八年)二三二頁。この問題に関するいくつかの解釈を検討した上でベルクが採る解釈は、日本が文化と自然、人間に内在する主体と、自然という主体とを「調和」させようとしてきた点に、問題の根があるということであった。これは、具体的にはすぐみるような自分たちに生じた問題の解決を自然に委ねる受動的態度を「調和」という概念で説明しようとしたものと理解できる。

(24) 清水幾多郎「日本人の自然観――関東大震災」『日本的なるもの』(潮出版社、一九六八年)、直接引用した部分は六〇頁。二〇一一年、三月十一日に発生した東日本大震災でも筆者はこれに類似した感慨をもった。大津波から避難して助かりはしたが家を流された人びとのなかには、もちろんもう海辺はいやだと言う人もいたが、複数の人たちが、また元の場所に家を建てたいと言い、美しい海が好きだと言うのを報道で見聞きして、筆者は少なからず驚かされた。

(25) 渡辺正雄『日本人と近代科学――西洋への対応と課題』(岩波書店、一九七六年)一八一－一八二頁。また、渡辺は「近代における日本人の自然観」(伊藤俊太郎編『日本人の自然観』河出書房新社、一九九五年)でも、次のように述べている。「……そして我々の間に自然とのデモクラティックな関わり方が歴史的にはあったとしても、すでに近代科学技術を取り入れた以上は、今度は、西洋に見られるような人間の自然に対する主体的責任――ホワイト氏が否定している尊大さではなくて――、科学技術の使用者たる者の主体的な責任というものが十分に自覚されていなければならないのです。そうでなければ自然破壊の問題は解決できないのです」(三六三頁)。

(26) 亀山純生「環境思想としての仏教的自然観の二面性」(笠松幸一／K・A・シュプレンガルト編『現代環境思想の展開』新泉社、二〇〇四年)。直接引用した部分は同書、一四〇頁。

(27) 亀山純生『環境倫理と風土――日本的自然観の現代化の視座』(大月書店、二〇〇五年)四三頁以下。

(28) この点で、一心論と呼ぶべきもののうち、世界の詳細な観察に基づいて、その生命的・有機体的な一体性を主張するものは、やや事情が異なるかもしれない。そうした主張は、世界の個別的事情相互の密接な関連の認識に基づいてなされるから、個別事象の因果的認識を含むと言うべきかもしれない。しかし、それが生命的一体性の主張に留まる限り、具体的な行動原理を含み得ないことは同様であろうと思われる。

(29) 水野弥穂子訳注『正法眼蔵3』〈原文対照現代語訳　道元禅師集　第三巻〉(春秋社、二〇〇六年)一六頁。以下、雪峰と弟子の玄沙の問答が取り上げられるが、小論では立ち入らない。

(30) このことは、一心論が出来事のなす通常の因果系列の認識の外に立つようにみえるときに、いっそう鮮明になる。われわれの行為は一定の因果系列の認識に基づいて目的が設定されることは先にも書いたが、一心論のなかには、そうした因果系列そのものの埒外にあるようにみえるものが存在するからである。ここでは詳論できないが、たとえば次のような文言はそうした立場を指し示すように思われる。「もし過去の意識と現在の意識と未来の意識とが一瞬一瞬に連続してたち切れないならば、それを束縛という。逆に、すべての存在に対して、一瞬一瞬に意識がとらわれないならば、それこそが束縛がないことだ。これを無住を根本とするというのである」(中川孝『禅の語録4　六祖壇経』筑摩書房、昭和五十一年、六四頁)。映画スクリーンの比喩を再び用いれば、スクリーンはその一瞬一瞬の出来事を映し出すだけで、それらの因果関係には捉われないということになろう。

(31) 加藤尚武「熊沢蕃山の自然保護論」『東洋的環境思想の現代的意義』(農山漁村文化協会、一九九九年)一七三―一七四頁。

あとがき

本書は、二〇一一年から二〇一四年にかけて、科学研究費補助金（基盤研究（A））を受託して展開されている共同研究、「共感から良心に亘る「共通感覚」の存立機制の解明、並びにその発現様式についての研究」（代表・栗原隆、課題番号23242002）の成果の一端に、新潟大学人文社会・教育科学系研究支援経費（学系基幹研究）の成果を合体させて、この経費を用いて公刊されたものである。したがって、まずもって、新潟大学人文社会・教育科学系（学系長・菅原陽心教授）の関連する方々に心より御礼を申し述べなければならない。

二〇一一年度を目前にした三月十一日の未曾有の大震災は、筆舌に尽くしがたい惨状がもたらされて、当事者の方々のことを思うと、人文科学の研究に携わるものにとって無力感に苛まされずにはいられなかったのも事実である。ただ、「心を繋ぐ」ことが求められたことは、この二、三年、「共感」や「感応」、「気分」などの、空間に拡がる心の問題へと共同研究が展開していたこともあり、研究の「絆」や「縁」の重要性については体感していただけに、研究を推し進めるよう導かれることになったのもまた、正直なところであった。

私たちに〈身体〉があるからこそ、身体と身体の交感も可能になるとともに、〈身体〉や〈主体〉の枠さえをも超えて、〈外〉なる〈空間〉に帰入することもできる、と見て、身体を「感応」装置として捉える共同研究の成果が、栗原隆・矢萩喜從郎・辻元早苗編『空間と形に感応する身体』（東北大学出版会、二〇一〇年）としてまとめられたのが、一連のモチーフの発端であった。〈身体〉だけでなく、〈気分〉や〈気色〉、〈良心〉などの感情的な働きに、単なる主観的な心の働きを超え出て、自然や他人とも一つになる働きを見定める方向へと、共同研究は展開した。

これを受けて、「外なるものは内なるものの「表出」であるという原理」に拠って立ちつつ、「気分」を「感応」と捉え返しながら、人の心と人の心とが共感しあうだけでなく、身体と自然とが感応し合い、空間も直観に共鳴することを明らかにしたのが、栗原隆編『共感と感応――人間学の新たな地平』(東北大学出版会、二〇一一年)であった。この本は、震災のさなか、いろんな方々の尽力の賜物として世に生まれ出たこともあり、眼に見えない力が漲ったと言うべきか、共同研究それ自体が非常に完成度の高いものに仕上がったことが印象深かった。「感応」とは、従来は「気分」と訳されてきた「Stimmung」の訳である。ところが、「気分」と聞くと、私たちは、個人的で主観的な、気まぐれで移ろいやすい感情というニュアンスで受け止めかねない。だが「気分」とは、もともと、雰囲気に染まったり、気候に左右されたり、気合の入り方や気脈の通じ方によってさまざまに反応したりと、自分の身体に制約された枠を超え出る感情の発露である。したがって「気分」を通してこそ私たちは、自然との一体感に浸ることもできれば、ほかの人たちと心をつなぐこともできる。そうした「気分」の働きを際立たせるために、あえて「感応」という訳語を選んだわけである。

かつて人間学の原理として想定された「気分」を「感応」として捉え返すことを介して、哲学的人間学の根本的な革新を図ること、この狙いは本書、『世界の感覚と生の気分』を通して貫かれている。「絆」や「再生」、「心を一つに」「家族の思い」、こうしたテーマは、哲学的人間学のなかでこそ、考究されるべきテーマである。そして、「まえがき」でも触れたが、今日、初期ドイツ観念論の時代に数多く出版されたものの、その後は思想史に埋もれたまま、いつしか忘れ去られた著作が、電子情報で読むことができる時代になって、カント以後は、フィヒテ、シェリングそしてヘーゲルといった、通り一遍の把握では済まない状況になったなかで明らかになったのは実に、「人間学」や「経験的心理学」の試みが、初期ドイツ観念論の時期に盛んに行なわれていたということである。そうした著作が電子情報として蘇りを見せているなかで、本書が構想されたことも、一つの「縁」なのかもしれない。

「縁」も、交誼を結ぶとか共時性などでは言い尽くせないめぐりあわせである。本書の出版にあたっては、ナカニシヤ出版の津久井輝夫さん及び編集部の方々のお世話になりましたことに、記してお礼を申し上げます。

最後になりましたが、この本をお読みくださった読者の皆様に、感謝のまことをささげる次第です。みなさまにとって、冬の凍てつく寒さが心を洗い、芳しい春の訪れに人生の甘美さへの陶酔にひたり、夏の暑さに精気と活力とが発揮され、秋の実りに越し方を振り返る、そんな関係を自然と結ぶことができますことを念願しております。

再び白一色に染まった新潟で

栗原　隆

学）。心理学専攻。新潟大学准教授。『コミュニケーションと対人関係』〔共著〕（誠信書房，2010年），『葛藤と紛争の社会心理学』〔共著〕（ナカニシヤ出版，2008年），『自己意識的感情の心理学』〔共著〕（北大路書房，2008年），他。
〔担当〕 第十一章

宮﨑裕助（みやざき・ゆうすけ）
1974年生まれ。東京大学大学院総合文化研究科博士課程修了。博士（学術）。哲学・美学専攻。新潟大学准教授。『判断と崇高――カント美学のポリティクス』（知泉書館，2009年），『ヨーロッパ現代哲学への招待』〔共著〕（梓出版社，2009年），『哲学と大学』〔共著〕（未來社，2009年），他。
〔担当〕 第十二章

佐藤　透（さとう・とおる）
1961年生まれ。東北大学大学院文学研究科博士課程後期課程修了。哲学専攻。博士（文学）。東北大学大学院国際文化研究科教授。『時間体験の哲学』（行路社，1999年），『芸術の始まる時、尽きる時』〔共著〕（東北大学出版会，2007年），『共生のリテラシー――環境の哲学と倫理』〔共著〕（東北大学出版会，2001年），他。
〔担当〕 第十三章

時代の女性たち』(小学館，2008年)，『フェルメール』(小学館，2006年)，『レンブラントのコレクション』(三元社，2004年)，他。
〔**担当**〕 第五章

伊坂青司（いさか・せいし）
1948年生まれ。東北大学大学院文学研究科博士課程単位取得退学。哲学・倫理学専攻。博士（文学）。神奈川大学教授。『市民のための生命倫理』(御茶の水書房，2001年)，『ヘーゲルとドイツ・ロマン主義』(御茶の水書房，2000年)，『表象としての日本』〔共著〕(御茶の水書房，2009年)，他。
〔**担当**〕 第六章

細田あや子（ほそだ・あやこ）
1964年生まれ。東京大学大学院人文社会系研究科博士課程単位取得退学。宗教学・宗教美術専攻。新潟大学准教授。『「よきサマリア人」の譬え――図像解釈からみるイエスの言葉』(三元社，2010年)，『異界の交錯』(上・下)〔共編著〕(リトン，2006年)，『イスラーム哲学とキリスト教中世Ⅲ　神秘哲学』〔共著〕(岩波書店，2012年)，他。
〔**担当**〕 第八章

白井　述（しらい・のぶ）
1979年生まれ。中央大学大学院文学研究科博士後期課程修了。心理学専攻。博士（心理学）。新潟大学准教授。"Asymmetrical cortical processing of radial expansion/cotraction in infants and adults"〔共著〕(*Developmental Science*, 2009)，"How do infants utilize radial optic flow for their motor actions? : A review of behavioral and neural studies"〔共著〕(*Japanese Psychological Research*, 2010)，"Audiovisual tau effect in infancy"〔共著〕(*PLoS ONE*, 2010)，他
〔**担当**〕 第九章

元木幸一（もとき・こういち）
1950年生まれ。東北大学大学院文学研究科博士課程前期修了。美学・美術史専攻。山形大学教授。『西洋絵画の巨匠12　ファン・エイク』(小学館，2007年)，『ルネサンス美術館』〔共著〕(小学館，2008年)，グレシンジャー『女を描く』〔共訳〕(三元社，2004年)，他。
〔**担当**〕 第十章

福島　治（ふくしま・おさむ）
1965年生まれ。東北大学大学院文学研究科博士課程修了。博士（文

■執筆者紹介（執筆順，＊印は編者）

＊栗原　隆（くりはら・たかし）

1951年生まれ。神戸大学大学院文化学研究科博士課程修了。学術博士。哲学・倫理学専攻。新潟大学教授。『ドイツ観念論からヘーゲルへ』（未來社，2011年），『現代を生きてゆくための倫理学』（ナカニシヤ出版，2010年），『共感と感応——人間学の新たな地平』〔編著〕（東北大学出版会，2011年），他。

〔担当〕 まえがき，第七章，あとがき

加藤尚武（かとう・ひさたけ）

1937年生まれ。東京大学大学院人文科学研究科博士課程中退。哲学・倫理学専攻。京都大学名誉教授，鳥取環境大学名誉学長。『教育の倫理学』（丸善，2006年），『現代倫理学入門』（講談社学術文庫，1997年），『哲学の使命——ヘーゲル哲学の精神と世界』（未來社，1992年，和辻哲郎文化賞受賞），他。

〔担当〕 第一章

山内志朗（やまうち・しろう）

1957年生まれ。東京大学大学院人文科学研究科博士課程単位取得満期退学。西洋哲学・スコラ倫理学専攻。慶応義塾大学教授。『普遍論争　近代の源流としての』（平凡社，2008年），『〈畳長さ〉が大切です』（岩波書店，2007年），『〈つまずき〉のなかの哲学』（NHK出版，2007年），他。

〔担当〕 第二章

大西克智（おおにし・よしとも）

1970年生まれ。パリ第一大学哲学科博士課程修了。Docteur en philosophie。哲学専攻。神奈川大学非常勤講師。『西洋哲学史Ⅲ——ポストモダンの前に』〔共著〕（講談社，2012年）。

〔担当〕 第三章

座小田　豊（ざこた・ゆたか）

1949年生まれ。東北大学大学院文学研究科博士課程単位取得退学。哲学専攻。東北大学教授。『知の教科書　ヘーゲル』〔共編著〕（講談社メチエ，2004年），『ヘーゲル哲学を学ぶ人のために』〔共著〕（世界思想社，2001年），『ヘーゲル哲学への新視角』〔共著〕（創文社，1999年），他。

〔担当〕 第四章

尾崎彰宏（おざき・あきひろ）

1955年生まれ。東北大学大学院文学研究科博士課程後期課程退学。美学・美術史専攻。東北大学教授。『レンブラント、フェルメールの

世界の感覚と生の気分

2012年3月28日　初版第1刷発行

編　者　栗原　隆
発行者　中西健夫

発行所　株式会社　ナカニシヤ出版
〒606-8161　京都市左京区一乗寺木ノ本町15
TEL　(075)723-0111
FAX　(075)723-0095
http://www.nakanishiya.co.jp/

© Takashi KURIHARA 2012(代表)

印刷・製本／亜細亜印刷
＊乱丁本・落丁本はお取り替え致します。
ISBN978-4-7795-0626-0　Printed in Japan

◆本書のコピー，スキャン，デジタル化等の無断複製は著作権法上での例外を除き禁じられています。本書を代行業者等の第三者に依頼してスキャンやデジタル化することはたとえ個人や家庭内での利用であっても著作権法上認められておりません。

現代を生きてゆくための倫理学

栗原　隆

現代世界において露呈する、個人の自己決定権の限界を見据え、再生医療、臓器売買、希少資源配分、将来世代への責任など、現代の諸問題を共に考えることで、未来への倫理感覚を磨き上げ。知恵の倫理の可能性を拓く一冊。

二七三〇円

風景の哲学

安彦一恵・佐藤康邦編

風景とは何か。それはいつ誕生したのか。あるいは、「風景をみる」とはどういうことか。地理学や美学を超えて、いま、哲学の立場から〝風景〟を探究する。巻末には風景論に関する詳細な文献案内を付す。

二四一五円

なぜ人は美を求めるのか
―生き方としての美学入門―

小穴晶子

古代ギリシャから日本まで、古今東西の芸術や美に関する思想を、分かりやすく比較・検討しながら紹介し、そこからわれわれ人間が生きるという事自体が美を求めているのだということを平易に説いた、類書のない美学入門。

二三一〇円

エストーエティカ
―〈デザイン・ワールド〉と〈存在の美学〉―

山田忠彰

〈新・唯美主義〉における人間存在の美とは何か。倫理学のテーマである人間的生の存在論的探求の問題に、美学的知見を援用することにより、人間のあり方と芸術との密接不可分な存在論的関係の究明に挑んだ力作。

二九四〇円

表示は二〇一二年三月現在の本体価格です。